REBEKKA REINHARD

DIE ZENTRALE DER ZUSTÄNDIGKEITEN

W0094525

REBEKKA REINHARD

DIE ZENTRALE DER ZUSTÄNDIGKEITEN

20 Überlebensstrategien für Frauen
zwischen Wollen, Sollen und Müssen

LUDWiG

Cradle to Cradle Certified® ist eine eingetragene Marke
des Cradle to Cradle Products Innovation Institute.

Penguin Random House Verlagsgruppe FSC® N001967

Originalausgabe 06/2022

Copyright © 2022 by Ludwig Verlag, München,
in der Penguin Random House Verlagsgruppe GmbH,
Neumarkter Straße 28, 81673 München
Redaktion: Andrea Kunstmann
Illustrationen im Innenteil: © Rebekka Reinhard
Umschlaggestaltung: Guter Punkt GmbH & Co. KG
unter Verwendung eines Motives von: depositphotos/BlueLela
Satz: Leingärtner, Nabburg
Druck und Bindung: GGP Media GmbH, Pößneck
Printed in Germany
ISBN: 978-3-453-28147-9

www.Ludwig-Verlag.de

Dieses Buch ist für dich. Und für uns. Frauen aller Haut-,
Haar- und Augenfarben und jeder Körbchengröße.
Du bist Vieles. Und du bist einzigartig.
Wir alle sind singulär-plurale Wundertüten.
Wer versucht, uns in das Kästchen Frau zu zwingen,
der muss verstehen: Wir werden entkommen …

#nobullshitfeminismus

Vorbemerkung

Gendersensible Sprache ist wichtig. In welcher Sprache wir Menschen beschreiben, entscheidet darüber, wie wir sie wahrnehmen: nüchtern. Liebend. Oder voller Vorurteile ... In diesem Buch findest du allerdings weder das Binnen-I noch Gendersterne oder Doppelpunkte. Klug gendern heißt für mich, auf kreative, undogmatische, sinnvolle Art und Weise gendern. Es geht darum, sorgfältig auf den Kontext zu achten, in dem »er«, »sie« und/oder andere Geschlechter vorkommen ... oder vorkommen könnten, sollten, müssten. Und wo nicht. Was du auch nicht finden wirst, sind die Lebensdaten all der berühmten Männer, die in diesem Buch zitiert werden. Dass nur biografische Daten von Frauen genannt werden, soll niemanden beleidigen – sondern bloß ein winziges Stück ausgleichende Gerechtigkeit dafür sein, dass es früher hauptsächlich Männer waren, die »Geschichte machten«. Jetzt sind wir dran ...

INHALT

Frauen an Bord bringen Unglück.

Alte Seemannsweisheit

#1 STATT EINER EINLEITUNG: WARUM SOLL ICH DIESES BUCH LESEN?

Weißt du, wer du bist? Mit Mitte zwanzig wusste ich es nicht. Ich wusste nicht mal, wie man mit glühenden Kohlen umgeht. Damals lebte ich in Berlin-Kreuzberg allein in einer riesigen, hochgradig renovierungsbedürftigen Altbauwohnung mit einem einzigen Kamin. In den 1990er-Jahren gab es noch wirklich harte Winter. An manchen Tagen hatte es zehn Grad minus. Ich studierte an der Freien Universität, und wenn ich winters von Dahlem nach Hause zurückkam, konnte ich meinen Mantel eigentlich gleich anbehalten. Meine Hausarbeiten pflegte ich mit fingerlosen Handschuhen zu tippen. Jeden Abend wickelte ich Briketts in feuchtes Zeitungspapier, bevor ich sie anzündete, damit sie möglichst lange heiß blieben. Diesen Trick hatte ich von meiner Oma: »So haben wir es im Krieg gemacht!« Jeden Morgen kehrte ich die Kohlereste aus dem Kamin und entsorgte sie im Haushaltsmüll in der Küche. Der Nachglüheffekt der nach Omas Rezept präparierten Kohlen war enorm. Eines Tages begann der Haushaltsmüll zu brennen – daneben das freiliegende Starkstromkabel. Dunkelgrauer Rauch stieg auf, aber ich roch nichts. Ich war tief in die *Phänomenologie des Geistes* vergraben, ein Werk des Philosophen Georg Wilhelm Friedrich Hegel. Hätte mein Nachbar damals nicht Sturm geklingelt …

Weißt du, wer du bist? Ich wusste es, wenn ich ehrlich bin, so richtig erst mit vierzig. Seit den 1990er-Jahren habe ich eine Fülle neuer Fähigkeiten erworben. Ich bin viel praktischer geworden. Die Sache mit den Kohlen würde mir heute nicht mehr passieren. Inzwischen kann ich nicht nur irre routiniert denken, sondern auch toll kochen, waschen, putzen und bügeln. Ich kann alles! In Rekordzeit. Weil ich Vieles bin. Philosophin, Tochter, Freundin, Partnerin, Autorin, Rednerin, Podcasterin, Perfektionistin, Idealistin, Pragmatistin. Ja, ich bin Vieles. Doch ich brauchte ewig, um zu kapieren: Was ich für mich bin und sein will, ist nicht unbedingt das, was ich für die anderen bin. Für die Gesellschaft, fürs »System« bin ich zunächst und immer schon: eine *Frau*. Und weil ich wie du und alle Frauen Frau bin, bin ich auch wie wir alle für alles zuständig. Denn ich kann ja alles. Leisten und Liebsein, Geldverdienen und Gutaussehen, Säubern und Sorgen.

Wer willst du sein? Identifikationsmöglichkeiten gibt es viele. Vielleicht ist Alice Schwarzer, Luisa Neubauer oder die nigerianisch-amerikanische Schriftstellerin Chimamanda Ngozi Adichie dein Vorbild. Vielleicht willst du aber auch – wie die meisten Frauen in unserem System – einfach bloß ein weniger anstrengendes Leben. Eins, in dem es selbstverständlich ist, Privilegien und Pflichten flexibel und fair zu teilen, im Job, im Haushalt, bei der »Care«-Arbeit. Wie und ob das gelingen kann, ist nie nur Privatsache. Die ganze Welt steckt ihre Nase in die »Frau«. Meist leider nicht die Nase der Vernunft. Du bist gut ausgebildet, ergatterst einen Top-Job, ziehst mit einem Mann zusammen – schon bindet dir das System eine Schürze um den Laptop. Kaum überlegst du mal ganz in Ruhe, was du selbst *willst* und wofür du lebst, schallt es aus allen Ecken: *Frauen können, sollen, müssen alles haben!* Klingt gut. Nur leider ist es sehr schwer, dieses hochsuggestive, multimedial verbreitete Versprechen in die Realität zu übersetzen. Das weiß jede Studentin, die glaubte, man sähe sie als Vieles an. Jede Singlefrau, die ihre Nächte mit den pflegebedürftigen Eltern verbringt. Jede arbeitende Mutter, die nach einem hektischen Arbeitstag trotz gegenteiliger Absichten dem vollautomatisierten Drang erliegt, schnell noch Hausaufgaben zu kontrollieren, die Wäsche zu machen, Nudeln zu kochen und die Toilette zu säubern. Frauen könnten gnädiger mit sich sein, meint die Journalistin und verheiratete Mutter Anna Kleen. Es sei »schließlich immer noch besser, eine Feministin in Teilzeit als gar keine zu sein«.

Reicht das? Mehr als hundert Jahre nach Einführung des Frauenwahlrechts und gut fünfzig Jahre nach »Women's Lib« sollten wir uns schon fragen, warum auch heute gilt, was Alice Schwarzer schon 1975 erkannte: Frauen haben keine Zeit. Frauen haben Angst. Wir sind die allseits beliebte Allzweckwaffe, deren »Systemrelevanz« zwar anerkannt – deren Wert aber immer noch kein entsprechender Preis zugemessen wird. Weder von der Gesellschaft, noch von uns selbst. Die meisten Frauen schlucken die schlechtere Bezahlung, die miese Rente, weil sie verständlicherweise auf Kinder nicht verzichten wollen. Auf eine sogenannte Karriere aber auch nicht. Viele hoffen, dass Freiheit und echte Chancengleichheit zur Verwirklichung dieser Freiheit doch bald möglich sein wird. Viele hoffen und warten, dass die Gleichstellungspolitik – Frucht der deutschen Emanzipationsbewegung der Siebzigerjahre – ihre Versprechen einlöst. Bis 2029 wird jedes Grundschulkind einen Rechtsanspruch auf ganztägige Betreuung haben. Endlich! Doch sind die Probleme damit gelöst? Ja, es sind die Rollenklischees, die verinnerlichten Stereotype, die fehlenden Kitaplätze, die veränderungsresistenten, Diversity-fernen, auf »Präsenzkultur« versessenen Arbeitgeber, die uns das Leben schwer machen – doch es ist das scheinheilige System insgesamt, das uns die Kritikfähigkeit nimmt; das uns glauben macht, unsere eigenen Werte seien perfekt kompatibel nicht nur mit biedermeierlichen Geschlechterkonventionen – sondern auch mit neoliberalen Zielsetzungen. Apropos Neoliberalismus. Mögen dich die auf Social Media und sonstwo gratis feilgebotenen Selbstverteidigungskurse, Anlageberatungen, Menstruationstalks und Schminktrainings diverser Marken noch so sehr *empowern*: Indem sich Konzerne deine authentischen Träume und Ziele frech aneignen, »befreien« sie dich nicht wirklich. Die mit Firmenlogo überschriebene Emanzipation dient meist bloß dem

Erhalt des Systems, nicht aber seiner Transformation. Die Folge: Du spielst das Spiel mit. Du identifizierst dich mit der ewig jungen, ewig fitten, dauerlächelnden Totaloptimiererin und mutierst zum Schaf. Einem Schaf, das glaubt, es kann nicht anders. Weil es ja für alles zuständig ist, inklusive Ackern und Shoppen, und nie Zeit hat. Aber Angst. Angst, nicht mitzukommen, zu versagen, aufzufallen, nicht anerkannt zu werden, ungeliebt zu sein. Schafe des dritten Jahrtausends sind gebeutelte Tiere. Anders als die Nurhausfrau, die in den 1950er- und 1960er-Jahren wenigstens noch in Ruhe rauchen und trinken konnte, müssen sie gleich in den nächsten Call.

Wer willst du sein? Wir alle sind Vieles und Verschiedenes. Mütter, Nichtmütter, Karrieristinnen, Antikapitalistinnen, Teilzeit- und Vollblutfeministinnen. Wir alle sehnen uns nicht nur nach Freiheit, sondern auch nach Liebe und Zugehörigkeit. Aber wir haben keine Zeit, und wir haben Angst. Angst, nie ganz richtig zu liegen. Denn immer müssen wir uns erklären. Deine Entscheidung, ausschließlich am Herd zu kleben, ist erklärungsbedürftig. Deine Entscheidung, nur am Computer zu kleben, auch. Deine Entscheidung, beides zu wollen, weil du es kannst, sollst und musst, ist es erst recht. Was du auch wählst, deine Wahl entsteht im Kontext eines Systems, das Fortschritt mit Profit gleichsetzt und Freiheit mit Autonomie. Dass Frauen unter Dauerbeobachtung stehen, dass man sie trotz gegenteiliger Behauptungen auf die dienende Position festnagelt, dass sie sich meist im Modus der Schnappatmung befinden und Gewissensbisse haben, weil sie arbeitende Mütter, alleinerziehende Mütter, nur Mütter oder gar keine Mütter sind – all das ist ein riesiger gesellschaftlicher Skandal.

Dieses Buch liefert dir zwanzig Überlebensstrategien für die Herausforderungen deines Hardcore-Alltags und ermutigt dich zur Verwirklichung deiner Träume. Bist du wütend? Wünschst du dir mehr Leichtigkeit? Hast du große Lust, dich endlich mehr selbst zu achten und zu lieben? Dann erlöse dich aus der zwanghaften Selbstüberwachung und öffne dich der Solidarität mit anderen – ich unterstütze dich dabei. Ich möchte dir zeigen, was geschieht, wenn du Hirn und Herz verbindest: Das Schwere wird plötzlich leicht. Du realisierst, dass du nicht allein bist. Du erlebst die Magie von Mut und Macht. Den Zauber des Feminismus.

Überlebensstrategie #1: Entschlüpfe dem Schafspelz

Jetzt ist ein guter Zeitpunkt, das zu sein, was du wirklich bist. Sag der perfiden Allianz des ultramodernen 360-Grad-Perfektionismus mit der weiblichen Selbstaufopferung der Vergangenheit den Kampf an. Das Frauenbild 2022 ist genauso verlogen wie das gleißend blonde, dauerlächelnde, Marmelade einkochende Rollenideal der 1950er und 60er Jahre. Wenn du keine Lust mehr auf Lügen hast, wenn du frei sein willst, dein Leben so zu gestalten und zu verändern, dass es für alle gut wird, mach dir klar: Freiheit kann es nur jenseits der unkritischen Identifikation mit dem System geben – und nur miteinander, nicht gegeneinander. Gemeinsam mit Frauen, Männern und allen Geschlechtern, nie allein. Eine Emanzipation, die totaloptimierte Schafe am laufenden Band produziert, widerspricht sich selbst. Sie ist markt- und markenkonform, aber alles andere als »fortschrittlich«. Versuche Freiheit anders zu denken. Womöglich hat Freiheit gar nicht so viel mit Autonomie zu tun. Vielleicht meint Freisein eher »Freisein, um jemanden zu umarmen«, wie die Schriftstellerin Siri Hustvedt sagte. Was hältst du davon: *Der tiefere Sinn von Freiheit ist Zugehörigkeit.* Weil es ohne Zugehörigkeit keine positiv erlebte Freiheit geben kann. Das steht sogar schon bei Georg Wilhelm Friedrich Hegel.

Damals, in meiner riesigen Altbauwohnung in Berlin-Kreuzberg, hatte ich mehr Glück als Verstand. Aus den glühend heißen Kohlen im Haushaltsmüll war ein Brand geworden, der schon das Starkstromkabel daneben erfasst hatte. Ich konnte die Flammen mit zwei Eimern Wasser löschen … gerade noch rechtzeitig. Meine kleine private Katastrophe war natürlich nichts gegen die Feuer, die die Welt heute in Atem halten – Wald- und Buschbrände; brandgefährliche

Pandemien; nicht endende politische Brände. Unsere Gesellschaft ist nicht die beste und gerechteste. Aber seien wir ehrlich: Wir liegen nicht in Ketten. Wir können dieses System ändern. Die Flammen, die darin aufzüngeln, sind beherrschbar … wenn wir die Eimer gemeinsam mit Wasser füllen und niemand seinen Eimer mehr allein schleppen muss.

Ich wünsche dir viel Spaß mit diesem Buch. Wo du anfängst, ist egal. Kapitel für Kapitel wirst du erkennen, wer du bist und was du willst. Und noch viel besser verstehen, warum Selbstachtung und Selbstliebe entscheidend sind. Fang bei dir selbst an. Du bist Vieles. Also entschlüpfe dem Schafspelz.

Wenn der Mann mehr ist als die Frau,
dann ist die Frau gleichfalls mehr als der Mann.

Marie Le Jars de Gournay (1565–1645)

#2 DIE ZENTRALE DER ZUSTÄNDIGKEITEN: BIN ICH NORMAL?

Man erkennt sie an ihrem zarten, vollautomatisierten Lächeln und der stets leicht angespannten Körpersprache. Es sind Lebewesen, die ständig unter Strom stehen. Um sechs, halb sieben klingelt der Wecker, und indem sie den Wecker ausschalten, knipsen sie sich selbst an. Ihr System fährt hoch, die Turbinen rotieren. Einmal eingeschaltet, gibt es kein Zurück mehr. Sie beginnen zu rennen. In alle Richtungen gleichzeitig. Moderne Frauen.

Jedes Kind weiß, dass sie alles können. Leisten und dulden, arbeiten und gebären. Ihre Flexibilität macht sie zu den perfekten Mitgliedern der Gesellschaft. Frauen sind Kraftwerke, die den Rest der Welt mit Energie versorgen. Es ist überaus angenehm, am Verteilernetz einer modernen Frau zu hängen. Man muss sich um nichts kümmern. Niemand möchte auf den Komfort verzichten, den diese Frau zu bieten imstande ist. Sie wäscht, kocht, putzt, tippt, schluckt alles. Weil sie es kann. Sie kann alles – wie du. Und weil du alles kannst, sollst, willst und musst du es auch. Auf der einen Seite willst und sollst du »hart« sein, Geld verdienen, dich ökonomisch verwirklichen. Auf der anderen »weich« sein, lieben, sorgen, pflegen. Du glaubst, dass du den permanenten Widerspruch zwischen »hart« und »weich« abfedern kannst. Du glaubst es, weil du es glauben willst, weil alle es tun, und Frauen sowieso alles können. Das ist nicht normal. Du fragst dich, ob du normal bist? Betrachte lieber die Welt, in der du lebst.

Im 18. und 19. Jahrhundert standen Rationalität und wirtschaftlicher Erfolg für die männliche Sphäre, Fürsorge und Abhängigkeit für die weibliche. Im 21. Jahrhundert sind beide Sphären gleich siamesischen Zwillingen miteinander verwachsen. Heute soll die Frau gefälligst in beiden Sphären durchstarten. Das perfekte Zwei-Sphären-Glück zart lächelnd als Normalfall ausgeben. Sie soll eine sogenannte Karriere verfolgen, heiraten, zwei Kinder kriegen, in Teilzeit weiterarbeiten, gut aussehen und voll glücklich sein. Wie fortschrittlich ist unsere Gesellschaft? Halb befinden wir uns im digitalen Zeitalter, halb stecken wir immer noch im Biedermeier fest, einer überaus scheinheiligen Epoche. Damals redete man von Frömmigkeit, hatte aber kein Problem mit der boomenden Straßenprostitution. Heute redet man von »Anstand« und zieht sich zwischen zwei veganen Joghurts sexistische Gratis-Pornos rein. So scheinheilig unser Verhältnis zur Tugendhaftigkeit, so scheinheilig die unausgesprochene Regel, dass Frauen lieb, treu und kuschelig sein und nebenbei tolle Gewinne erwirtschaften sollen. Während Männer noch tollere Gewinne einfahren dürfen, weil sie vom Verteilernetz der Frauen profitieren.

Um eines gleich klarzustellen: Dies ist kein Männerhassbuch. Männer sind wunderbare Geschöpfe. Die Männer selbst sind nicht schuld daran, dass die Sache mit der Gleichberechtigung ins Stocken geraten ist (nicht alle Männer jedenfalls → #XY). Das Problem ist vielmehr die historisch überlieferte, *asymmetrische Verteilung von Privilegien und Pflichten*, die der männlichen Norm stets den Vorrang gibt. Sie ist es, die die sozialen Rollen von »Mann« und »Frau« im Alltag zementiert. Die amerikanische Philosophin Kate Manne zählt zu den weiblich kodierten, »dienenden« Pflichten Zuwendung, Bewunderung, Nachgiebigkeit, Sorge; männlich kodierte Privilegien bestehen darin, die Erfüllung dieser Pflichten einfordern zu können. Überall und jederzeit. Anders als in der Vergangenheit entbehrt diese

Asymmetrie heute jeder rechtlichen Basis – setzt sich aber in Form verinnerlichter Stereotype und Vorurteile hartnäckig fort, in Familien, Organisationen, Unternehmen, in jeglicher sozialen Gruppe. So wird auf subtile Weise eine »Normalität« propagiert, welche die »Güte« und »Echtheit« einer Frau an der untergeordneten gesellschaftlichen Position festmacht, die sie gegenüber dem männlichen Geschlecht einnimmt. Untergeordnet, da passiv gebend, auf die Einflusssphäre des Häuslichen beschränkt.

Auf der einen Seite der autonome, rationale, wirtschaftlich und sexuell potente Mann, auf der anderen Seite die von ihm abhängige Frau: Dies gilt kurioserweise auch heute noch, in Zeiten des *perfekten weiblichen Zwei-Sphären-Glücks*. Dieses besagt, dass du einerseits den Haushalt wie ein Logistikunternehmen führen und andererseits im Büro die Herd-Nummer durchziehen sollst – dass du dein Glück findest, indem du auf angemessene Gehaltsforderungen und bezahlte Überstunden möglichst verzichtest, Kekse verteilst und die Entscheiderpositionen Männern überlässt. Wo immer du dich der Verwirklichung des Zwei-Sphären-Glücks verweigerst, indem du deiner »harten« Seite zu viel Aufmerksamkeit schenkst und folglich nicht achtsam, nicht lieb genug, nicht seelisch und ökonomisch abhängig genug bist, gilt dies – unausgesprochen natürlich – als Regelverstoß. Wer alles kann, muss auch nicht gegen die Regel verstoßen. Längst hat das Heimchen am Herd ein Upgrade erfahren. Man kriegt es nun überall in der beliebten Version *Super Woman*. Super Woman ist die neo-biedermeierliche weibliche Idealnorm – die Standardnorm. Wenn du Super Woman sein willst, kannst du nicht einfach nur »hart« sein. *Du musst »hart« und »weich« zugleich sein.* »Hart« heißt: professionell-kapitalistisch »hart«, aber so, dass es niemandem wehtut. »Weich« heißt: die anderen zart lächelnd und kostenlos mit Energie versorgen. Das perfekte locker-flockige Zwei-Sphären-Glück wird niemandem geschenkt. Wenn du es leben willst, musst du kämpfen. MOMENT. Wer sagt, dass du kämpfen musst? Du selbst. Genauer: deine Gedanken.

Die Gedanken von Super Woman gleichen einer nie versiegenden

Flut schmutziger Wäsche, die gereinigt, gebügelt, verstaut werden will. Diese Last wird körbeweise über dem weiblichen Gehirn ausgekippt, täglich, stündlich, sekündlich. Kaum ist eine Wäscheladung erledigt, ist der nächste Korb voll, wird in die Trommel gestopft, rotiert im Schleudergang, bis die ganze Frau vibriert. Alles, wirklich alles wird verarbeitet. Nicht nur ihre eigenen Ziele, Wünsche, Pläne, sondern auch Vorhaben, für die eigentlich andere Leute zuständig sein sollten – wenn sie nur davon wüssten. Schon 2017 machte die französische Illustratorin Emma dieses merkwürdige Phänomen unter dem Begriff »Mental Load« weltberühmt. In einem sehr lustigen und sehr wütenden Comic zeigte sie, was es heißt, eine moderne Frau zu sein, Super Woman zu verkörpern, alles zu können und das perfekte Zwei-Sphären-Glück zu leben, ohne mit der Wimper zu zucken. Es heißt: ständig an alles zu denken. Wer alles kann, kann auch an alles denken. Wer alles kann, kann auch für andere mitdenken und sie sanft und in angemessenen Abständen, um ja nicht zu nerven, ans Mitdenken und Mittun zu erinnern. Wer alles kann, ist selbst schuld. Super Woman ist so super, dass an ihr alle Fäden zusammenlaufen müssen. Sie ist das Umspannwerk, das Versorgungsnetz, der Flagshipstore der Nation. Sie ist: *die Zentrale der Zuständigkeiten.* Der optimale, weil universell einsetzbare, kostengünstige, höchst flexible 24-Stunden-Support für Heim und Office. Die allseits beliebte Allzweckwaffe, deren »Systemrelevanz« zwar anerkannt – deren Wert aber immer noch kein entsprechender Preis zugemessen wird.

Super Woman macht endlos die mentale Wäsche für andere, weil allen klar ist, dass sie als »gute« und »echte« Frau die Pflicht dazu hat. Schließlich verfügt sie auch über die besten Kompetenzen. Niemand wird eine halb volle Bierflasche in den Ausguss schütten und in die Tonne mit dem Braunglas werfen, wenn es eine Zentrale der Zuständigkeiten gibt, die sich darum kümmert. Niemand wird seine Telefonate oder Hausaufgaben selbst erledigen, niemand wird sich um Geburtstags- und Weihnachtsgeschenke für Kollegen, Freundinnen, Verwandte kümmern, niemand wird nachschauen, ob im Kühlschrank was fehlt, wenn es *a priori* über die Zentrale der Zuständigkeiten läuft. Niemand wird sich an irgendetwas erinnern, wenn die Zentrale der Zuständigkeiten schon daran gedacht hat. Alle finden es normal, dass es so ist. Super Woman ist super im Multitasking, also kann man ihr gleich noch ein paar Wäschekörbe mehr aufdrücken! Wenn du deine To-do-Listen ein halbes Jahr im Voraus erstellst und dich dann beklagst, du hättest so wenig Zeit für dich, bist du selbst schuld! Der Grund, warum du so heiß auf Yoga und Meditation bist, muss nichts mit deinem möglicherweise besonderen Sinn für Spiritualität zu tun haben. Er liegt zunächst einzig und allein darin, dass du verhindern willst, in den Wahnsinn abzuleiten. Während deine innere Wäschetrommel noch ein paar unerledigte Dinge mehr schleudert, willst du wenigstens so tun, als gelänge es dir, auf einer lächerlichen Synthetikmatte zur Ruhe zu kommen.

Dass das alles nicht normal ist, dämmert dir oft erst dann, wenn du von Super Woman zu Super Mom befördert wirst (→ # 16). Plötzlich schnurrt das Zwei-Sphären-Glück auf die Größe eines selbst gebackenen Muffins zusammen. Plötzlich verwandelt sich der Partner, mit dem du bisher eine Beziehung »auf Augenhöhe« pflegtest, in einen Schmutzwäscheproduzenten, der dir körbeweise To-dos aufbürdet. Plötzlich blickt dich dieser Partner nicht mehr nur liebevoll an, sondern schaut immer öfter haarscharf an dir vorbei, hin zum sicherlich schon wieder prall gefüllten Kühlschrank. Er sieht, dass die top ausgebildete Super Mom anscheinend freiwillig dazu übergegangen ist, neben ihrem anspruchsvollen Brotjob alles zu organisieren, was in den Bereich der traditionellen weiblichen Pflichterfüllung fällt. Er weiß nicht, warum. Er nimmt es mehr oder weniger dankbar hin. Weil es ihm normal erscheint. Weil sie eben alles kann. Weil alle Frauen so sind. Er hat sein Soll erfüllt. Er war zwei Monate in Elternzeit, und jetzt muss er eben wieder Geld verdienen. Ihn trifft keine Schuld. Er kann sich nicht um alles kümmern. Ab und zu platzt dir der Kragen. »Kannst du nicht wenigstens *einmal* die Töpfe sauber machen, *einmal* dein halb leeres Bier in den Ausguss schütten!«, brüllt die Zentrale der Zuständigkeiten. Und er sagt achselzuckend: »Du hättest doch nur was zu sagen brauchen. Ich helfe doch gern, warum sagst du denn nichts?« *Kannst du BITTE den Tisch decken?* »Gleich. In fünf Minuten …«

Überlebensstrategie #2: Beweg dich ein bisschen neben der Spur

Du zweifelst. Du fragst dich, ob du normal bist. Ja, du kannst mit an Sicherheit grenzender Wahrscheinlichkeit davon ausgehen, dass du ziemlich normal bist. Nicht du bist unnormal, die Rolle und die Umstände, in denen du steckst, sind es. Alle Super Women/Super Moms/ Super Girls haben das gleiche Problem. Zentralen der Zuständigkeiten können zu viel, denken zu viel, fühlen zu viel. Und das zwingt sie in den Kampfmodus. Sie kämpfen mit sich selbst, den Widersprüchen zwischen »hart« und »weich«. Sie kämpfen mit ihren eigenen Gedanken und Gefühlen, sie kämpfen mit den Wünschen, Zielen, Meinungen anderer. Darauf hast du keine Lust mehr? Dann hör auf damit. Es ist ganz leicht. Mach dir als Erstes klar, dass du von Scheinheiligkeit umgeben bist. In unserer hochmodernen kapitalistischen Gesellschaft ist es zwar verboten, Frauen zu vergewaltigen oder rechtlich zu diskriminieren. Dafür ist es aber erlaubt, ja sogar erwünscht, ihnen alles zuzutrauen, was dem Bild der »guten« und »echten« Frau entspricht. *Frauen sind ja so lieb und schnell und flexibel und multitaskingfähig:* All das sind nicht einfach nur positive Eigenschaften, das sind *Positiv-Sexismen,* die dazu dienen, die asymmetrische Verteilung von Pflichten und Privilegien aufrechtzuerhalten und dich in den Wahnsinn zu treiben. Mach dir außerdem klar, dass diese Positiv-Sexismen nicht nur in männlichen Gehirnen herumspuken, sondern perfiderweise auch in deinem eigenen. Dies ist immer dann der Fall, wenn du in Vorleistung gehst, weil du aus Erfahrung weißt, dass nur du und du allein die Dinge perfekt erledigen kannst. Eine »schlechte« Frau würdigt einen Couchtisch, den ihr Partner, ihr Kind, ihre Tante oder ihr Großcousin in chaotischem Zustand hinterlassen hat, keines müden Blickes. Eine »schlechte« Frau agiert wie ein Mann – sie geht erst mal Party machen. Wenn nach ihrer Rückkehr dasselbe Chaos herrscht, räumt sie einen, höchstens zwei Gegenstände weg. Super Woman hingegen ordnet alle Objekte auf dem Couchtisch in bestimmte Kategorien – »verderblich«, »recycelbar«, »muss ins Regal«, »muss in den Kleiderschrank« etc. – und überlegt sich für jede eine passende Effizienzstrategie. Während sie denkt und räumt, sieht sie auf dem Boden eine Socke liegen, die sie selbstverständlich aufhebt und in den Wäschekorb steckt, welcher mindestens so voll ist wie ihre mentale Wäschetrommel. Während sie Gedanken und Bedenken über ihre nächsten Schritte durchschleudert, fällt ihr ein, dass sie noch zur Apotheke muss und morgen einen wichtigen Kundentermin hat und auf dem Weg dorthin eigentlich noch die Anzüge aus der Reinigung holen könnte.

Wenn du keine Lust mehr hast, Super Woman zu verkörpern, musst du die Scheinheiligkeit der Positiv-Sexismen loswerden. (Was nicht heißt, dass du die weiblich kodierten Pflichten einfach an eine unterbezahlte Haushaltshilfe delegieren sollst – das würde die Scheinheiligkeit nur vergrößern.) Diese Scheinheiligkeit führt zu einer Art Blindheit. Sie hüllt dich in einen Schleier der Selbstgerechtigkeit. Denk an die Fabel von Gotthold Ephraim Lessing, in der ein blindes Huhn auf der Suche nach Essbarem fleißig das Erdreich aufpickt, während ein scharfsichtiges Huhn, das sich geschickt daneben platziert hat, ebenso fleißig die Körner aufpickt, die das andere ahnungslos freigelegt hat. Solange du dich im Zustand der Scheinheiligkeit befindest, geht es dir wie diesem blinden Huhn: Zwar findest auch du mal ein Korn, aber bevor du es aufpicken kannst, kaut immer schon ein anderer genüsslich drauf rum. Zwar kannst du dir dann was darauf einbilden, eine »gute« und »echte« Frau zu sein, aber was hast du davon? Was haben andere Frauen davon? *Scheinheiligkeit ist Fake, so wie das perfekte Zwei-Sphären-Glück ein Marketinggag ist.*

Das Leben ist kein Kampf. Das Leben ist ein Kunstwerk. »So wie Holz das Material des Zimmermanns ist, Bronze das des Bildhauers, so ist das Material der Lebenskunst das Leben jedes einzelnen«, schrieb der stoische Philosoph Epiktet. Du wirst nie fertig mit deinen To-do-Listen, weil dein Lebenskunstwerk nie fertig sein wird. Du meißelst weiter an ihm herum, bis du stirbst. Ist das nicht eine wunderbare Aussicht: nie fertig zu sein? Was würdest du denn tun, wenn du je mit allem fertig würdest, wenn irgendwann alles perfekt sein würde – Kreuzworträtsel lösen? *Perfektion kann nicht der Sinn des Lebens sein.* Die menschliche Existenz ist voller Paradoxien. Eine davon besteht darin, dass du ein wenig neben der Spur sein musst, um den Wahnsinn der Gesellschaft abzuschütteln. Die Wahrheit ist: Du kannst nicht alles, aber vieles. So viel, dass es ausreicht, dein Lebenskunstwerk mit weniger Scheinheiligkeit und mehr Leichtigkeit zu gestalten. Es ist alles eine Frage von Übung und Gewohnheit: Dies wussten schon die Stoiker. Je mehr du dir abgewöhnst, an alles zu denken und alles zu erledigen, desto weniger bist du dazu fähig. Du verlernst es. Du läufst neben der Spur. Wie schön! Nun kannst du deine frei gewordenen Kapazitäten darauf verwenden, dir andere, sinnvollere Gewohnheiten anzueignen. Allen voran die, andere offiziell mit den Aufgaben zu betrauen, für die sie eigentlich sowieso zuständig sein sollten. Du musst nur den Mund aufmachen und wirst nie wieder ein »Du hättest was sagen sollen!« kassieren. Es geht ganz leicht. Überlege dir, wer für welche Aufgaben am besten geeignet ist, und teile jedem die Zuständigkeit zu, die er bewältigen kann. Das gilt im Job genau wie in der Küche. Das Ergebnis wird magisch sein. Dein Partner, dein Kind, dein Kollege, deine Mama, dein Opa – niemand wird sich in deiner Umgebung mehr nutzlos und minderwertig fühlen und auf die Idee kommen, aus reiner Langeweile die von dir freigelegten Körner aufzupicken. Jeder wird genau das Gratifikationserlebnis kriegen, das er verdient. Und alle werden dich für deine quasi-göttliche Leichtigkeit bewundern, mit der du die neuen Regeln erfunden hast. Du wirst dich ein wenig neben der Spur bewegen und die anderen machen lassen, und sie werden dich dafür respektieren. *Das ist Lebenskunst.*

Du glaubst mir nicht? Wenn dir das Leichte so schwer fällt, besorge dir eine Barbiepuppe. Eine klassische Barbiepuppe mit langem blonden Haar und blauen Augen, wie sie Mädchen in den 1980er-Jahren hatten. Schau dir die Puppe genau an, wann immer du vom Wahnsinn des Super-Woman-Daseins überrollt zu werden drohst. Schau dir an, was du siehst. Makellose Haut, die keinen Alterungsprozess kennt. Eine perfekt geformte Schulternackenpartie, die nie von Verspannungen betroffen sein wird. Ein zartes Dauerlächeln und ein Hirn voller Plastik. Was du siehst, ist die zur Perversion totaloptimierte weibliche Idealnorm. Es ist das, was du nie sein wirst. Gott sei Dank.

Frau, erwache! Die Stimme der Vernunft erschallt
im ganzen Weltall; erkenne deine Rechte!

Olympe de Gouges (1748–1793)

#3 DIE GROSSE TAUBHEIT: WARUM HÖRT KEIN MANN MIR ZU?

»Ein Mann, ein Wort. Eine Frau, ein Wörterbuch.« Keine Redensart könnte hohler sein. Und doch erfreut sich das Klischee von der dauerquäkenden Frau und dem sein Wort mit Bedacht wählenden Mann großer Beliebtheit, gerade auch unter Forschern, die sich mit Geschlechtsunterschieden befassen. Ein typischer Fall scheint der britische Psychologe und Psychiater Simon Baron-Cohen zu sein. Dass Mädchen lieber quasselnd mit Puppen und Kuscheltieren spielen und Jungs sich eher still für Autos, Fußball und Computer interessieren, begründet er mit dem fundamentalen Unterschied zwischen weiblichen und männlichen Gehirnen. »Die grundlegende Verschaltung des idealtypisch weiblichen Gehirns begünstigt empathische Analysen, während im männlichen Gehirn die Netzwerke für das Verstehen und Bauen von Systemen die Fundamente bilden«, so Baron-Cohen. Wow. So einfach ist das also. Du greifst dir ans empathische Hirn: Jetzt kapierst du nicht nur, warum das Wort des Mannes so ein Gewicht hat, sondern auch, warum Männer dir nicht zuhören! Sie können es nicht. Während du tratschst, haben sie Wichtigeres zu tun. Sie müssen erst mal das System ihres Lenkrads oder Smartphones knacken. Wozu? Damit sie es kontrollieren können. Männer, so Baron-Cohen, seien tendenziell autistisch veranlagt: Wie Menschen mit Asperger-

Syndrom müssen sie ihre Umwelt kontrollieren, wie diese können sie Beziehungen nur zu ihren Bedingungen führen.

Jetzt ist alles klar. Wenn Super Woman ihrem Schatz als Entschädigung für seinen anspruchsvollen Job ein tolles Nudelgericht bereitet (obwohl sie selbst einen ziemlich anstrengenden Tag hatte) und nebenbei brandneue, hochspannende Informationen zur sozialpolitischen Lage im Libanon übermittelt, kann er selbstverständlich nicht zuhören. Als hochsensibles autistisches Wesen muss er seine Ohren schonen. Bevor er an einer derart anstrengenden Konversation aktiv teilnehmen kann, muss er erst mal seine Stimmbänder ölen. »Haben wir eigentlich noch Bier im Kühlschrank?« – »Du hörst mir nicht zu!« Kann er ja auch gar nicht. Er hat längst seine innere Fernbedienung betätigt und sie auf stumm geschaltet. Nicht aus Desinteresse natürlich, aus reinem Selbstschutz.

»Neurotrash« nennt die Neurowissenschaftlerin Gina Rippon Baron-Cohens Thesen. Ihrer Meinung nach fußen »essenzialistische« Annahmen wie die von weiblicher Empathie und männlichem Autismus auf einer unzulässigen Absolutsetzung kleinster statistischer Unterschiede. So tragen sie dazu bei, stereotype Rollenbilder immer weiter fortzuschreiben, nach dem Motto: Es ist das Gehirn, Dummkopf! Männer können nicht zuhören, Frauen nicht einparken. Da kann man nichts machen. Das Blöde ist nur: Solange zu viele Leute an stereotypen Klischees kleben, scheint es tatsächlich so, als könnte man da nichts machen. Allen voran durch die Verbreitung der These, es gebe jeweils genau zwei Rollenmodelle, ein Mensch zu sein. Was nichts anderes ist als eine Pseudowahrheit. Ein sogenanntes *falsches Dilemma*.

Baron-Cohen war natürlich nicht der erste, der die unterschiedliche Beschaffenheit männlicher und weiblicher Hirne hervorkehrte. Im 19. Jahrhundert diente die These von der rationalen Minderbegabung des von Natur aus kleinformatigen weiblichen Gehirns dazu, Menschen in Röcken von Bildungsinstitutionen, Wahlurnen und Kabinetten fernzuhalten. *Logos* – also »verständliche Rede« und »logisches Urteil« – wurde allein Männern zuerkannt. Frauen dagegen galten als emotional und »hysterisch«, abgeleitet vom griechischen Wort *hystéra* für Gebärmutter. Hysterie (→ #7) war per Definition ein Frauenleiden. Die hysterische Frau war unzurechnungsfähig. Also musste der Mann ihr alle wichtigen Entscheidungen abnehmen und sie belehren.

Wie hartnäckig sich Fake News vom überlegenen männlichen *logos* halten, kannst du täglich erleben. Wenn du den Beziehungsstatus eurer Bekannten analysierst oder über eine feministische Autorin redest, die du gerade entdeckt hast, dann verbucht dein Partner dies höchstwahrscheinlich unter »Frauenthemen«, für die ein mittleres Aufmerksamkeitslevel mehr als ausreichend ist. Fängst du aber an, in sein Terrain einzudringen – und sei es nur verbal –, nimmt seine Schwerhörigkeit noch ganz andere Züge an. Dies ist meist dann der Fall, wenn du ihn kritisierst – aus guten Gründen, die er aber natürlich nicht als solche gelten lassen kann. Schließlich ist er (gemäß tradiertem Vorurteil) der Einzige, der über *logos* verfügt. Wartest du mit sechs triftigen Argumenten auf, die erklären, warum er sein nasses Handtuch nicht zerknüllt auf dem Parkettboden liegen lassen soll, schaltet er auf Durchzug. Anstatt zuzuhören und einsichtig das Handtuch aufzuklauben, zaubert er ein einziges, ziemlich fadenscheiniges Gegenargument aus dem Hut. Objektiv betrachtet ist völlig klar, wer recht hat. Leider sind recht haben und recht kriegen zwei grundverschiedene Dinge, vor allem, wenn die asymmetrische Verteilung von Pflichten und Privilegien (→ #2) auf dem Spiel steht. Da kein Mann freiwillig auf das Privileg, umhegt und bedient zu werden, verzichten und weiterhin Handtuch Handtuch sein lassen möchte, reitet er mit großer Geste wie ein Cowboy auf seinem einen Pseudoargument herum. Gibst du ihm erneut ein wohlverdientes sachliches Kontra, springt er zu einem anderen Thema, das rein gar nichts mit Handtüchern zu tun hat, aber beweisen soll, dass du unrecht hast. Bist du so eindeutig im Recht, dass er es *partout* nicht mehr überhören kann, stellt er schnell eine imaginäre Expertenrunde zusammen: »Mic, Hans und Jens finden auch, dass du in letzter Zeit ziemlich angespannt bist.« Dieses sogenannte Argument *ad verecundiam*, mit dem er sich auf die scheinbare Autorität Dritter beruft, ist natürlich auch wieder nur ein dreistes Pseudoargument. In den meisten Fällen genügt es aber, um dich dahin zu bringen, wo er dich jetzt, in diesem Moment haben will. Denn spätestens zu diesem Zeitpunkt verliert Super Woman die Fassung und reagiert emotional. *Hysterisch.* Und er freut sich wie ein Kleinkind, das die perfekte Sandburg zerstört hat.

Solche privaten Episoden sind harmlos gegen die große männliche Taubheit, auf die wir regelmäßig stoßen, wenn wir die eigenen vier Wände verlassen und *öffentlich reden*, im Job, auf der Straße, im Restaurant, auf Twitter – überall dort, wo man es offenbar nicht von uns erwartet, dann geht der Spaß erst richtig los. Die britische Historikerin Mary Beard nennt es das »Miss-Triggs-Problem« – nach einem Cartoon, der die sexistische Atmosphäre einer Konferenz parodiert. Fünf Männer und eine Frau sitzen gemeinsam am Tisch, und Miss Triggs hat gerade geredet: »Das ist ein hervorragender Vorschlag, Miss Triggs«, sagt einer der Anzugträger. »Vielleicht möchte einer der Herren ihn vorbringen.« Beard macht eine jahrtausendalte Kulturgeschichte dafür verantwortlich, dass unsere Stimmen auch heute zu oft ungehört verhallen. Schon bei Homer war die »autoritative öffentliche Rede« (griech. *muthos*) nicht anders als männlich zu denken. Frauen durften quäken, quasseln, tratschen – aber bitte nur daheim. Im alten Rom verglich man Frauen, die in der Öffentlichkeit ihre Stimme erhoben, mit muhenden oder blökenden Tieren. Jungs wurden zu Männern, indem sie lernten, Frauen zu »silencen«. Wer lernte, die weibliche Rede zu kontrollieren, war auf dem besten Weg zur »Männlichkeit« – so Mary Beard. Männliche Macht war wesentlich öffentliche Redemacht – und so ist es bis heute. Frauen, die in Büromeetings, in der Politik, der Wirtschaft oder Wissenschaft nicht nur reden, sondern auch gehört werden, mitreden und mitentscheiden wollen, werden großflächig ignoriert. Klar, du kannst deine »harte« Seite hervorkehren und dir in Körpersprachetrainings männliche Posen aneignen – trotzdem wirst du selten richtig ernst genommen, als wirklich glaubwürdig eingestuft. Denn du besitzt weder *logos* noch *muthos*, die männliche Norm verbietet es dir. Wenn doch, überhört man dich, plappert deine Worte und Ideen nach und verpasst ihnen ein männliches »Copyright«. Das ist und bleibt das »Miss-Triggs-Problem«. Redemacht ist und bleibt männlich. Wo immer sie doch weiblich daherkommt, trägt sie eine vermännlichende Uniform (Angela Merkel) und hat meist die sechzig (Christine Lagarde) oder achtzig (Nancy Pelosi) überschritten. Aber was ist mit Greta Thunberg? Greta ist (noch?) ein historischer Ausnahmefall. Wohl, weil sie gar nicht erst als »Frau« wahrgenommen wird, sondern als autistische Superintelligenz. Und Kamala Harris, die erste – schwarze – Vizepräsidentin der USA, die neue Bundestagspräsidentin Bärbel Bas oder Außenministerin Annalena Baerbock? Beginnt mit Frauen wie ihnen ein neuer Abschnitt in der Geschichte der (Rede-)Macht? Hoffen wir es. Die Zeit wird es zeigen.

Doch nun zu einer anderen wichtigen »Ausnahme«: Tatsächlich war es weiblichen Personen immer schon »erlaubt« gewesen, ihren Mund aufzumachen, wenn es darum ging, öffentlich »ihren Opferstatus zur Schau zu stellen«, wie Beard schreibt. Dies lässt sich hervorragend an der #MeToo-Debatte illustrieren – einem »Frauenthema« *par excellence*. Betrachtet man #MeToo unter historischen Gesichtspunkten, bestätigte diese Debatte nur die Regel. 2017 markierte eine gesellschaftliche Zäsur. Endlich glaubte man sexuell missbrauchten Frauen (→ #6). Endlich widerfuhr ihnen Gerechtigkeit, endlich diskutierte man anscheinend ernsthaft auch Fragen fortbestehender politischer und ökonomischer Diskriminierung. Dank der globalen Solidarität in den sozialen Medien schien die weiblich kodierte Pflichterfüllung auch im Bereich »Sex« eine Zeit lang tatsächlich Schnee von gestern. Doch je länger die Debatte andauerte, desto mehr rüttelte #MeToo an den männlichen Privilegien nur, um sie hinterrücks zu bestätigen. In Deutschland mutierte #MeToo zu einem Streit über Sexismus, der »selbst sexistisch geführt wurde«, so die Kulturwissenschaftlerin Mithu Sanyal. In jedem einzelnen öffentlich gewordenen Fall dominierte das aufmerksamkeitsökonomisch bequeme, verbraucherfreundliche »Kürzel« (Sanyal) des Täter-Opfer-Schemas. Entweder weibliches Opfer oder männlicher Täter. Wer Graubereiche auch nur in Erwägung zog, machte sich einer umständlichen Differenzierung schuldig und kassierte einen Shitstorm.

Je mehr Frauen öffentlich ihre Stimme erhoben, desto mehr wurde ihnen die Rede der *Selbstviktimisierung* aufgedrückt: Sie wurden öffentlich darauf festgelegt, sich als Opfer zu inszenieren und so wieder die Rolle der »Guten«, Passiv-Hilflosen, Dienenden zu geben. Was am Ende blieb, waren schützenswerte Frauen auf der einen Seite und rehabilitierte, da nun geläuterte, Besserung gelobende Männer auf der anderen. Wasserfest wurde das Ganze durch das beliebteste Dogma überhaupt: den *Bestätigungsfehler*, der schnell eine große Talkshow-Karriere machte, so in der Art: »Mann und Frau sind, wie sie sind, weil sie Mann und Frau sind, und alle und alles das permanent bestätigen.« Der Bestätigungsfehler ist das Fundament aller Scheinheiligkeit. Er soll garantieren, dass #MeToo bloß eine Episode im Endlos-Stream der Sprechblasen bleibt, wo Frauen ruhig quasseln können, aber nur einer das Privileg hat zu reden und nur einer mit seinem Wort die Welt verändern darf: *Er.* Der »Mann«.

In allen anderen Fällen, in denen sie souverän und nicht als Opfer auftritt, dringt die wortmächtige Frau unerlaubt ins männliche Terrain ein. Und muss folglich entweder überhört oder mit vereinten Kräften ausgelacht, bedroht, beleidigt, gedisst werden. Die männersolidarische Reaktion »wird nicht hervorgerufen durch das, *was* man sagt, sondern schlichtweg durch die Tatsache, *dass* man es sagt«, schreibt die Shitstorm-erfahrene Historikerin Kate Manne, die auf Twitter »kopflose Sau« genannt wurde. Aus ihrer Sicht sind männersolidarische Reaktionen zutiefst schambesetzt, und Frauen, die öffentlich reden, anstatt den Part des gebannt schweigenden, bewundernden Publikums zu übernehmen, tragen zur massiven Verunsicherung des Mannes bei. Weil sie ihm nicht geben, was ihm (vermeintlich) zusteht. Weil sie seine Privilegien, seine Ehre, seine Männlichkeit, seinen Heroismus, seine gesellschaftliche Position angreifen. Das darf nicht sein. Wo immer das geschieht, kann der Mann auf die »himpathy« (Manne) seiner Peergroup zählen.

Eine »gute« und »echte« Frau redet nicht öffentlich, so die unausgesprochene Regel. Sie weiß, was sie hat. Keinen Geist, sondern einen Körper. Einen wohlgeformten, verführerischen, gebärfähigen, schweigenden Körper. Einen Körper, dem die Aufmerksamkeit des Reden schwingenden, twitternden, chattenden Mannes gilt – genauso, wie dem Wort des Mannes die ganze Aufmerksamkeit der Muffins backenden Frau sicher sein sollte. Dies erklärt, warum Frauen, die heute hohe Positionen in Wirtschaft und Politik innehaben, Stimmcoachings besuchen und Hosenanzüge tragen. Sie versuchen, als Männer durchzugehen. Damit man sie ausreden lässt. Ihre Autorität ernst nimmt. Damit sie mitspielen können. »Ein Mann, ein Wort. Eine Frau, ein Wörterbuch.« Dieser Spruch ist Bullshit. Ich habe einen besseren: »Männer reagieren auf öffentlich redende Frauen mit Taubheit, wenn sie (unbewusst) um den Verlust ihres Sonderstatus fürchten – und damit um ihre Männlichkeit.«

Überlebensstrategie #3: Mach den Mund *richtig* auf

1919 war der Anteil der Frauen unter den Abgeordneten der Weimarer Nationalversammlung 9 Prozent. 2019 lag der Frauenanteil im Deutschen Bundestag bei mageren 31 Prozent, 2021 bei gerade mal 35 Prozent. Auch in der Wirtschaft, in der Wissenschaft und überall, wo öffentlich geredet wird, bleiben (nicht nur) Toppositionen immer noch meist männlich besetzt. Klischeebeladene Frauenbilder gründen auf fest verankerten Machtstrukturen, die viel schwerer zu ändern sind als Gesetze. Was also kannst du tun? »Ein roter Lippenstift verhilft mit nur wenig Aufwand zu einem selbstsicheren Auftreten, weil er den Fokus auf die Mundpartie und somit auf Ihre Aussagen lenkt«, las ich kürzlich in einer Reklame. Hahahaha! Stimmt nicht. Wenn du gehört werden willst, hilft nicht mal grüner Lippenstift.

Wir müssen Macht und Redemacht neu denken. Wir müssen sie vom öffentlichen Prestige loslösen. Redemacht ist wie jede Macht niemandes Besitz – niemand ist für immer mächtig. Macht existiert in und durch unsere Beziehungen. Wir müssen über Macht als ein Gemeinsames gemeinsam nachdenken, zusammen mit den Männern und allen anderen Geschlechtern. Du kannst helfen, den Weg dorthin zu ebnen. Du musst nicht wie ein Kaninchen unter der Guillotine verharren. Erinnere dich: *Das Leben ist ein Kunstwerk, und alles ist Übung.* Du kannst deine Gedanken transformieren, und indem du deine Gedanken transformierst, kannst du dich selbst und die Welt (mit)verändern.

Laut einer Studie zweier Wirtschaftswissenschaftlerinnen der Georgetown University und der Harvard Business School von 2018 ist es weder ihre mangelnde Kompetenz noch ihr mangelndes Selbstbewusstsein, die Frauen davon abhalten, den Mund aufzumachen. Es sind Machtstrukturen und unbewusste Vorurteile, die ihnen – Selbstbewusstsein hin oder her – das Gefühl geben, dass man ihre Worte seziert wie Ameisen. »Zuhören« ist etwas anderes. Was kannst du tun? Schimpf nicht über *Mansplaining* (Rebecca Solnit) und »Herrklärer«. Nörgle auch nicht an deinem Typen zu Hause herum, der deine Spaghetti ebenso wenig schätzt wie deine gut begründete Kritik an seiner Taubheit. Es bringt nichts, kostbare Energie zu verschwenden und schlechte Vibes zu verbreiten. Das Leben ist kurz. *Dein Leben ist kostbar.* Beginne damit, eine innere Stimme zu kultivieren … nein, nicht dein »inneres Kind« – bloß nicht! Ich meine: Hol dir den kostenlosen 24-Stunden-Support von Menschen, die du bewunderst. Notiere deren Worte, Reden, die dich inspirieren und stärken. Etwa: »Die Frau hat das Recht, das Schafott zu besteigen. Sie muss gleichermaßen das Recht besitzen, die Rednertribüne zu besteigen.« Ein Zitat der französischen Philosophin Olympe de Gouges (1748–1793). Es stammt aus Artikel 10 der *Erklärung der Rechte der Frau und Bürgerin* (1791), mit der Olympe gegen den Fortbestand männlicher Privilegien stritt. Du brauchst keinen Motivationscoach, wenn du Olympe im Ohr hast. Wann immer du zögerst, den Mund aufzumachen, erinnert sie dich daran, dass du das Recht dazu hast. Das Recht auf *muthos* besteht allerdings nur, wenn du es auch ausübst. Ob in deinem Wohnzimmer, im Büro, im Waschsalon oder bei einem x-beliebigen Event: Überall stehen unsichtbare Rednertribünen, die nur darauf warten, von dir erklettert und genutzt zu werden. Das Leben ist eine Übung. Denke an Olympe und gewöhne dir an, deine argumentativen Skills an geeigneten Menschen und Orten zu testen. Prüfe dich selbst – weil du es willst, nicht, weil du es musst. Wenn du lernst, die bereits beschriebenen Scheinargumente,

- das *falsche Dilemma*,
- das *Autoritätsargument (ad verecundiam)*,
- den *Bestätigungsfehler*,

schnell und sicher zu identifizieren und klar zu *benennen*, ist die Gefahr sehr gering, dass du dich von ihnen »silencen« und zum Opfer machen lässt. Suche die Konfrontation mit vermeintlichen Autisten in beruflichen Meetings wie am häuslichen Küchentisch. Egal, ob sie dir zuhören oder nicht, sei *präsent*. Weder mit deinem Anzug und deinen künstlich antrainierten männlichen Posen noch mit deinen roten Lippen – zeige Präsenz mit Worten. Mit deinen eigenen Worten und Ideen. Tu es wieder und wieder. So hilfst du »Herrklärern«, sich an die Tatsache zu gewöhnen, dass Frauen weder hysterisch sind noch dauerquasselnde »Wörterbücher«, sondern erstaunlich logisch. Du hilfst ihnen zu verstehen, dass du gehört werden willst. Nicht, weil du recht haben willst. Weil dir am Dialog, an der Debatte, am konstruktiven Konflikt liegt.

Ja, du brauchst Mut, jeden Tag wieder, um auszusprechen und zu begründen, was dir am Herzen liegt. Auch wenn du glaubst, du hättest gegen die große Taubheit keine Chance – tu es trotzdem. Wisse, warum du es tust. Warum wir es tun. Weil wir Machtstrukturen nur dann ändern können, wenn wir uns selbst transformieren und wenn wir möglichst viele sind, die sich transformieren. Wisse, warum du dich nie mehr »silencen« lassen willst. Weil du für irgendjemanden da draußen ein Vorbild sein kannst. Für deine Tochter, deine Nichte, deine Enkelin, deinen Enkel. Für einen Menschen, der vielleicht noch nicht mal geboren ist. Grüble nicht. Tu es.

Das Erste von allem ist die feste Entschlossenheit
zu dem, was man sein will und was man tun will.

Émilie du Châtelet (1706–1749)

#4 GÜRTELTIER-ALARM: WIE TREFFE ICH SCHWIERIGE ENTSCHEIDUNGEN?

Anfang der 1990er-Jahre gab es noch wenige Handys: große, schwere Geräte mit lächerlichen Antennen. Wenn man sich mit einer Freundin verabreden wollte, rief man auf dem Festnetz an. Es genügte ein Telefonat, um sich auf Zeit und Ort zu einigen. Eins, maximal zwei. Heute ist das Ganze ein aufwendiges Unternehmen mit ungewissem Ausgang. Der Adressatin wird via Smartphone ein Treffen für Mittwoch oder Donnerstag vorgeschlagen, sagen wir, beim Vietnamesen. Fällt die Antwort positiv aus – ein »vielleicht«, »ja, aber« oder »weiß noch nicht genau« gelten als *tendenziell* positiv –, geht man zur nächsten Stufe über. In hektischen Chats wird nun erörtert, ob die Vietnamesen-Option wirklich die beste ist. Man könnte ja auch den neuen Afghanen ausprobieren, Hanna besuchen, zu Hause chillen oder das Treffen auf nächste Woche verschieben. Hat man sich endlich vorläufig auf eine Option geeinigt, ruft völlig überraschend Mikail an, oder der Babysitter sagt ab, und das Entscheidungskarussell startet erneut. Kaum jemand stellt dieses abstruse Vorgehen infrage. Jeder kennt die »Tyrannei der Möglichkeiten« (Hannah Arendt).

Alltagsentscheidungen können lustvoll oder nervig sein, aber ihre

Auswirkung auf unser weiteres Leben ist relativ gering. Im Gegensatz zu den wirklich schwierigen Entscheidungen. Existenzielle Optionen sind vertrackt. Man kriegt sie weder mit Apps noch Pro-Kontra-Listen in den Griff. Was, wenn man die Wahl zwischen zwei Männern hat? Was tut Super Woman, wenn sie sich ein Kind wünscht, aber keinen Partner findet? Was, wenn sie für ihre pflegebedürftige Mutter entscheiden muss? Wenn sie selbst erkrankt? Was dann? Eine existenzielle Entscheidung erscheint daher wie ein irrer Traum. Total surreal. Wie ein Gürteltier, das plötzlich im Wohnzimmer auftaucht. Ein Schuppentier von etwa sechzig Zentimetern Länge aus der Ordnung der Gepanzerten Nebengelenktiere wandert seelenruhig über den Flokati. Du denkst: »Fake News!«, und wendest dich ab. Du schreibst ein paar Mails, gehst den Füllstand des Kühlschranks durch, telefonierst mit Annalena, kümmerst dich um ein Sicherheitsupdate auf deinem Tablet. Aber das Gürteltier ist immer noch da und schaut dich an. Es ist um neunzig Zentimeter gewachsen. Du setzt dich an den Küchentisch und schälst Möhren, um die Sache zu verdrängen. Von der Küche aus kannst du den nunmehr riesigen Schwanz des Gürteltiers erkennen. Du siehst ihn klar und deutlich. Jetzt reicht es dir. Du schnappst deine Sportklamotten und machst eine Stunde Spinning. Verschwitzt und sorglos begibst du dich Richtung Dusche. Und dann siehst du es. Das Gürteltier sitzt auf dem Sofa – nun schon fast zwei Meter groß! Jetzt stehst du vor der Wahl: Entweder du ignorierst dieses Ding oder du schaffst es aus der Wohnung. So oder so hast du ein Problem. Wenn du es ignorierst, wird es vermutlich weiterwachsen (bis die Wände einstürzen). Wenn du versuchst, es aus der Wohnung zu schaffen, hebst du dir einen Bruch (und was, wenn es sich wehrt?).

Wie jenes imaginäre Gürteltier, so wachsen schwierige Entscheidungen im realen Leben zu unlösbaren Problemen an, wenn du sie nicht oder falsch anpackst. Dabei gehen sie nicht unbedingt mit einer möglichen Verschlimmerung der Lage einher – sie können auch eine Verbesserung versprechen. Zum Beispiel, wenn man die Wahl zwischen zwei gleichermaßen attraktiven Wohnorten hat. In unserem perfiden spätkapitalistischen System verheißen Entscheidungen stets eine »Optimierung«. Eine Optimierung, die man erwirken will, aber auch soll. Als Meisterin der Optimierung ist Super Woman darauf konditioniert, immer genau diejenige Wahl treffen zu wollen, mit der sie den »Solls« ihrer Zeit bestmöglich gerecht wird: *Sei perfekt! Sei authentisch! Arbeite! Sorge! Sei hart! Sei weich! Egal, ob das zusammenpasst oder nicht: Entscheide dich jetzt. Du kannst, wenn du willst!* Und Super Woman nickt artig und rennt los. Die britische Kulturwissenschaftlerin Angela McRobbie nennt moderne Frauen deshalb »perfekte Mitglieder der neoliberalen Gesellschaft«. Aber diese vermeintliche Wahlfreiheit, in der sich Können und Wollen, Sollen und Müssen auf intransparente Weise verquicken, hat natürlich ihren Preis. Wer autonom entscheiden und für alles zuständig sein darf, ist auch für alles selbst verantwortlich. Für sein Gürteltier, sein Glück, sein Unglück. Ätsch.

Anders als bei den Optionen Netto oder Aldi geht es bei schwierigen Entscheidungen um *gleichwertige* Alternativen. Ob du dich für Marc oder Jacques entscheidest, kann keine Sache davon sein, wer dir mehr »bringt«. Zwar fragst du dich: »Dieser oder jener Partner?«, weil du deine private Situation optimieren willst. Aber du weißt natürlich, dass man Menschen nicht vergleichen kann wie Äpfel. Bei vielen schwierigen Entscheidungen geht es um Liebe. Um ein Problem, das mit der Liebe zu einem Mann, einer Frau, zur eigenen Mutter, zu einem noch ungeborenen Kind zusammenhängt. Liebe ist nicht Länge mal Breite mal Höhe, sie ist keine wissenschaftliche Größe, keine Zahl. Kein mathematischer, sondern ein *ethischer Wert.* Laut der amerikanischen Philosophin Ruth Chang sind ethische Werte immer »inkommensurabel«. Das heißt, für solch unschätzbar wichtige Dinge wie Liebe, Wahrheit oder Gerechtigkeit gibt es kein gemeinsames Maß. Aber ebensolche unvergleichlichen Größen stecken hinter jeder schwierigen Entscheidung, meint Chang. Wie soll man etwa Schönheit und Treue gegeneinander aufwiegen? Oder Liebe gegen Wahrheit, gegen Vertrauen? Chang warnt davor, Gründe für eine schwierige Entscheidung dort zu suchen, wo sie nicht sind.

Im Außen. In den Fakten. In der Situation selbst. Solange deine Gedanken panisch bis wahnhaft um die Frage: »Marc und Jacques?«, kreisen, ist das Liebesdilemma nicht zu bewältigen.

Du kannst existenzielle Optionen – wie jede Alternative – rational abwägen, aus dem Bauch heraus entscheiden oder für die (vorläufige) Nichtentscheidung votieren. Dies ändert nichts daran, dass sie dich brutal mit deiner Freiheit konfrontieren. Einer Freiheit, die in diesem Fall nicht marktwirtschaftlich bedingt ist – *Du bist frei, perfekt zu werden!* –, sondern eine bisher völlig unbekannte Freiheit. Schlagartig siehst du das große Ganze. Plötzlich wirst du zur Philosophin. Du rätselst: »Wie soll ich leben? Wie leben, damit es ein gutes Leben wird?« Sokrates war der Erste, der erforschte, wie zu leben »gut« sei. Die Frage »Wie soll ich leben?« stellt sich im Leben aller, weil sie in der Existenz selbst angelegt ist. Sie drängt sich besonders auf, wenn es um schwierige Entscheidungen geht. Plötzlich spürst du eine Verantwortung in dir, die alle konventionellen gendertypischen und neoliberalen »Solls« sprengt. Nun geht es darum, deinem Leben eine andere Form zu geben. Eine neue Richtung und Tiefe. Deshalb ist eine schwierige Entscheidung nie »egal«, sondern immer »total«. Sie ist eine Erfahrung, die eine Frau mehr oder weniger komplett verändert. Wie eine Schwangerschaft. Ein Kind auszutragen und zu gebären kann deine machtvollste transformative Erfahrung überhaupt sein (→ #16). Es nicht bekommen zu können – weil der Körper oder die Umstände es nicht zulassen – aber ebenso. Die Erfahrung einer gewollten Mutterschaft verheißt größtes Glück, die der ungewollten Kinderlosigkeit größtes Leid. Letztere macht dir klar: Du bist nicht die selbstverantwortliche, allzeit bereite Managerin deines Lebens, die du mitsamt deinem Smartphone, Laptop, Elektrotretroller sein kannst, willst und sollst. Nicht, wenn dieses Leben selbst dazwischenfunkt – und dich statt eines Kindes eine schwierige Entscheidung austragen lässt. *Wie soll ich jetzt leben?*

Im Alltag erledigst du einfach deinen Job. Du fragst nicht, warum oder wozu. Indem du agierst, kommunizierst und zwischendurch Entscheidungen triffst, nimmst du deine Existenz als selbstverständlich hin. Tätest du es nicht, kämst du vor lauter Staunen, Fragen und Zweifeln zu gar nichts. Du hättest ständig das Ganze unseres Lebens vor Augen, nicht nur einen kleinen kurz- oder mittelfristigen Ausschnitt. Leichte und mittelschwere Entscheidungen fällst du, ohne dass sich das Empfinden deiner selbst ändert. Stets entscheidest du aus der gewohnten Position (»moderne Frau«) heraus. Im Laufe der Jahre realisierst du eine Option nach der anderen. Mit jeder Entscheidung fügst du dem Mosaik deines Lebens ein Steinchen hinzu. Durch die Reaktionen anderer auf deine jeweiligen Entscheidungen wird dir früher oder später klar, dass an diesem Mosaik die Folie weiblicher Rollenzuschreibungen klebt. »Was, du studierst Physik?« – »Warum hast du nie geheiratet?« – »Echt jetzt, du gehst nach Israel?« – »Toll, dass dir der Wiedereinstieg gelungen ist!« Spätestens mit dreißig, vierzig bist du einmal oder mehrfach unsittlich berührt worden (im übertragenen oder wörtlichen Sinne). Jetzt kapierst du endlich in vollem Umfang, was Simone de Beauvoir (1908–1986) meinte, als sie vom *Anderen Geschlecht* (1949) schrieb. Du erkennst die Tragweite des zentralen Satzes: »Man kommt nicht als Frau zur Welt, man wird es.« Denn die »Frau« ist eine Erfindung der Gesellschaft, des Systems.

Doch nun kommt die schwierige Entscheidung ins Spiel. Auf einmal hast du die Wahl zwischen einem tollen Job in München, wo du niemanden kennst, und einem ziemlich akzeptablen in Frankfurt, wo du zu Hause bist. Oder: Auf einmal erkrankt ein Elternteil an Krebs. Jetzt, wo du gerade voll durchstarten möchtest. Puh. *Wie soll ich leben?* »Optimierung« ist kein Thema mehr. Die Balance zwischen dem, wie die Dinge in der Regel sind (das Normale) und dem, wie sie idealerweise sein sollten (das Normative), ist empfindlich gestört. Du wirst von Fragen, Zweifeln, Angst überfallen. ABER: Dadurch, dass das Normale, Regelhafte nun nicht mehr selbstverständlich ist und jedes Optimum fern scheint, öffnet sich ein ganz neuer Freiraum. Indem du mit der schwierigen Wahl ringst, nimmt dein Wahrnehmungsradius (der sich zuvor auf kleinkarierte Alltagskoordinaten beschränkte) kosmische Dimensionen an. Die Frau, von der alle glaubten, sie sei Super Woman, wird zur Astronautin. Sie sieht ihre Existenz vom All aus. Sie realisiert, wie klein und unbedeutend ihre Probleme und Zweifel sind – und zugleich: wie kostbar. Im Zustand der momentanen Schwerelosigkeit, in der die Zeit einen Augenblick lang still steht, wittert sie die Chance, radikal neu zu entscheiden, welche Art Frau sie sein will. Eine Frau, die »dazu gemacht« wurde. Oder: eine Frau, die »dazu gemacht« wurde und sich »dazu machen« ließ – bis jetzt. Eine Frau, die sich durch die schwierige Entscheidung, die sie trifft und von der sie noch nicht weiß, ob es wirklich die richtige ist, selbst befreit. *Das ist der ultimative emanzipatorische Akt.*

Überlebensstrategie #4: Wähle das Leben

Wenn du derzeit mit einer schwierigen Entscheidung kämpfst, steckst du in einem hochemotionalen Drama. Dein Leben ist so aufwühlend wie *House of Cards* oder *Game of Thrones* – nur der Entertainmentfaktor fehlt. Schau nicht weg. Fixiere dein ganz persönliches Gürteltier. Jetzt kannst du zeigen, wer du bist (vielleicht zum ersten Mal in deinem Leben): Ein freier Mensch, der im Augenblick der Entscheidung niemandem gehorcht außer sich selbst. Fahnde nicht nach äußeren Gründen (Für und Wider). Überlege dir, welche Werte hinter deinen Wahlmöglichkeiten stecken – und zu welchen du dich voll und ganz committen kannst, weil sie für das stehen, was du sein und wie du dein Leben führen willst. Niemand kann dir garantieren, welcher Wert, welche Wahl die richtige ist. Ob du »gut« gewählt hast, weißt du sowieso nie. Du könntest es nur dann wissen, wenn du wüsstest, wie es wäre, wenn du dich für einen anderen Weg (nicht) entschieden hattest. Das aber kannst du nicht wissen. Du müsstest dann ja zwei, drei oder mehr Leben gleichzeitig leben. Also hör auf, dir die Sache unnötig schwer zu machen. Du hast alle Gründe, die du brauchst, schon *in dir selbst*. Wenn du eine Person bist, die voll und ganz den Wert der Freiheit bejaht, geh nach München. Wenn du dich von deiner Umgebung nicht lösen kannst, weil du den Werten Treue und Freundschaft

Vorrang gibst, bleib in Frankfurt. Kann sein, dass der jeweilige Job sich als doch nicht so toll herausstellt. Vielleicht wird dein Leben eine Zeit lang suboptimal laufen. Na und? Du bist ein *Commitment* eingegangen, eine »Verpflichtung von Herzen« (so würde ich das Wort übersetzen). Du hast dich mit deiner Entscheidung an diese oder jene Option gebunden, wie du dich an eine Beziehung binden würdest. Man gibt eine Beziehung nicht »intuitiv« wieder auf, nur weil sie sich nicht mehr so gut »anfühlt«. Man hält an ihr fest. Bis es nicht mehr geht. Oder die Lage sich plötzlich wieder verbessert – zum Beispiel, weil man selbst sich verändert, eine andere Einstellung zu ihr findet.

Die nächste schwierige Entscheidung kommt bestimmt. Jede ist eine neue große Chance, deine »normative Macht«(R. Chang) auszuüben: Selbst zu wählen, an welchen Standards und Idealen du dein Leben wirklich ausrichten möchtest. Das Tolle an existenziellen Optionen ist, dass sie dich dazu drängen, die Folie weiblicher Rollenzuschreibungen, die an deinem Lebensmosaik klebt, abzureißen – nicht die »gute« Frau zu spielen, sondern du selbst zu sein. Wenn du ein paarmal eine schwierige Entscheidung getroffen hast, entdeckst du die tiefste Bedeutungsschicht des Wortes »authentisch«: aus deiner eigenen Freiheit heraus das *Leben überhaupt* wählen zu können und zu wollen. Nicht einmal, sondern immer wieder. Wenn du einen bösartigen Knoten in der Brust hast und deine Ehe ein Witz ist, etwa, weil dein Mann dich seit Jahren betrügt, bist du frei zu wählen, angesichts der Lage bei ihm zu bleiben. Oder ihn zu verlassen. Oder nichts zu tun. In dem Freiraum, den dir diese schwierige Entscheidung eröffnet, bist du ganz allein. Niemand kann dir die Verantwortung abnehmen. Trotzdem kann dich niemand für deine existenzielle Wahl verantwortlich machen. Auch Super Woman ist nur ein Mensch, keine allwissende Göttin. Lass dir von den Konventionen nicht sagen, was zu tun ist. Lass dich überhaupt nie mehr wieder zu etwas »machen«. Weder zu einer »guten« noch zu einer »schlechten« Frau. *Nimm die schwierige Entscheidung zum Anlass, wirklich du selbst sein zu können und zu werden.*

Such nicht nach Garantien. Folge deinen ethischen Werten und wähle aus freier Entscheidung heraus das Leben selbst – inklusive aller Unsicherheiten. So machst du die magischste transformative Erfahrung überhaupt. Du lernst nämlich, dein Dasein aus einer doppelten Perspektive heraus zu betrachten. Du siehst die vielfältigen Aufgaben, Pflichten und Beziehungen deines hochkomplexen Alltags. Gleichzeitig trittst du von deinem subjektiven Standpunkt zurück und nimmst einen übergeordneten »Blick von nirgendwo« ein, wie der amerikanische Philosoph Thomas Nagel es formuliert: Du siehst unseren Planeten, dich selbst und deine Umgebung gleichsam aus einer jenseitigen objektiven Perspektive. Du lernst zu staunen. Du staunst darüber, wie viele Leute Rollenkonventionen gehorchen, wie viele im Einklang mit den vorgegebenen Regeln leisten, perfektionieren, optimieren, Assessment-Center durchlaufen, ohne sich je zu fragen, worin ihr wertvollstes »Können« besteht. Nämlich: zu lieben. Sich selbst zu vertrauen. Und schwierige Entscheidungen zu treffen.

Behalte diese magische Erfahrung nicht für dich. Lass andere am Zauber deiner schwierigen Entscheidungen teilhaben. Lerne von den existenziellen Wahlen anderer. Und überleg dir mal: Wenn alle in den härtesten Stunden der Wahl allein sind, ist niemand allein. Denn dann haben wir etwas, das uns verbindet …

Zunächst einmal ist zu sagen, dass bestimmte Unterschiede zwischen Mann und Frau immer bestehen bleiben werden.

Simone de Beauvoir (1908–1986)

#5 KRANKENSCHWESTERN DER NATION: WIE LANGE MUSS ICH NOCH KITTEL TRAGEN?

Im März 2020 erfasste die Coronapandemie Deutschland. Zum ersten Mal gab es wochenlange Ausgangsbeschränkungen. Schulen und Kindertagesstätten wurden über Monate geschlossen, Unternehmen schickten ihre Angestellten zum Arbeiten nach Hause. Ein Traum. Endlich hatten Eltern und Kinder mal so richtig viel Zeit miteinander! Endlich Abstand zu den lästigen Großmüttern! Die Kommunikation verlief stressfrei via Skype. »Huhu, wie läufts mit Homeschooling?«, fragten die Großmütter. »Super«, dachten die Töchter sarkastisch. »Es fühlt sich an wie eine Mischung aus *Die Waltons* und TED-Talk! Nach einem ballaststoffreichen Frühstück loggte sich die Große problemlos ins Lernportal ein und paukte intrinsisch motiviert Latein, während das Baby an Goethes *Faust* seine Aussprache testete. Ich schüttelte lächelnd mein frisch gewaschenes Haar, überließ meinem tiefenentspannten Mann die Kinder und widmete mich voller Konzentration dem Schreibtisch.« Hahaha! Die Wirklichkeit glich einer Kernschmelze.

In dieser Zeit bekam ich eine irre Wut. Ich hatte richtig viel Zeit, um zu spüren, wie mein Hirn und mein Herz anfingen zu beben.

Anders als die meisten meiner Freundinnen hatte ich neben Zoom-Konferenzen keine neuen Herausforderungen zu bewältigen. Weil ich keine Kinder habe und nicht verheiratet bin, sondern »nur« Philosophin. Das Covid-19-bedingte *zusätzliche* Planen, Organisieren, Koordinieren, Waschen, Putzen, Kochen, Schleppen, Hausaufgabenbetreuen, Zur-Ordnung-Rufen, Streitschlichten betraf mich nicht. Im März 2020 kapierte ich, dass meine Wut nicht nur meine eigene Wut war. Es war vor allem auch die Wut von Frauen, die es sich nicht leisten können, wütend zu sein. Weil sie noch die Wäsche machen müssen. Und die Matheaufgaben. Und noch schnell zum Supermarkt und in die Drogerie. Weil ihr Mann nämlich noch zoomen und früh schlafen gehen muss. Weil er mehr verdient als sie.

Corona offenbarte, wie sehr nicht nur unsere Wirtschaft auf Kante genäht ist, sondern auch unsere Familien. Die Grenzen der exzessiven Wachstumsideologie zeigten sich im ersten Fall an der Krise der Automobil- und Luftfahrtindustrie, im zweiten etwa an der Zunahme häuslicher Gewalt und dem teilweisen Rückzug von Frauen aus dem Arbeitsmarkt. Vom Beratungsinstitut »Frauen Karriere Index« befragte Firmen meldeten, dass Frauen sich plötzlich seltener bewarben und auch seltener in Krisenstäben vertreten waren. Internationale Fachzeitschriften wie das *British Journal for the Philosophy of Science* und Portale wie *The Lily* berichteten drastische Rückgänge wissenschaftlicher Veröffentlichungen aus weiblicher Feder.

Viele arbeitende Väter taten viel, um ihre Partnerinnen in Sachen Haushalt und Kinder in der Krise zu helfen. Doch wenn man genauer hinsah, wenn man genau nachfragte, waren es fast immer die Frauen, die den Kittel trugen. Den Krankenschwestern-, Putzfrauen-, Toilettenfrauenkittel. Zwar waren wir schon vorher mit diesem hässlichen Teil herumgelaufen. Aber selten fiel es so auf wie in der Pandemie. Corona werde die Frauenbewegung um drei Jahrzehnte zurückwerfen, warnte die Soziologin Jutta Allmendinger bei *Anne Will*. Covid-19 machte wie unter einem Brennglas deutlich, wo wir wirklich stehen: in den 1950ern, maximal in den frühen 1960er-Jahren. Wer erinnert sich an die alte Hollywoodkomödie *Was diese Frau so alles treibt* (1963) mit Doris Day? Protagonistin Beverly Boyer ist blond, mit einem Frauenarzt verheiratet, ein Sohn, eine Tochter, unentwegt lächelnd. Alles läuft super, bis man Beverly einen Job als Seifen-Model anbietet. Sie macht mit Werbespots richtig gut Kohle und ist selten zu Hause. Dr. Gerald Boyer reagiert immer ungeduldiger, Beverly kriegt ein schlechtes Gewissen und versaut ihre Kameraeinsätze. Das Problem löst sich, als Gerald und Beverly notfallbedingt gemeinsam eine Dr.-Boyer-Patientin entbinden. Kaum ist das Baby da, checkt Beverly, was sie wirklich will: ein drittes Kind!

Beverly ist eine moderne Frau im Korsett der männlichen Norm. Anfangs ist sie nur Frau und Hausfrau. »Frau« bezieht sich auf ihr biologisches Geschlecht, »Hausfrau« auf ihr »Gender«, also die soziale Rolle gemäß der weiblichen Idealnorm. Wenn sie eine »Hausfrau« ist, ist sie eine »echte« und »gute« Frau. Die anatomische und die kulturelle Realität von Frau und Hausfrau harmonieren großartig. Zusammen schaffen sie ein Ein-Sphären-Glück. Aber Beverly will mehr. Sie will das Zwei-Sphären-Glück ($\rightarrow$ #2), nicht mehr nur *weich*, sondern auch *hart* sein. Sie weiß, dass sie mehr auf dem Kasten hat als nur Marmeladeeinkochen.

Sobald sie ihre angestammte Sphäre verlässt, wird sie eine »schlechte« Frau. Eine weibliche Mogelpackung! Daran kann auch die Tatsache nichts ändern, dass die Seife, für die sie wirbt, »Happy« heißt. *Was diese Frau so alles treibt* ist ein auf die Leinwand gebanntes soziales Experiment, das Frauen der 1960er-Jahre zeigen sollte, was geht und was nicht.

Auch Corona ist ein soziales Experiment. Corona unterzieht die Familien einem Stresstest. Schon nach wenigen Wochen ist klar, dass ihn die Testpersonen kaum heil überstehen werden. All die Zentralen der Zuständigkeiten, die glaubten, sie seien emanzipiert. All die Hauptverdiener, die dachten, sie seien moderne Väter. Hey, wir schreiben das 3. Jahrtausend. Und immer noch ist die Rede von der Gleichberechtigung eine einzige Heuchelei. *Was diese Frauen so alles treiben!* Der Corona-Test zeigt, dass wir es zu weit getrieben haben. Alle Wutschreie sind erstickt. Unter Trillionen Kitteln begraben. Kaum zieht mal eine Pandemie übers Land, ist alles wieder beim Alten, beim Uralten. Wie früher können Frauen nicht klar sagen, wer sie sind, was sie wollen und nicht mehr wollen, was ihnen zusteht – sie haben gar keine Zeit dazu. *Sie müssen nämlich noch …* Im Frühjahr 2020 waren die Super Moms mit dem vollautomatisierten Lächeln plötzlich wie vom Erdboden verschluckt. Sie verließen die Familienhöhle nur zum Einkaufen. 72 Prozent der systemrelevanten Berufe werden von Frauen bekleidet, sagt Jutta Allmendinger. Ich möchte diese Zahl auf 100 Prozent nach oben korrigieren. Alle Frauen sind systemrelevant. Denn alle sind Krankenschwestern, Putzfrauen, Toilettenfrauen – zumindest *potenziell.* Selbst wenn sie neben ihrem Job kinderlos und unverheiratet sind. Die männliche Norm erwartet es von ihnen. *Frauen haben immer Bereitschaftsdienst.* Ihr Platz war und ist die häusliche Sphäre (und wenn man sie hinprügeln muss). Gute Frauen bleiben in Herdnähe (bei den Muffins). Denn Frauen steht die Rolle der Dienenden, Sorgenden, Pflegenden, Helfenden zu. Eigentlich. In »echt«. Da kommt so ein Virus gerade recht. Und das Homeoffice. Homeoffice wie Hausarbeit wie Hausaufgabenbetreuung. »Das Recht auf Heimarbeit braucht das Recht auf einen Platz außerhalb der Familie«, so Jutta Allmendinger bei *Anne Will.* Wer gibt ihnen dieses Recht?

»Anstatt den Mann zu kastrieren, muss die Frau selbst in die Potenz finden: Aktion statt Reaktion. Positivität statt Negativität. Fülle statt Mangel«, findet die Philosophin Svenja Flaßpöhler. Klingt toll. Nur wie soll das unter den aktuellen Umständen gelingen? Die arbeitende Frau im gebärfähigen Alter ist meist schlicht zu erschöpft, um auch noch »in die Potenz (zu) finden«. Schon vor Corona stand sie viel zu sehr unter Druck, ihre »Echtheit« zu potenzieren. Der *Ideal-Norm* zu entsprechen, die eben nicht mehr wie zu Beverlys Zeiten im Nur-Ehefrau-Hausfrau-Mutter-Sein besteht. Sondern darin, Super Woman zu verkörpern. Voll easy zwischen »hart« und »weich« zu navigieren. Einerseits in der männlichen Sphäre bezahlter Arbeit durchzustarten (wenigstens in Teilzeit), andererseits ihrer weiblichen »Natur« gemäß aber ja nie zu vergessen, die Sphäre ehrenamtlichen Bedienens und Jasagens zu bespielen und idealerweise zwei Kinder zu kriegen. Frauen, die der Ideal-Norm (= Standardnorm) gerecht werden wollen, haben per Definition keine Zeit. Nicht mal Zeit, vor Wut zu platzen. »Und bei aller Verzweiflung über die aktuell riesigen Lasten für Frauen ist auch denkbar und gar nicht mal so unwahrscheinlich, dass sie aus dem Bewusstsein, wie relevant sie sind, ein neues Selbstwertgefühl und damit eine verschärfte Kampffähigkeit schöpfen«, beschrieb Margarete Stokowski die *conditio feminina* 2020. Auch das klingt sehr toll. Ich halte es aber für wenig realistisch. Denn die meisten Frauen haben weder vor noch nach einer Pandemie die Muße, sich irgendetwas »bewusst« zu machen, Transparente zu malen, bei Demos aufzulaufen. Sie müssen nämlich noch Nudeln kochen und die Toilette putzen. Sie sind auch zu müde. Viel zu müde, um wütend zu sein.

Selbst wenn beide Partner das nicht wollen, läuft nach einiger Zeit des Zusammenlebens immer wieder das gleiche hellblau-rosarote Programm. Und: Sobald die »echte« Frau die weibliche Sphäre verlässt, um einem wie immer unterbezahlten Job nachzugehen, reißt sie ein Loch ins Gewebe der Beziehung, das nie dauerhaft von männlichem Servicepersonal gestopft wird. Wie lange noch? Solange die Wut der Frauen stumm bleibt oder nur sanft vor sich hin köchelt, werden alle die kostenlose rosarote Systemrelevanz selbstverständlich finden. Was tun? Wahre Emanzipation – frei von jeder Ideologie – hieße Glück und Freiheit für beide. Für alle. Es hieße, die immer entweder hellblauen oder rosaroten Lebensläufe umzuschreiben, bunt zu färben und Entscheidungen von Gleichheit und Chancengerechtigkeit auf Basis von Fakten und guten Gründen zu treffen und Pflichten und Privilegien zu teilen.

Überlebensstrategie #5: Definiere neue »Privilegien«

Ich bin immer noch wütend, und meine Wut hört nicht auf. Weil ich Zeit habe. Ich wünsche mir von allen Männern und Frauen, die auch Zeit haben, ihre Wut stellvertretend für die rauszubrüllen, von deren Energie sie zehren. Die Zentrale der Zuständigkeiten kann nicht endlos rotieren, irgendwann gibt auch die leistungsstärkste den Geist auf.

Schluss mit der Kittel-Nummer. Schluss mit der Heuchelei. Es ist Zeit für echte Solidarität. Im April 2020 zeigte die Mannheimer Corona-Studie, wie sehr die Pandemie die jobbezogene Geschlechterungleichheit bestätigte. Doch Studien sind nicht die ganze Wahrheit. Sie stellen Pauschalfragen (Wie viele der Beschäftigten arbeiten im Homeoffice? In wie vielen Fällen übernimmt die Frau die Kinderbetreuung?). Das genügt nicht. Man muss noch genauer, noch kritischer fragen: *Wer leistet wie viel welcher Arbeit in welchem Zeitraum? Wer putzt die Toilette? Was wiegen Wäscheladungen im Vergleich zum Mental Load?* Und man muss ehrliche Antworten geben. Es geht nicht darum, *den* Männern die Schuld zuzuschieben. Das Problem sind Rollenbilder, Stereotype, Machtverhältnisse, die seit Jahrhunderten über die Verteilung von Pflichten und Privilegien bestimmten und in den Systemen von Wirtschaft und Sozialstaat munter fortwirken. Weshalb die Dunkelziffer körperlichen und sexuellen Missbrauchs immer noch enorm groß ist. Weshalb das Ehegattensplitting und die Mitversicherung in der Krankenkasse immer noch in Zement gegossen sind und es alle voll natürlich finden, dass bei arbeitenden Eltern *er* den besser bezahlten Job, die besseren Aufstiegschancen hat. Dass es so viel weniger *working dads,* Krankenbrüder, Putzmänner, Toilettenmänner gibt. Dass Freiheit immer nur »Fortschritt« und »Gewinn« heißt (wessen Fortschritt, wessen Gewinn?) – und nie Liebe und Zugehörigkeit (→ #20).

Wenn du willst, dass aus Ungleichheit Gleichheit wird, aber kaum Zeit und Kraft hast, auf die Barrikaden zu steigen: Schau dir die Zahlen an und prüfe sie kritisch. Frag dich mal: Wenn ein arbeitender Vater über Mental Load klagt, warum schafft er trotzdem weniger als eine arbeitende Mutter? Wie kann es sein, dass trotzdem sie es ist, die die meiste Drecksarbeit macht? Was glaubst du wohl? Genau. Die Stereotypen sind schuld. Tief sitzende geschlechtsspezifische Vorurteile (»unconscious bias«) sind Gift für gleichberechtigte Beziehungen. Es sind Viren, die im Innern deines Partners wie dir selbst toben und dafür sorgen, dass alles bleibt, wie es ist. Wenn du nicht als Beverly Boyer 4.0 enden willst, sprich deine Erfahrungen wenigstens ins Smartphone-Mikro oder dreh ein Handyvideo (das geht am schnellsten). Wahrheit braucht Fakten. Dokumentation ist ein Must. Dazu musst du an keiner Umfrage teilnehmen. Dokumentiere das Elend – und leite deine Dateien an Multiplikatoren deines Vertrauens weiter: Leute aus Institutionen mit Redemacht, die deine Fakten wie deine Wut darüber stellvertretend für dich artikulieren können; engagierte Frauen und Männer, die sich für Frauen einsetzen; Journalistinnen, Blogger, Moderatorinnen, Podcaster. Wenn du niemanden kennst: schreib mir. Ich bin eine »schlechte« Frau: unverheiratet, kinderlos, Philosophin. Solange sich mein aktiver Bereitschaftsdienst für die Gesellschaft in Grenzen hält, habe ich Zeit, deine Schreie nach außen zu tragen.

Redemacht (→ #3) allein genügt leider nicht. Wir brauchen politische und ökonomische Entscheidungen, die das System ändern. Damit real wird, worunter schon unsere Urgroßmütter litten, worüber man schon in den frühen 1980er-Jahren im deutschen Parlament beriet, worauf wir bis heute warten: die Basics der Gerechtigkeit. Chancengleichheit, Gleichbehandlung, Lohngleichheit, das Ende geschlechtsspezifischer Diskriminierung. Bis es so weit ist, kannst du immerhin das Anwendungsfeld des Wortes »Privileg« erweitern – auf das, was bisher »Pflicht« war. (Weibliche) »Pflicht«, das hieß bisher Haushalt, Job, Erziehung. (Männliches) »Privileg«, das war Zeit, Geld, Status, Autonomie. Als Zentrale der Zuständigkeiten, die alles plant, alles organisiert, alles koordiniert, hast du wenig Macht, an Privilegien zu kommen. ABER: Du hast die Macht, »Müssen« und »Dürfen« gleichermaßen als »Privilegien« neu zu definieren. Das ist möglich, das kannst du tun – denn du bist schneller! Viel schneller als die anderen. Bis dein Mann, die Jungs, der Hamster in die Gänge gekommen sind, hast du ihnen schon eine komplette Neuinterpretation von Marie Kondos *Magic Cleaning* (→ #11) präsentiert. Zu deinem Mann sagst du: »Schatz, möchtest *du* diese Woche mal die Toilette putzen? Ich meine: mal so richtig *gründlich*, inklusive Urinstein? Das hast du schon so lange nicht mehr gemacht. *Es wird dich glücklich machen.* Der Blick in eine jungfräulich weiße, glänzende Toilettenschüssel ist irre befreiend! Vor allem, wenn man ihren Zustand eigenhändig erwirkt hat. Wenn man weiß, was man geleistet hat – für sich selbst und die Familie. Nimm dir so viel Zeit, wie du willst!« Zu den Jungs sagst du: »Lust auf eine total abgefahrene *experience*? Überlegt euch die coolsten Moves, um in Rekordzeit effizient die Wohnung durchzusaugen. Wir entwickeln einen krassen Superhero-Markennamen für eure neue Saugmethode, laden alles auf TikTok hoch, und in drei Tagen seid ihr berühmt!«

Es ist sehr wichtig, dass alle Mitglieder deiner Familie verstehen, *dass es ein Privileg ist, dir zu dienen.* Sie müssen verstehen, dass du das Zentralgestirn bist, um das alles kreist. Du bist keine Selbstverständlichkeit. Du bist das Kostbarste, was sie haben. Denn brichst du zusammen, bricht alles zusammen. Wir brauchen mehr Ressourcenorientierung, Klimaneutralität und Nachhaltigkeit nicht nur in der Wirtschaft, sondern auch zu Hause. Dort heißt »ressourcenorientiert«: Schleppen, Waschen, Kochen auf alle Schultern verteilen. »Klimafreundlich«: das Heim nicht mit schlechter Laune und unterdrückter Wut verpesten. »Nachhaltig«: *alle* tragen Kittel, aber jedem ist erlaubt, ihn auch mal für längere Zeit abzulegen. Nicht erst, wenn man nicht mehr kann … sondern weil es die eigene Würde gebietet. Würde ist die große Schwester des Stolzes. Stolz? Der hat nichts mit Arroganz zu tun, aber alles mit Lebensglück und Lebenskunst. »Mehr Stolz – ihr Frauen!«, schrieb die fünffache Mutter und Feministin Hedwig Dohm 1902.

Dass Männer nur zu gern Lust mit Macht
verwechseln, ist bekannt.

Alice Schwarzer (1942)*

#6 DICK PICS UND ANDERE SCHWEINEREIEN: WAS TUE ICH GEGEN SEXUELLE GEWALT?

Es war einmal ein Super Girl auf der Suche nach einem anständigen Flirt. Sie checkte Tinder und Instagram und, da sie auch eine Küchenuhr suchte, zwischendurch ein paar eBay-Kleinanzeigen. Der junge Mann, der die tollste Küchenuhr anzubieten hatte, war superwitzig. Irgendwie total nett ... dachte die junge Frau. Sie schrieben ein paarmal hin und her, erst via eBay, dann via Whatsapp. Es fühlte sich gut an. Bis er schrieb: »Geb dir 50 € wenn du an meinem großen Zeh leckst ... bin so geil.« Sie reagierte nicht. »Hey, willst du meinen Sch**** lutschen?« Sie reagierte nicht. Worauf der junge Mann ein Porträtfoto schickte. Nicht von seinem Gesicht. Von seinem Geschlechtsteil. »Will ein Blowjob.« Sie reagierte nicht. »Fotze!«

Fast jede von uns hat eine ähnliche traurige Geschichte erlebt. Sexistische Botschaften gehören zur digitalen Kommunikation wie Salz in die Suppe, wie Marmelade aufs Brot – aus Sicht des Typen, der sie versendet. »Deine Lippen passen super zu meinem Sch****!« – »Sie sieht aus wie eine Bitch, aber von der unerfolgreichen Sorte.« Wer will solche Kommentare? Wer hat nach diesen Obszönitäten verlangt? Niemand. Manchmal schießen wir (verbal) zurück. Meist aber reagieren wir mit Schweigen. Am 13. Mai 2020 ist plötzlich Schluss mit Schweigen. *Joko & Klaas live* geht auf Sendung. Tatsächlich, es sind die TV-Clowns Joko und Klaas, die ihre Redemacht (→ #3) abtreten – an die Feministin Sophie Passmann. In *Männerwelten* dreht sich alles um Sexismus und sexuelle Gewalt. Nicht zu nachtschlafender Zeit. Um 20:15 Uhr, zur Primetime. Passmann präsentiert die Schweinereien ironisch in Form einer »Ausstellung«: eben der *Männerwelten*. »Es wird hart, es wird bitter«, warnt sie. Zu den »Kunstwerken« zählen Postings von Penissen (strafrechtlich verbotene »Dick Pics«), sexistische Chatbeiträge und Kommentare sowie Missbrauchserfahrungen von Frauen im realen Leben. Junge, mittelalte, ältere, gutbürgerliche, durchgeknallte, unbekannte, bekannte Frauen – fast alle haben solche »Ausstellungen« schon erlebt. Beliebte Zielscheiben sind Journalistinnen und Influencerinnen, »öffentliche Frauen« wie Palina Rojinski und Stefanie Giesinger. Super Women, die nicht nur super aussehen, sondern auch super reden können. Die nicht nur mit ihrem Körper, sondern auch mit ihrem Hirn Geld machen. Was hat Palina getan, dass man sie auf Facebook »Fotze« nennt? Nichts. Es reicht, *dass sie eine Frau ist*. Palina kann auch einen Turnschuh posten – und schon flattert der nächste »Dick Pic« in ihren Account.

Sexistische Worte und Bilder sind wie Keulen, die ohne Vorwarnung auf dich eindreschen. Zuerst erschrickst du über ihre Gewalt. Dann gewöhnst du dich an sie (oder versuchst es zumindest). Du überlässt ihnen die Macht. Du zuckst die Achseln, löschst die Schweinereien und suchst weiter nach deiner Küchenuhr. Vielleicht denkst du auch: Ist schlimm – kann man aber nichts machen. Dass wir trotz aller Gleichberechtigung in einer Internetwelt voller Sexismen und sexueller Gewalt leben, wissen wir. Diese Welt ist toll, schrill und bunt. Jedes Kind kann sich Gratis-Pornos reinziehen – wie jeder Mann, jede Frau. Laut dem Streamingportal *Pornhub* steigt die Nachfrage nach »Hardcore«, »Gangbang« und »Rough Sex« auch und gerade unter ganz jungen Frauen. Viele haben Erfahrung mit der »erotischen« Kommunikationsform des Sexting. Aber Super Girls im Alter von 10, 12 Jahren wissen nicht, was sie tun. Nicht ganz genau jedenfalls. Beim Sexting schicken Minderjährige eigene Nacktfotos und -videos. Super Girl sendet ihren Körper, und Jungs teilen sie mit anderen Jungs. So steigert sie ihren Status, ihr »sexuelles Kapital« (Eva Illouz). Sie verschenkt ihre Nacktheit, einerseits, weil es cool ist, eine Art Mutprobe. Weil sie glaubt, es hätte irgendwas mit Selbstbewusstsein zu tun – andererseits, weil sie sich gezwungen fühlt, es zu tun. Sie fühlt sich zuständig.

Fast wie in den 1968ern, als man in Kommunen die angeblich freie Liebe praktizierte. Aus der sexuellen Befreiung wurde schnell eine Sexwelle. Das linke Magazin *Konkret* erklärte nackte Frauen auf dem Cover zum emanzipatorischen Akt. »Gerade war noch Treue und Enthaltsamkeit gefordert worden«, schrieb die Schriftstellerin Gisela Elsner, »jetzt musste kopuliert werden, und zwar auf Freiheit-komm-raus …« So wie sich 68er-Frauen gezwungen fühlten, ihren Männern die Lizenz zu außerehelichen bzw. außerpartnerschaftlichen Vergnügungen zu geben – und *total befreit* zu tun, so fühlen sich Super Girls des 3. Jahrtausends gezwungen, sich via Sexting-MMS schnell mal in Pornostars zu verwandeln. Sie glauben, sie täten es *freiwillig*. Sie verwechseln Selbstsexualisierung mit *Self-Empowerment*. Die Girls schicken Bilder, die Boys üben sich im Sexismus. Die Macht bleibt auf der männlichen Seite. Die Macht und: die Gewalt.

Wenn Jungs Nacktbilder von Mädchen teilen, spielen sie Machos. Wenn ein Mann dich mit »Dick Pics« bombardiert, hat das noch eine ganz andere Qualität. Sexismus heißt, so behandelt zu werden, wie man es qua Geschlechtszugehörigkeit »verdient«. Sexuelle Gewalt ist die Fortsetzung von Sexismus mit härtesten Mitteln. Die Botschaft ist immer die gleiche: »Ich King – du Schlampe.« Es geht um *meine* Macht, *meine* Potenz, *meine* Dominanz. *Meine Wünsche gegen deine Würde.* In *Joko & Klaas live* liest Influencerin Stefanie Giesinger vor, wie ein User ihre Figur kommentierte: »Hat sie sich die Brüste amputieren lassen?« Typisches Beispiel für *sexuelle Objektifizierung*. Wie eine Studie der Universität Brüssel 2012 gezeigt hat, rangieren Männer in der öffentlichen Wahrnehmung mehr als »Menschen«, Frauen mehr als »Objekte«. Interessant. Und schrecklich. Ein Mensch ist ein Ganzes, das mehr ist als die Ansammlung seiner Teile. Ein Objekt dagegen erkennt man an seinen Einzelteilen: Brüste, Hüften, Gesäßhälften, Münder, Frisuren stehen unter besonderer Beobachtung des männlichen Blicks (und, was mindestens genauso schlimm ist, auch deines eigenen, sofern du die männliche Perspektive internalisiert hast). Du kannst machen, was du willst. Immer sind deine Brüste entweder zu mickrig oder zu riesig, deine Hüften zu schmal oder zu breit. Entweder magersüchtig oder fettleibig, entweder Lesbe oder Hure.

Egal, ob du das Phänomen sexuelle Objektifizierung ernst nimmst oder ignorierst, du bist nie vor unverlangt eingesandten »Dick Pics« gefeit. Nimm Moderatorin und Kolumnistin Collien Ulmen-Fernandes. Auch Collien ist, wie sie der *Bunten* verriet, Profi im Umgang mit Schweinereien. Daneben ist sie eine Super Mom, die ihr Geld mit Reden verdient. Wo sie öffentlich erscheint, sieht man nicht nur einen weiblichen Körper. Man hört auch eine Stimme, die sich inhaltlich artikuliert. Aus Sicht eines Sexisten weigert sie sich damit, ihn zu »bedienen«. Mehr noch, sie beschämt ihn in seiner Rolle als Mann, der die Hosen anhat – anhaben möchte. Eine Frau, die *außer Haus* den Mund aufmacht (→ #3) und damit ihre Autonomie beweist, hält sich nicht an die Regeln (wie war das noch mal mit den Pflichten und Privilegien?). Das darf nicht sein! Es geht nicht nur um Sex. Es geht vor allem auch um Macht. Die sexuelle Gewalt im Netz – die oft in die analoge Welt überschwappt – ist die verschärfte Version des uralten Rollenspiels. Der »Mann« als Ansager, Anschaffer, Stecher – die »Frau« als Unterwürfige und Unterworfene. Ich King – du Schlampe. Eine Horrorshow, die Frauenhassern von ihresgleichen viele anerkennende Lachkrampf-Emojis einbringt – und so ihren Status erhöht. Ihr Renommee in Sachen Manneskraft. Frauen, die keine »Schw**** lutschen« wollen, sind hemmungslos verklemmt. »Applaus, Applaus!« Denen muss man es mal ordentlich besorgen. »Daumen hoch!« Was ist mit dir, Schlampe? Du willst es doch auch? NEIN. Denken wir. Und *schweigen*. Denn würden wir den Mund aufmachen und erzählen, wie es wirklich war, müssten wir auch *erklären*. Ja, dann erklär mal, Süße. Darf man nicht mal mehr flirten? Sei nicht so humorlos. #MeToo ist doch ein Witz. Ab der wievielten Bagatelle ist es bitte ein »Übergriff«? Na? Sag du doch mal. Erklär mal. Wo liegt denn genau und *eindeutig* die Grenze zwischen freiwillig und erzwungen? Es reicht nicht, dass du selbst weißt, was geschehen ist, und es aussprichst. Es reicht nie. Nicht in einer Gesellschaft, die nach der männlichen Norm tickt. Dort verhält es sich mit Sexismus und sexueller Gewalt wie mit der berühmten Glatzkopf-Paradoxie (in der Philosophie auch *Sorites*-(»Haufen«)-Paradoxie genannt): Reißt du einer Person Haar für Haar einzeln aus, ist sie irgendwann kahl. Doch ab dem wievielten Haar kannst du sie *eindeutig* »Glatzkopf« nennen? Ab dem wievielten »Flirt« ist es eindeutig Vergewaltigung? Merke: In einer Welt ungleicher Machtverhältnisse ist nichts klar. *Es geht nicht darum, wer recht hat, sondern wer recht kriegt.* In der schönen neuen Internetwelt, wo massenhaft Gratis-Pornos kursieren, ist »obszön« sowieso längst »normal«. Wenn du erzählst, wie es wirklich war – dass dich ein Typ Schlampe genannt hat, dass du sexuell belästigt, vielleicht sogar vergewaltigt wurdest –, heißt das noch lange nicht, dass man dir glaubt. Wahrscheinlich glaubt man dir eher nicht. Die Ungerechtigkeit, Menschen in bestimmten Angelegenheiten schlicht nicht zu glauben – *obwohl* sie einen Sachverhalt bezeugen können, wird in der angelsächsischen Philosophie unter dem Begriff »testimonial injustice« (testimoniale Ungerechtigkeit) diskutiert. Wer sind ihre Opfer? Laut der Philosophin Kate Manne nicht nur Frauen – sondern auch Persons of Color (⟶ #14), Menschen mit »abweichender« sexueller Orientierung und überhaupt *alle* Mitglieder historisch untergeordneter sozialer Gruppen. Sobald Frauen die Interessen der ihnen traditionell überlegenen Gruppe (= Männer) durchkreuzen, wird ihnen der Status der »Wissenden« aberkannt. Zu deutsch: Man glaubt ihnen nicht. Weil sie nicht vertrauenswürdig oder nicht kompetent oder verrückt oder betrunken sind. Wenn du behauptest, du hättest dir beim Shoppen einer Küchenuhr einen »Dick Pic« eingefangen, lügst du! Alle Menschen lügen – aber Frauen *sind Lügnerinnen*. Frauen sagen immer Ja. Auch wenn sie NEIN meinen. Klaro?

Am Ende von *Männerwelten* präsentiert Sophie Passmann Klamotten, die Frauen trugen, als sie sexuell missbraucht wurden. Kein einziger aufreizender Mini ist dabei. »Hatten Sie getrunken? Was hatten Sie an?«, werden vergewaltigte Frauen gern gefragt. Die Antwort ist: sehr oft Schlabberpullis, Jogginghosen, ausgebeulte Jeans. »Believe women« – »Glaubt den Frauen«, war daher der Slogan der #MeToo-Bewegung (→ #3). Aber auch nach #MeToo schiebt man Frauen, die sich als Opfer männlicher Gewalt zu erkennen geben, zu oft die Schuld zu. Sie hätten es ja darauf angelegt. *Du willst es doch auch!* NEIN. Man kann Joko und Klaas finden, wie man will. Aber: Sie machten möglich, was bis vor Kurzem unmöglich schien. Sie zeigten anderen Männern, wie man sich gut benimmt, indem sie zu einem Thema schwiegen, über das zu urteilen sie sowieso unfähig gewesen wären. Sie traten ihre Redemacht an Frauen ab, die es konnten. Damit nicht wieder *über sie* geredet wird (als Opfer → #14). Damit sie selbst ihre Geschichte erzählen können (als Subjekte). Damit *Männerwelten* nicht zur Dauerausstellung wird.

Überlebensstrategie #6: Habe Mut zum Nein – und bewahre dir dein Ja

Sexismus ist, wenn von Menschen erwartet wird – und: wenn Menschen von sich selbst erwarten! – entsprechend ihrer Geschlechterrolle zu agieren und zu schlucken, was immer sie »verdienen«. *Positiv-Sexismen* (→ #2) sagen dir: Wenn du fleißig und fügsam bist, mit allem kostenlos in Vorleistung gehst, dich für alles zuständig fühlst und deine Hausaufgaben (und die anderer) erledigst, noch bevor sie dir überhaupt gestellt wurden, bist du eine »gute« Frau. *Negativ-Sexismen* wiederum lassen dich glauben, du seist »schlecht« im Vergleich zu anderen (guten) Frauen und erst recht verglichen mit Männern. Im typischen Fall bist du schlecht, weil du nicht weiblich/sexy/ mütterlich genug bist – schlimmstenfalls bist du einfach nur deshalb schlecht, weil du eine »Frau« bist. Durch sexuelle Gewalt signalisiert man dir deine Schlechtigkeit bis zum Exzess. Man behandelt dich wie ein Ding, das man benutzt und dann wegwirft, »so wie man eine Zitrone wegwirft, wenn man den Saft aus ihr gezogen hat« (Immanuel Kant). Es ist wichtig, dass du dir diese Tatsache sehr klar vor Augen führst. Lass Gefühle der Angst und Demütigung nicht dein Hirn vernebeln. Was du erlebst, ist ungerecht, grausam, frauenverachtend, menschenunwürdig. Was dir passiert ist, ist keine Sache der Auslegung. Es ist objektiv wahr. Du bist nicht allein, du bist nie allein. Solltest du je an deiner eigenen Wahrnehmung zweifeln, schau dir *Männerwelten* an. Abonniere den Instagram-Account @antiflirting 2, der real existierende sexistische Social-Media-Botschaften dokumentiert: »Schalte deine Schönheitsfilter aus. Sei wie du eigentlich bist. Steh zu deinem fetten A****. Hör auf, über alles zu bestimmen. Und lass dich mal endlich richtig b*****.« Voilà. Siehst du jetzt, dass du das, was du erlebt hast, nicht geträumt hast? Dass es kein Albtraum war, sondern Realität? Und dass du nicht allein bist damit?

Auch Netz-Gewalt ist reale Gewalt. Sexuelle Gewalt beginnt mit Sexismus. Ihr Spektrum reicht von demütigenden Worten über entwürdigende Berührungen bis hin zur manifesten Vergewaltigung. Sie lässt dich innerlich schreien und NEIN denken. Doch NEIN-Schreie bloß zu denken ist keine Option. *Du musst sie unmissverständlich signalisieren.* Mit deiner ganzen Person. Es ist eine Frage der Haltung, ob du dich als OBJEKT oder als SUBJEKT sehen und verstehen lassen willst. In feministischen Selbstverteidigungskursen (WenDo-Training) lernst du, dir als Subjekt Raum und Respekt zu verschaffen. Nur ein Subjekt kann autonom sein. Und: *Nur ein Subjekt kann wirklich von einem anderen Menschen begehrt und geliebt werden, weil nur ein solches selbst lieben und begehren kann.* Ein Ding kann gar nichts. Es bleibt Spielball der herrschenden Mächte. Ein Wegwerfprodukt. Du hast es nicht verdient, Abfall zu sein. Laut der US-Aktivistin Soraya Chemaly neigen Mädchen, die sich von der Porno- und Sexting-Mode unter Druck gesetzt fühlen, zu »Selbstüberwachung, *self-silencing* und Wutunterdrückung«. Sie betrachten sich selbst als steuerbares Objekt. Solltest du auch zu solchen Verhaltensweisen neigen, weißt du, dass etwas nicht stimmt. Nicht mit dir stimmt etwas nicht. Das System hat vielmehr eine Macke. Diese Gesellschaft, die auch im 3. Jahrtausend unfähig ist, Menschen das Neinsagen beizubringen und Frauen und Männer zu lehren, dass »nein« im Kontext von Sexismus und sexueller Gewalt niemals »ja« heißen kann. *Nur wenn du die Haltung eines Subjekts einnimmst*, bist du in der Lage, anderen zu erzählen, was du wirklich gesehen und erlebt hast; wie du es empfindest; wie es wirklich war. Nur dann hast du die Kraft, dir wenn nötig eine Anwältin zu nehmen, den Täter anzuzeigen und auf deinem Recht so lange zu beharren, bis man dir glauben muss.

Pornografie *zeigt* nicht nur zum Sex gehörige Einzelteile: Brüste, Penisse, Münder ... Pornos *machen* auch etwas mit uns. Sie lassen uns etwas Bestimmtes fühlen. Das Gleiche gilt für »Dick Pics« und andere optische Obszönitäten. So wie gesagte und geschriebene Worte mächtige *Sprechakte* sein können, die verletzen und demütigen, so sind pornografische Darstellungen mit sexistischer Botschaft herrschsüchtige »Bildakte« (Horst Bredekamp). Wir sind konfrontiert mit einem sexistischen Foto- und Videooverload, der uns den Atem raubt, für den uns – zumindest momentan – die Worte fehlen. Versuche trotzdem, ganz genau zu beschreiben, was du siehst. Beschreibe den »Dick Pic« bis ins kleinste Detail. *Behandle das Ding als das, was es ist, und was du niemals sein wirst: ein Objekt.* Ironisiere das Teil nach Art Sophie Passmanns, die in ihrer »Ausstellung« »Dick Pics« als (schlechte) Kunst von (armseligen) Künstlern präsentierte. Sogleich schrumpft der mächtige Horror auf ohnmächtige Tampongröße. Erst recht, wenn du irgendwann wieder drüber lachen kannst! Humor ist wichtig. Leider ist die Sache damit noch nicht vom Tisch. Die Macht obszöner Bilder bleibt. Je mehr du löschst, desto mehr poppen auf, überall und jederzeit. Deshalb ist es wichtig, dass du – und wir alle – die Herrschaft über unsere eigenen Bilder erobern.

Da fehlt was in der schönen neuen Internetwelt. Wir brauchen noch viel mehr Bilder, Fotos, Filme, die zeigen, wer und wie wir wirklich sind. Weder zu dick noch zu dünn, weder zickig noch faul. Je mehr wir das Netz mit unseren eigenen, authentischen Alltagsbildern fluten, desto mehr relativiert sich die Übermacht der Pornoästhetik, die immer noch viel zu viele an sich vernünftige Frauen verführt, sexistische männliche Fantasien zu verinnerlichen und sich zu Objekten zu stilisieren. Es geht nicht nur um dich und uns. Es geht um die, die sich nach uns in dieser Welt behaupten müssen. Die Zwölfjährigen, die sich voller Zweifel fragen: Wer kann, soll, *muss* ich sein? Will ich, muss ich mich nackt machen, nur wegen ein paar Jungs, die mir in ein paar Jahren egal sein werden? Nur wegen ein paar lächerlicher Likes? Es sind nicht die Jungs, die Mädchen zum Sexting anstacheln. Es ist die gefährliche Borniertheit einer Gesellschaft, die emanzipiert tut, aber ihren Kindern nicht beibringt, miteinander zu reden. Aber stimmt das denn? Sind wir nicht längst weiter, ist es nicht längst normal, dass Girls Boys angraben? Ja. Und nein. Immer noch lernen Mädchen, »Frau« zu spielen (*Wenn du in ihn verliebt bist, tu so, als sei er dir egal!*). Und Jungs lernen, auf »Mann« zu machen (*Du findest sie cool und willst wissen, ob sie dich mag? Lies ihre Gedanken!*).

Trotzdem ist »die Gesellschaft« kein Monolith. Auch ein gesellschaftliches »System« besteht aus einzelnen Individuen. Es gibt Eltern, die ihre Kids scheuklappenfrei erziehen. Und es gibt Mädchen und Jungs, die die Gender-Kästchen, in die man sie pressen will, lustvoll aufsprengen. Das hellblaue Kästchen, in dem die »Autonomie« steckt, aber auch die »sexuelle Gewalt«. Das rosarote Kästchen, aus dem »Abhängigkeit«, »Willigkeit« und »passives Opfertum« heraustriefen. Schüttle den Ekel ab. Vergrab dich nicht. Lass dich nicht zum Opfer machen, wenn du selbst es nicht willst. Geh raus in die Welt. Zieh an, was du willst. Ein Kleidchen – oder einen Jutesack. Zeig den Mädchen und Jungs da draußen, dass Freiheit und Liebe zusammengehören. Mach ihnen und uns allen klar: *Die attraktivste Eigenschaft einer Frau ist ihre Würde.* Denn nur unsere Würde gibt uns den Mut, JA zu sagen. Frei zu sein und zu lieben – egal, wie sehr man uns daran zu hindern versucht.

Was mache ich hier und wer bin ich?

Jean Rhys (1890–1979)

#7 DER HYSTERIE-MYTHOS: DARF ICH AUCH MAL AUSFLIPPEN?

»Neue Normalität« nennt man eine Situation, die mit einer Pandemie begann und an unseren ohnehin schon ziemlich durchgescheuerten Nervensträngen zerrt. Die neue Normalität entert fortlaufend unseren Alltag, hält uns zum Mitmachen an, klatscht wie ein Motivationstrainer in die Hände: Los jetzt, das nächste Virus, der nächste Orkan, der nächste Amoklauf kommt bestimmt! Hey, na und? Lass dir nichts anmerken, lächle und leiste! Husch, raus aus den Federn, Bad, Küche, Headset, Laptop, Video-Call! Als bräuchten wir eine Extraeinladung. Die neue Normalität ist fast wie die alte. Fast. Sie hat gewisse Gemeinsamkeiten mit Ex-Präsident Donald Trump: Sie ist real – und doch irreal. Surreal. Hyperreal. Wie Zoom-Konferenzen, in denen die Leute virtuelle Handzeichen geben, um irgendetwas Hochwichtiges von sich zu geben, während sie unterm Tisch die nackten Zehen aneinanderreiben. Die neue Normalität tut so, als sei sie greifbar wie ein Staubsauger. Dabei ist sie höchst abstrakt. Vielgestaltig. Immer in Bewegung. »Neu« und doch »normal«, das ist nicht nur Remote Work oder Mobile Office. Das sind auch rasant schmelzende Polarkappen, islamistischer Terror, das Asien-Pazifik-Abkommen und andere globale Probleme, die uns schlaflose Nächte bereiten: Was wird aus unseren Kindern? Wie ganz normal weitermachen, wenn in dieser Welt nichts mehr normal ist?

Die Zentrale der Zuständigkeiten darf nicht überschnappen. Sie muss den Schein wahren. Den Schein des Alles-im-Griff-Habens. Die Illusion der ewigen Resilienz. *Sei nicht hysterisch.* Sagt dein Motivationstrainer, die neue Normalität. Sagst du dir selbst. Hysterie passt nicht ins Anforderungsprofil von Super Woman. Eine hysterische Frau ist unberechenbar: Darüber finden sich Belege schon in der altägyptischen Medizin und bei Hippokrates. Im 19. Jahrhundert zählte man zu diesem Leiden Heulkrämpfe, Launenhaftigkeit, eingebildete Körperbeschwerden und alles, was in die Schublade »typisch weiblich« passte: nicht nur »Wut, Angst, Enttäuschung, vor allem in Liebesdingen«, sondern auch, Achtung!, »die Lektüre von Liebes- und Abenteuerromanen«, wie etwa der amerikanische Arzt Frederick Hollick schrieb. Hinter all dem vermutete man zunächst eine wild umherschweifende Gebärmutter (griech. *hystéra*) und einen starken, unbefriedigten Sexualtrieb. Dann kam Jean-Martin Charcot, der Vater der Neurologie, der die Hysterie in den Kontext epileptischer Anfälle steckte. Sigmund Freud (Charcots Schüler) erklärte sie dagegen zu einer Neurose, die – wie clever – nur mit seiner soeben erfundenen psychoanalytischen Methode zu heilen wäre.

Längst ist die Hysterie aus dem Katalog psychiatrischer Störungen gestrichen – doch immer noch hält man Frauen, die ausflippen, die zu emotional, zu laut, zu *disruptiv* sind, ganz allgemein für verrückt. Auch in der neuen Normalität gilt die Gleichung: kontrolliert = gesund, unkontrolliert = behandlungsbedürftig. Wenn du so tust, als sei es selbstverständlich, während Zoom-Meetings im Badezimmer neben der überbordenden Schmutzwäsche zu kauern, weil nur dort die WLAN-Verbindung stabil ist, bist du gesund. Wenn du dir die Nachrichten über den letzten Stand der Erderwarmung und das neueste Attentat reinziehen kannst, ohne mit der Wimper zu zucken, bist du normal. Wenn du anfängst zu heulen wie eine Zweijährige, weil dir die ganze neue Normalität längst über den Kopf gewachsen ist, brauchst du eine Therapie. Alles klar? Als Frau darfst du keine Grippe kriegen, und ausflippen darfst du erst recht nicht (außer, du bist im Kreativbereich tätig – mehr dazu später).

Warum nicht? Weil du dann keine »gute« und »echte« Frau mehr bist. In unserer Kultur gibt es eine deutliche Parallele zwischen dem Aussehen einer Frau und ihrem seelisch-geistigen Zustand. In beiden Fällen hast du gefälligst der Norm zu entsprechen, und diese lautet: *Falle ja nicht auf.* Klar darfst du ein paar Kilo mehr drauf haben, mit einer großen Nase herumlaufen oder sonst wie »authentisch« sein – dann aber bitte mit Stil und am besten so, dass man es nicht merkt. Sonst hält man dich für schlampig, oder noch schlimmer, nennt dich »Schlampe« (→ #6). Als »bessere« Frau gehst du durch, wenn du eine schlanke Figur hast, makellose Haut und wohlproportionierte Gesichtszüge. Aber sei ja nicht zu attraktiv! Und hüte dich erst recht davor, toll auszusehen, einen tollen Job, einen klasse Mann und super Kinder zu haben – denn dann schlagen dir die gesammelten Vorurteile der Nation entgegen: *Mit einer wie dir kann was nicht stimmen. Frauen wie du sind immer moralisch verdächtig!*

Wenn du zu sehr auffällst und so die Rolle der »Guten« und »Echten« verweigerst, weist man dich in die Schranken. Ähnlich wie im 19. Jahrhundert. Damals reiste der autonome, mobile Mann in Hosen durch die Weltgeschichte, Frauen und Kinder dagegen trugen lange schwere Röcke, in denen man schlecht (weg)rennen konnte; Röcke, die den Bewegungsradius auf die Koordinaten Küche – Wohnzimmer – Schlafzimmer beschränkten. Auch ging man vom 16. bis zum 19. Jahrhundert dazu über, Brüste, Taille und Hüften nach den optischen Kriterien »erotisch« und »gebärfähig« zu formen, wie die Kulturwissenschaftlerin Susan Arndt schreibt. Mit dem Korsett – abgeleitet vom französischen Wort *corset* für »Körperchen« – wurde die Einschnürung des weiblichen Körpers Standard. Kann eine Frau mit »Körperchen« bedrohlich sein? Niemals! Das Korsett war für den Körper einer Frau, was die Zwangsjacke für ihre Seele war: eine Unterbindung ihres Drangs zur Normüberschreitung. Falls sie es je wagen sollte, von der Hauptstraße der Konventionen abzuweichen, falls sie es massiv übertreiben wollte, würde man sie in die stereotype Unterkategorie des »Monsters« schieben. Einer Spezies, die man im Viktorianischen Zeitalter und im Biedermeier für a) hysterisch und

b) unmoralisch hielt. Die Geschichte wirkt bis heute fort. So erklärt sich, warum du ständig das Gefühl hast, du müsstest dich immer und in jedem Fall zusammenreißen. *Sei für alles zuständig, ABER: Rede nicht so viel, iss und trink nicht so viel, sei nicht zu laut, schrei nicht, heul nicht, mach nicht ständig mit Männern rum, wirf nicht mit Porzellan. Erledige deinen Kram still und leise.* Auch wenn die ganze Welt durchdreht und das »Neue« nie »normal« sein wird – tusch deine Wimpern und zieh dir ein hübsches Jackett an. Um 11:00 Uhr hast du deinen nächsten Video-Call. Sagst du dir, sagt dir das System. Aber wer sagt, dass du dich (immer) daran halten musst?

Die ganze Welt ist von Zentralen der Zuständigkeiten besetzt … die ganze Welt? Nein! Ein von unbeugsamen Frauen bevölkertes Reich hört nicht auf, dem Zentralismus Widerstand zu leisten. Es sind Künstlerinnen, Musikerinnen, Dichterinnen. Sie sind anders, dürfen und sollen es auch sein. Beginnen wir mit der eher harmlosen Variante »attraktiv und leicht durchgeknallt«, die man etwa bei Lana Del Rey findet. Mit ihrer blassen Haut und ihrer edlen dunklen Mähne wirkt die Sängerin einerseits sanft wie ein Engel. Andererseits ist so mancher ihrer hochemotionalen Songs, nun, sagen wir, psychopathologisch leicht auffällig: »Sad Girl« (»Trauriges Mädchen«), »Pretty When You Cry« («Hübsch, wenn du weinst«) und sogar: »Born to Die« (»Geboren, um zu sterben«). Wenn Lana singt: »You like your girls insane« (»Du magst es, wenn deine Freundinnen verrückt sind«) oder: »Because I'm crazy, baby/ I need you to come here and save me«) («Denn ich bin verrückt, Baby/ Du musst herkommen und mich retten«), sendet sie die mittelmäßig feministische Botschaft: Ich bin verletzlich und schwach, ein Opfer meiner seelischen Zustände. Ich brauche einen starken Mann an meiner Seite. Lana Del Rey spielt sehr geschickt mit dem Stereotyp der Hysterischen, ohne diesem aber selbst anheimzufallen. Lana ist viel zu kontrolliert, viel zu professionell, um ein echtes hysterisches »Monster« zu sein. Sie übertreibt nur ein wenig. Sie will irritieren und verführen, nicht abschrecken. Lana Del Rey versprüht eine subtil abgründige Erotik, die die romantischen Fantasien moderner Ritter entfacht.

Weniger harmlos ist der Fall der Lyrikerin und Schriftstellerin Sylvia Plath (1932–1963), die sich mit nur einunddreißig Jahren das Leben nahm. Auch Sylvia sah sanft und hübsch aus. Sie trug allerdings nicht nur *Vogue*-taugliche Outfits, sondern schuf auch wunderbare Poesie und Prosa von unglaublicher Intensität. Ihr einziger Roman *Die Glasglocke* handelt von einer jungen Frau, die als Autorin Fuß fassen möchte, einen Selbstmordversuch unternimmt und in der Psychiatrie landet. Der stark autobiografisch geprägte Text ist in einem hocherregten, überdrehten, teils urkomischen – man möchte sagen: *hysterischen* – Ton verfasst, der einen sofort in den Bann zieht. Makabre Kostprobe von Seite eins: »Es war wie damals, als ich zum ersten Mal eine Leiche sah. Noch wochenlang tauchte der Kopf dieser Leiche – oder vielmehr das, was von ihm übriggeblieben war – beim Frühstück hinter den Spiegeleiern mit Schinken auf …« In einem Brief an ihren Bruder schrieb Sylvia einmal: »(I)ch muss über mein Zeug pausenlos lachen, und wenn ich jetzt lachen kann, muss es wirklich höllisch komisch sein …« Im Februar 1963 (im selben Jahr, als ihr Roman erschien) drehte sie den Gashahn des Küchenherds auf, legte ihr schönes Gesicht in den Backofen und wartete auf den Tod. Sie hinterließ einen Ehemann – den Dichter Ted Hughes – und zwei Kinder.

Seit Jahrzehnten wird Sylvia Plath als feministische Ikone gefeiert, die verzweifelt versuchte, aus der konventionellen weiblichen Lebensform auszubrechen. Mindestens genauso interessiert sie die Nachwelt aber als medizinisches Studienobjekt; es existiert tonnenweise Sekundärliteratur, in denen Sylvia mal als hysterisch, mal als manisch-depressiv, mal als Borderlinerin beschrieben wird. Selbst wenn es mutmaßlich stimmt, dass sie unter massiven psychischen Problemen litt – sie hatte auch noch ganz andere Seiten. Hätte sie nicht in vielen Phasen ihres Wirkens ungeheuer konzentriert und professionell gearbeitet, wäre ihr nie ein derart beachtliches und umfangreiches Werk gelungen. Sylvia war vielleicht durchgeknallt. Aber sie war auch ganz sicher genial. Sie war genial *trotz – nicht aufgrund* ihrer Durchgeknalltheit. Psychische Probleme machen aus einem Menschen noch lange kein Genie. Die attraktive, geniale Hysterikerin ist ein weiblicher Mythos, der schon im 19. Jahrhundert dazu diente, das anarchische Potenzial bestimmter Frauen zu »managen« – und sich an ihm zu ergötzen. Wie unzählige andere weibliche Intellektuelle und Künstlerinnen einst und heute ist Sylvia Plath Projektionsfläche für die heimlichen Sehnsüchte und Lüste der sogenannten Gesunden. Derjenigen, die in der Kombination von weiblicher Attraktivität, Wahnsinn und Genie eine Rechtfertigung für den eigenen Voyeurismus sehen. Wer *Die Glasglocke* liest oder zu Amy Winehouses »Rehab« tanzt, fühlt sich zuallermeist in der eigenen Gesundheit bestätigt. Wie praktisch. So gliedert sich die Welt blitzschnell in zwei klar abgetrennte Felder. Auf der einen Seite: die Ausgeflippten – auf der anderen »wir«. *Wir* hocken nicht unter einer Glasglocke, entfremdet von den anderen, ihrem penetranten, kritischen Blick hilflos ausgeliefert. Wir funktionieren wie am Schnürchen. Wir sind ziemlich normal (→#2). *Aber wer ist »wir«? Wer von uns kann TOTAL normal bleiben, wenn die Welt durchdreht?*

Es ist leicht, die Auffälligkeiten genialer Frauen auf deren persönliche Probleme zu reduzieren. Es ist auch leicht zu glauben, weibliches Genie müsse per Definition durchgeknallt sein (sonst wäre es keins) und so zu tun, als sei Verrücktheit die gerechte Strafe für eine Sonderbegabung. Als sei sie die Legitimation, sich wie ein Arzt aus dem 19. Jahrhundert zu verhalten: Man konstruiert ein mehr oder weniger krankes Objekt, das man nach Belieben anglotzen, erforschen, durchleuchten kann. Man betrachtet nur die jeweilige »Hysterikerin« und sieht nicht die Welt, in der sie lebt(e). Man macht sie zum lebenslangen Opfer: so wie Ex-Pop-Lolita Britney Spears, seit sie in die Psychose abtauchte und sich vor den Augen der Paparazzi den Kopf kahl rasierte. 13 Jahre dauerte es, bis die väterliche Betreuung der als unmündig Erklärten aufgehoben wurde. #freebritney!

Überlebensstrategie #7: Zeige deine Verletzlichkeit

Jeder Mensch ist unterschiedlich anfällig für psychische Probleme. *Vulnerabilität* (Verletzlichkeit) ist der psychiatrische Fachbegriff. Sylvia Plath und Amy Winehouse waren extrem vulnerabel, Lana Del Rey ist es vielleicht ein kleines bisschen. Ich verstehe »vulnerabel« etwas anders. Für mich steht das Wort für eine Eigenschaft, die wir alle in uns tragen, weil diese Welt nicht aufhört, uns zu verletzen. Mit Unvorhersehbarkeiten, Unsicherheiten, Ungerechtigkeiten. Die Welt ist brutal. Kaum glaubst du, sie verstanden zu haben, kaum ahnst du ihren Sinn, verpasst sie dir eine Ohrfeige und streckt die Zunge raus. In Abwandlung eines Filmtitels von Rosa von Praunheim: *Nicht du bist unnormal, sondern die Welt, in der du lebst* (→ #2). Woraus folgt: Du selbst kannst nur »normal« (= gesund und kontrolliert) bleiben, wenn du dich nicht zu sehr darum bemühst; wenn du deine eigene Verletzlichkeit zulässt und zeigst. Denn nur dann bleibst du menschlich …

Erlaube dir also eine gute Portion Verrücktheit! In einem Universum, das dir immer neue Realitätsschocks zumutet, darfst du nicht nur hin und wieder ausflippen. Du musst es sogar. Heule, schreie, trink auch mal einen über den Durst, wenn dir alles zu viel wird! Was wäre die Alternative? Du könntest dich sedieren. Mit Arbeit und noch mehr Arbeit, Sport und Netflix. Mit Beruhigungspillen und Schlaftabletten. Die Jahre würden vergehen, und damit dein Leben. Du hättest nichts als Routinen erlebt. Niemand würde sehen, was dich schmerzt und bewegt. Dein ganzes Leben wäre virtuell. Wie jene digitalen Glasglocken, die man »Video-Calls« nennt und in denen zweidimensionale Menschen hocken, deren Gefühle man nicht lesen kann. Von denen man nie weiß, was sie bewegt. Mit denen man weder richtig lachen noch ordentlich streiten kann. Narkose ist kein Ersatz für das wirkliche Leben (so irreal es auch anmuten mag). Ist es das, was du willst? Kaum. Wenn du weiter stark bleiben *und* leben, dich selbst und andere spüren willst, prüfe dich: Wo ist die Grenze im Spagat zwischen »hart« und »weich«? Wie weit kannst und willst du die Beine spreizen? Wo ist *deine* Grenze? Gesteh dir ein: Die totale

Resilienz ist eine Illusion (so wie die totale Normalität eine Illusion ist). Wir alle sind vulnerabel, »Verletzte« mit Emotionen, die an die Oberfläche wollen. Auch wenn die moderne »Palliativgesellschaft« (Byung-Chul Han) dies verleugnen will. In dieser Gesellschaft wird sowieso alles pathologisiert, was zu heftig erscheint und nicht in fünf Minuten vorbei ist: Liebeskummer, Trauer, Angst.

»Wie geht's dir?« ist die Standardfrage jeden sozialen Miteinanders. Wenn man dir das nächste Mal diese Frage stellt, antworte entweder mit einem völlig legitimen Schreikrampf. Oder halte einen Moment inne. »Wie geht's dir?« ist eine komplizierte, hochphilosophische Frage, der das Korsett der sozial erwünschten Antwort den Atem nimmt. »Super!« mag ja durchaus ehrlich sein. Sehr oft aber geben diese Worte eine momentane Stimmung wieder – nicht deine existenzielle Gestimmtheit. Ergänze im Geiste: »Wie geht's dir *überhaupt*?«, und schon weitet sich der Horizont der Antwortmöglichkeiten ins Unermessliche. Wie widersprüchlich dein Statement zu dieser Frage auch ausfallen mag, du wirst dich schlagartig leichter fühlen … genau wie dein Gegenüber. Wenn du selbst die »Wie geht's dir?«-Frage stellst, gib dich mit der Standardantwort nicht zufrieden. Frage nach. Hör zu. Das ist eine einfache und sehr wirksame Methode, dich selbst und andere immer wieder neu aus dem Gefühl von Isolation und Einsamkeit (→ #13) zu befreien.

Die Wahrheit ist dem Menschen zumutbar, heißt ein Buch von Ingeborg Bachmann (1926–1973), eine andere viel zu früh verstorbene Schriftstellerin, deren Allüren und dramatische Liebesbeziehungen ebenso legendär sind wie ihr Alkohol- und Tablettenmissbrauch. Es waren wie bei Sylvia Plath persönliche Probleme, die Ingeborg Bachmann belasteten, aber auch die Auseinandersetzung mit dem Holocaust und der verlogenen Gesellschaft ihrer Zeit. »Die Wahrheit ist dem Menschen zumutbar«, meinte Ingeborg. Welche Wahrheit? Was sich für dich echt wahr anfühlt – dein Schmerz, deine Verletzlichkeit, deine Sorgen –, kann ich vielleicht nicht nachvollziehen. Lass dir nicht einreden, du seist hysterisch, wenn du zu viel fühlst, dich zu viel sorgst, zu viel schreist und heulst. Das ist es, was uns alle jenseits unserer Unterschiede verbindet: Dass man uns reflexartig für verrückt erklärt, sobald wir es wagen, die Wahrheit nach außen zu tragen. In der Psychologie spricht man von *Gaslighting*. Man stellt systematisch unsere Realitätswahrnehmung infrage, man bezweifelt grundsätzlich, dass wir Zugang zur Wahrheit haben könnten, sobald es für die (Mächtigen), die die Wahrheit für sich beanspruchen, unangenehm wird. Wenn du wie aus dem Ei gepellt lächelnd neben Mann und Kind am Frühstückstisch sitzt und von einer Sekunde auf die andere in Tränen ausbrichst, musst du noch lange keine seelische Störung haben. Vielleicht hast du einfach nur gerade die Wahrheit erkannt: Wahr ist, dass die Welt nie so ist, wie der Mensch sie haben will. Die Welt – nicht du! – ist eine unberechenbare Hysterikerin. Und zu oft auch ein »Monster«, das dir Schmerzen zufügt. Der gesellschaftliche Druck, weibliche Emotionen zu stigmatisieren, ist enorm. Du spürst ihn jedes Mal, wenn du dich gewaltsam kontrollierst und disziplinierst. Dieser Druck macht sich aber auch in der Art und Weise bemerkbar, wie die Gesellschaft mit Menschen – und erst recht mit Frauen – umgeht, die wirklich krank und therapiebedürftig und *keine kreativen Genies* sind. Man stigmatisiert sie. Wer Psychopharmaka nehmen muss, wer gar in der Psychiatrie war, ist gezeichnet: *die Verrückte*. Man wird in das Feld der Glasglocken-Fraktion geschoben. Und warum? Um die Illusion aufrechtzuerhalten, Gesundheit und Resilienz seien natürliche Zustände, seelische Krankheit dagegen eine selbst verschuldete Hypothek, die man ein Leben lang abzahlen müsste, um endlich nicht mehr aufzufallen. Was für ein Blödsinn. Was für ein Betrug an der Wahrheit.

Die Wahrheit ist: Die Welt ist verrückt und jedes Leben voller Widersprüche, hochemotional, schön und schrecklich zugleich. Versuch nicht länger, deine Verletzlichkeit zu unterdrücken. Zeige anderen, dass du ein Mensch bist, und inspiriere sie, das Gleiche zu tun. Das ist wahre Stärke. »Denk dran«, zitiert die Biografin Heather Clark aus einem Tagebucheintrag von Sylvia Plath, »erinnere dich, das alles ist jetzt, und jetzt, und jetzt. Lebe es, fühle es, halte es fest. Ich möchte mir schmerzlich bewusst sein all dessen, was ich für selbstverständlich nahm.«

»Ich bin nicht senil«, schnauzte ich. »Wenn ich das Haus
niederbrenne, werde ich es mit voller Absicht tun.«

Margaret Atwood (1939), Der blinde Mörder*

#8 FÜR IMMER JUNG:
WIE ÜBERWINDE ICH DIE ANGST
VOR DEM ALTER?

Im März 2020, während des allerersten Lockdowns in Großbritannien, gingen bei etlichen plastischen Chirurgen Anrufe verzweifelter
Londonerinnen ein. Da sie in dieser Zeit auf die gewohnten profes-
sionellen Behandlungen verzichten mussten, hatten sie »Filler« – wie
Kollagen oder Hyaluronsäure – online geordert und sich selbst injiziert. Was leider schiefgegangen war. Statt wie andere Mediziner Leben zu retten, mussten jene Chirurgen mitten in der Pandemie ge-
schädigtes Hautgewebe vor dem Absterben bewahren. Beauty-Doc
Dr. Tijon Esho gegenüber der *Financial Times:* »Ich hatte Patientin-
nen, die sagten: ›Ich fliege Sie raus, ich sende einen Jet.‹ Weswegen?
Wegen der Filler ...« Nicht jede von uns steht auf Hyaluronsäure.
Aber alle kennen wir die Angst vor dem Älterwerden. Auch die, die mit
Falten killenden Instagram-Filtern nicht vertraut sind, weil sie schon
aus Prinzip keine Selfies schießen. Für solche Frauen zählte die Begegnung mit dem eigenen Gesicht zu den größten Schockern ihres Lebens. In den zwangsverordneten Zoom-Konferenzen waren sie nun wie
nie zuvor mit ihrem scharf gestochenen virtuellen Äußeren konfrontiert. Was sie durch das erbarmungslose Kameraauge des Computers

sahen, waren zerknitterte Augenpartien, viel zu tiefe Nasolabialfalten und andere Unschönheiten, die sie plötzlich für untragbar hielten. Die von Schönheitsoperateuren sogenannte »Zoom-Panik« war geboren.

Die durchschnittliche Lebenserwartung von Frauen in Deutschland liegt bei über 80 Jahren. Objektiv betrachtet ist eine über 35-Jährige nicht alt, trotzdem klagt sie schon über ihren Verfall. Wie kann das sein? Wir leben in einer Welt der digitalen Bilder. Tagtäglich prasseln Trillionen Fotos und Videos dynamischer, elastischer, dauergrinsender Leute auf uns ein, die alle die gleiche Botschaft transportieren: *Weibliche Attraktivität und Alter sind auf ewig unvereinbare Gegensätze.* Entweder eine Frau sieht gut aus – oder sie ist alt. Wer alt ist, wird nicht abgebildet, kommt nicht mehr vor. In dieser grausamen, wettbewerbsorientierten Welt ist Attraktivität nie ein Wert an sich, sondern deine *Marke*, mit der du gefälligst hausieren gehen sollst. Deine Marke zeigt an, was du hast und was du kannst. Glänzendes Haar, ebenmäßige Haut, schlanke bis sportliche Figur? Glückwunsch! Du gehst als leistungsstark und optimierungswillig durch, die perfekte Performerin im Job, das allseits begehrte Liebesobjekt. Nur: Wie lange noch? Auch eine Frau ist nur ein Mensch. Sie ist wie alle Menschen sterblich. Dem Lauf der Zeit unterworfen. Keine Behandlung der Welt kann dauerhaft gegen Alter und Tod immunisieren. Die Zeit siegt über Botox, wie sie über grüne Smoothies siegt. Sobald du nicht mehr ganz so fresh wirkst, weil du erschöpft, krank oder einfach bloß Mitte fünfzig bist, erschallt von allen Seiten hämisches Gelächter: Du hast es nicht mehr drauf. Neuer Mann, neuer Job, neues Kind? Vergiss es. Du kannst dich jetzt nicht mehr neu erfinden. Jetzt ist Schluss. Du landest auf dem Wertstoffhof. Trotz deines Kapuzenpullis.

Im Tierreich ist es das Männchen, das mit seiner natürlichen Schönheit imponiert. Im Menschenreich dagegen gilt es als Hauptpflicht der Frau, sich schön zu machen und dem alterungsbedingten Schwund ihrer Attraktivität entgegenzuwirken (in Europa möglichst so, dass man es nicht merkt). Eine der größten Geschlechterungerechtigkeiten besteht in der banalen Tatsache, dass Männer Falten haben dürfen, Frauen aber nicht. Sportliche Greise wie Mick Jagger können auch ohne Mikrodermabrasion und Fadenlifting als Sexsymbole durchgehen. Super Woman dagegen hat gefälligst bis zum Exitus vorzeigbar zu bleiben. Sonst existiert sie nicht, sagt die Konvention. Solange man Frauen über ihr Äußeres definiert, solange schon Mädchen fürchten, wegen ihres vermeintlich suboptimalen Körpers nicht gemocht zu werden, wird sich daran nichts ändern. Der Konservierungswahn wird anhalten. Das Alter ist aber nicht nur ein äußerlich erkennbares biologisches Phänomen, sondern auch ein uns von der Gesellschaft aufgezwungener Status.

»Ehe es nicht über uns hereinbricht, ist das Alter etwas, das nur die anderen betrifft«, schreibt Simone de Beauvoir. Genau hier liegt das Problem. Obwohl wir uns früh ums Älteraussehen sorgen, bleibt »das Alter« viel zu lang eine abstrakte Größe, die mit unserer Identität als Frau und Mensch so viel zu tun hat wie ein Außerirdischer mit einem Tampon. »Die Alten« sind in dieser Gesellschaft eine Kategorie, die eigentlich nicht vorkommen darf. Also hält man sie in Dauerquarantäne, steckt sie in Alten- und Pflegeheime, wo sie mit ihresgleichen Backgammon spielen und TV glotzen müssen, bis sie schwarz werden. Man beraubt sie ihrer Individualität – als seien alle sogenannten Seniorinnen und Senioren gleich, als würden all ihre verschiedenen Leben, Lieben, Träume, Traumata, unerfüllten Wünsche schlagartig gelöscht, sobald sie es an der Hüfte haben. Und an den Knien. Und den kleinen grauen Zellen. Neben den gesellschaftlichen und biologischen Aspekten hat Alter, wie Simone de Beauvoir schreibt, aber auch eine existenzielle Dimension, die unser eigenes subjektives Erleben betrifft: »Es verändert die Beziehung des einzelnen zur Zeit, also seine Beziehung zur Welt und zu seiner Geschichte.« Leider verstehen wir die Bedeutung dieses Satzes erst, wenn es zu spät ist. Bis dahin sind und bleiben uns die Alten so fremd wie jene kleinen grünen Wesen, die wir irgendwo im All vermuten (deren Existenz wir mangels gegenteiliger Beweise nie ganz ausschließen können). Wenn du vor dir eine alte Frau die Straße entlangkriechen siehst, wirst du entweder ungeduldig, weil sie dir nicht schnell genug läuft, oder sie tut dir leid. In beiden Fällen hast du wahrscheinlich nicht das Gefühl, dass sie wie du eine Realität besitzt. Du kannst dich nicht ansatzweise mit dieser Frau identifizieren, nicht einmal dann, wenn es sich um deine Mutter handelt … Du siehst nicht, dass dein künftiges Selbst ähnlich aussehen, vielleicht sogar ähnlich denken und fühlen wird. *Weil du es nicht gewohnt bist, das Alter als Teil deines eigenen Lebens in Betracht zu ziehen.* »Nichts sollte erwartungsgemäßer eintreten, aber nichts kommt unvorhergesehener als das Alter«, so de Beauvoir. Die Gesellschaft tut so, als sei das Alter eine Frage von Bürokratie, Verwaltung und Verordnungen. Als sei es ein Problem, das mit Pflegestufen, Patientenverfügungen und ärztlicher Beihilfe zum Suizid abzuhaken sei.

Du steuerst auf etwas zu, für das es zwar haufenweise abstrakte Zahlen gibt, aber kein klares Bild. Das Alter scheint – wie der Tod – in keinerlei Beziehung zu deinem Leben zu stehen. Da es keine Kontinuität mit deinen Absichten und Plänen aufweist und keinen Gewinn verspricht, blendest du es einfach aus. Es ist »Nichts« für dich. Bis du eines Tages in den Spiegel schaust und unter deinem linken Lidrand eine Falte entdeckst, die du dort nie zuvor gesehen hast und nicht ignorieren kannst. Bis du plötzlich begreifst, dass diese Falte das äußere Zeichen einer Wandlung ist, die sich still und heimlich in dir vollzogen hat und nicht aufhört, sich weiter zu vollziehen. Dieser Prozess ist weder Fortschritt noch Rückschritt. Er kennt kein Ziel, nur einen Endpunkt. Den finalen Verfall. Den totalen Stillstand. Den Tod. Das macht dir Angst. Du ahnst, dass deine Zeit immer weniger wird, und der Raum vor dir schrumpft. Du sträubst dich dagegen, glaubst, du hättest es unter Kontrolle, nicht nur mit Sport und Produkten für »reife« Haut, sondern auch, indem du anders, intensiver, bewusster zu leben versuchst. Zugleich willst du nicht wie so viele »Alte« in Posen erstarren und zur Karikatur deiner selbst mutieren: *Ab wann wirken Kapuzenpullis lächerlich?* Für eine Frau, die qua Frau ewig die Personalunion von Jugendlichkeit und Attraktivität zu repräsentieren hat, kann eine solche Frage zur Obsession werden. Sie will nicht altern, weder in Würde noch würdelos. Sie kann es sich auch gar nicht leisten. Sie ist doch die Zentrale der Zuständigkeiten! Sie darf nicht schwächeln. Irgendwann später vielleicht mal ... aber bitte nicht jetzt, da sie noch tausend Dinge erledigen muss, soll, will. *Das Alter ist ein Frontalangriff auf ihre Identität.* Super Woman wusste, wer sie war. Sie hatte alles im Griff. So sehr sie sich zwischen »hart« und »weich« aufgerieben fühlte, war sie doch immer sicher, dieselbe Person zu sein. Nun aber entdeckt sie an ihrem Äußeren wie in ihrem Innern eine Steuerungsanlage, die sie nicht selbst programmiert hat. Dieser parasitäre Autopilot stellt unermüdlich ein Produkt her, welches die Marktfähigkeit ihres gesamten Organismus sabotiert: ein neues Ich, das völlig anders aussieht als alle Ichs früherer Lebensphasen, das anders tickt, sich anders bewegt, anders bewertet wird – und das Super Woman partout nicht als ihres akzeptieren kann.

Wenn ein Mädchen in die Pubertät kommt, wächst sein Körper, sein Po, seine Brüste. Sogar seine Gedanken wachsen, werden »reifer«. Das Mädchen wandelt sich zur »Sie«. Ihr Blick, ihre Mimik und Gestik wechseln minütlich. Sie vergleicht sich mit ihren Freundinnen, sucht nach Idolen, die ihrer Vorstellung von Attraktivität entsprechen. Sie ist im Begriff, eine Frau zu werden. Oft wirkt sie verwirrt, geistesabwesend, gar depressiv – dann wieder wird sie von unerklärlichen Kicheranfällen heimgesucht. Revolution! Oder Evolution? Wie auch immer, sie hat alles noch vor sich. Irgendwann wird sie sich von der alten Identität »Kind« lösen und mit der neuen Identität »Frau« verschmelzen. Dann hat sie – für sehr lange Zeit – erst einmal nur noch Zukunft vor sich. Ihre Geschichte besteht aus der Akkumulation von Fortschritten, Rückschritten, Erkenntnissen, Erfahrungen. Sie schaut nicht zurück, weil es erst so viel zu erobern, dann so viel zu bewältigen gibt. Sie wächst in die Rolle der Berufstätigen, Ehefrau und Mutter hinein (und vielleicht auch wieder heraus), aber immer wächst sie. Weil sie so viel Zukunft vor sich hat. Immer neue Möglichkeitsräume.

Wenn eine Frau alt wird, wachsen ihre Nase und Ohren (ein wenig). Was aber vor allem wächst und immer gigantischere Ausmaße erreicht, ist ihre Vergangenheit. Wie die Pubertierende befindet sich die Alternde in einem körperlich-seelisch-geistigen Schwebezustand, den sie sich nicht ausgesucht hat. Aber anders als die Dreizehnjährige kann sich die Dreiundsiebzigjährige auf die nächste Phase ihrer Existenz nicht freuen. Denn ihre Zukunft gleicht keiner offenen Prärie mehr, sondern einem stickigen Zimmer, dessen Wände unter dem Gewicht der Vergangenheit einzustürzen drohen. Sie ist empört über das Wirken des Autopiloten, und sie ist erst recht wütend auf eine Welt, die Frauen aller Lebensphasen in High Definition abbildet – ihr aber mit billiger Tinte den Stempel »Alte« aufdrückt, welcher sie als Ausschussware klassifiziert. Sie alleinlässt ... Sie schaut in den Spiegel. Wer ist diese Frau? Sie weiß nicht mehr, wer sie ist. Ihre Zeit rast auf das Ende zu. Ihre Bilanz ist unausgeglichen. Sie hat viel zu viele Erinnerungen und viel zu wenige Pläne. Aber ist sie deshalb weniger wert als ein jüngerer Mensch?

Die Altersdiskriminierung betrifft alle Geschlechter, aber Frauen trifft sie ins Mark. Weil die Gesellschaft »Weiblichkeit« mit physischer Schönheit gleichsetzt und ignoriert, dass ein Körper nicht nur etwas ist, das man *hat*, sondern auch etwas, das man *ist*; ein Ding, zu dem ein oft bis zuletzt höchst quirliger Geist gehört. Und eine quicklebendige Seele, die in der Lage ist, gegen den Optimierungsdruck aufzubegehren. Das ist die ultimative Grausamkeit unseres Systems: dass es einen Menschen – vor allem, wenn er »weiblich« ist oder scheint – als »Material« (Simone de Beauvoir) betrachtet, als Ressource mit beschränkter Haltbarkeit. Wie müsste die Gesellschaft beschaffen sein, damit wir uns in der Siebzig-, Achtzig-, Neunzigjährigen, die wir irgendwann einmal sein werden, schon jetzt wiedererkennen können; damit wir unsere weibliche Identität behalten können (mit oder ohne Botox)? Sie bräuchte ein völlig anderes Menschenbild. Sie müsste Institutionen schaffen, in denen Menschen von Anfang an *human* behandelt werden. Nicht als austauschbare Leistungsträger und hyperaktive Zentralen der Zuständigkeiten. Sondern als liebesbedürftige, entwicklungsfähige Lebewesen. Wir können nicht warten, bis die Gesellschaft bereit zur Veränderung ist. Wir müssen uns selbst ändern.

Überlebensstrategie #8: Surfe auf der Vergänglichkeit

Im Spätkapitalismus regiert ein einseitiges Zeitverständnis, das uns auf Ungeduld polt. Die kapitalistische Schafsherde ist ein Heer von Gestressten, denen in ihrer Visionslosigkeit nichts anderes einfällt, als sich mit tickenden Uhren zu bewaffnen. Ihr Gott ist *Chronos*. Er verkörpert die linear fortlaufende, unumkehrbare Zeitlichkeit. Er macht uns zu seinen Lakaien. Du kennst das, du bist Teil des Systems. Nie kann es dir schnell genug gehen, beim Arzt, an der Kasse, am Telefon mit Onkel Theo. Als Kind konntest du es kaum erwarten, groß zu werden. Eine Frau zu sein, die ihre eigenen Entscheidungen trifft, ihr eigenes Geld verdient und die Welt rettet, anstatt ihre Zeit in Abhängigkeit von langweiligen Erziehungsberechtigten zu vertrödeln. Erinnerst du dich an deinen ersten guten Job, deine erste funktionierende Beziehung? Weißt du noch, wie du dich gefühlt hast – als *endlich* eine »Andere«? Ein neues Ich mit neuen Optionen? Vergiss dieses Empfinden nie. Auch wenn dir das Leben inzwischen tausend Enttäuschungen und auch eine gewisse Bitterkeit beschert hat und sich deine Begeisterung über Jobs und Männer nunmehr in Grenzen hält. Alles geht vorüber, das Positive und das Negative. Alles ist Veränderung, nichts ist endgültig. Das Leben ist Bewegung, voller Möglichkeiten und voller Widersprüche. Jedes Ende bringt einen Anfang mit sich. Die Zeit ist nur für die Ignoranten chronologisch. Wenn du dir ein wenig taoistische Weisheit aneignest, kannst du mit einem völlig anderen Zeitempfinden durch den Tag gehen. Wie wäre es, »das Alter« zu verstehen und zu erleben, bevor es zu spät ist? Als etwas nicht nur Angstvolles, sondern auch durchaus Beglückendes?

Schau dir zum Aufwärmen ein paar aktuelle Fotos von Madonna an. Check ihren Instagram-Account. Was siehst du? Eine dreiundsechzigjährige faltenlose Frau mit aufgespritzten Lippen und *Pillow Face*, also einem Gesicht, dessen Wangenpartie aufgrund etlicher »Filler«-Treatments winzigen Kissen gleichen. Madonna ist die Inkarnation der Künstlichkeit. Nichts an ihrem Äußeren ist echt. Außer die schlangengleich hervortretenden Adern an Armen und Handrücken (die sie meist mit Leder und Latex bedeckt). Auch ihre lasziven Tanzmoves, Grimassen, Witze sind »Pseudo«, einfach lächerlich. Mann, diese Frau ist nicht mehr zwanzig! Sie hat ihre besten Jahre hinter sich, sie hat ihre Zeit gehabt. Eine Frau in ihrem Alter kann unmöglich erotisch sein. Die Meisterin des Sich-Neuerfindens ist nicht mehr sexy, sondern obszön, gruselig. Sie verhält sich würdelos! ... Moment. Habe *ich* das geschrieben, oder hast *du* das gedacht? Oder urteilen wir beide so über eine Frau, die wir überhaupt nicht kennen – die womöglich einfach Spaß hat in ihrem Leben? Kann sein, dass Madonna es mit der plastischen Chirurgie übertrieben und an einer verzerrten Wahrnehmung ihrer selbst krankt. Kann aber auch sein, dass eben dieses »Gemachte« zu ihrem Selbstverständnis als Performerin gehört. Entscheidend ist, dass es Madonna offenbar egal ist, wie die Gesellschaft sie sieht. Anstatt sich nach Ablauf ihrer Zeit auf den Wertstoffhof verfrachten zu lassen, tanzt sie lieber auf dem Sondermüll aller vorzeitig Outgesourcten.

Mach dir klar: Was viele Frauen an der Popikone so aufregt, ist genau das, wovor sie sich fürchten – weil es streng verboten scheint: sich auch und erst recht noch im Rentenalter die Freiheit zu nehmen, seine Weiblichkeit und Attraktivität *selbst zu definieren*. Frage dich, warum sich manche Frauen jenseits der fünfzig, sechzig so aufführen: Ist es Divenhaftigkeit, Hysterie (→ #7)? Oder agieren sie einfach aus legitimer Wut und Frustration über eine Gesellschaft, die immer noch nicht kapiert hat, dass es weder »die Frau« noch »die Alte« gibt, dass Frauen *Vieles* sind? Jeder Mensch braucht Liebe und Anerkennung. Madonna genauso wie deine weißhaarige Nachbarin, die dich immer so komisch anschaut. Oder wie Sharon Stone. Auf Instagram konstruierte Sharon Stone für lange Zeit einen optischen Gegensatz zu Madonna. Sie sprach ungeschminkt und verhältnismäßig ungeliftet in die Kamera, was auch wieder viele unmöglich fanden. Gewöhn dir ab, Frauen als Typen zu betrachten – die Diva, die Operierte, die Komische, die Perfekte, die Gemeine. Nimm sie als einzigartige Menschen wahr, egal, wie alt oder jung sie sind. *Das Besondere am Menschen ist nicht seine Sterblichkeit, sondern seine Wandlungsfähigkeit.*

Wir alle wissen nicht, woher wir kommen und wohin wir gehen. Der Anfang (deine Geburt) ist auch ein Ende (das Ende der Fruchtblase), und das Ende (dein Tod) ein Anfang (der Beginn des total Unbekannten). Dazwischen passiert etwas sehr Spannendes: *das Leben.* Es ist deine Wahl, ob du auf dem Dampfer der Konventionen über den Fluss deiner Existenz schunkeln willst – oder ob du auf dem Surfbrett über die Wellen mit ihren steten Metamorphosen gleitest. Die Entscheidung (→ #4) für das eine oder das andere kann dir niemand abnehmen. Und niemand kann sie dir verbieten.

Deine Angst vor dem Alter wird abnehmen, wenn du dich als Surferin begreifst. Für die Taoisten bist du Teil des *Daos*, jener Intelligenz der Natur, die wie der Lauf des Wassers einer einzigen Quelle entspringt, aber unendlich viele Gestalten annehmen kann. Auch die menschliche Konstitution ist nur eine Form, die wir zufälligerweise angenommen haben. Der Taoist Zhuangzi vergleicht die Form »Mensch« mit einem Metall, das im Schmiedeofen der Transformation zu einem scharfen Schwert geworden ist. Wer für immer Schwert zu sein beansprucht, zeigt nur, dass er aus minderwertigem Metall besteht. Gutes Metall ist biegsam. Es kann auseinandergebrochen und neu zusammengesetzt werden – zehntausend verschiedene Wandlungen durchlaufen. Für den taoistischen Weisen ist dies ein steter Anlass zur Freude. Er sieht in jeder Veränderung eine Gelegenheit, sich von vergangenen Zielen und Wünschen zu lösen und elegant auf den existenziellen Wellenbewegungen weiter zu surfen. Dieser Weise versucht erst gar nicht, sich festzuklammern – weder an seinen straffen Körper, noch an seinen Meinungen über Mensch und Welt. Wie scharf oder stumpf sein »Schwert« ist, interessiert ihn nicht. Er kennt kein Alter, keinen Tod. Nur immer neue Metamorphosen. Wenn du versuchtest, einmal einen Tag in dieser Weise zu leben: Würdest du das Ende deiner Jugend dann immer noch als Beginn des Alters begreifen – oder als winzige Phase innerhalb des großen kosmischen Werdens, dessen Teil du bist? (»Werden«, *Becoming*, heißt übrigens auch der kluge Titel von Michelle Obamas Autobiografie.) Ist es nicht viel stressfreier, das Schwert zu vergessen, das man bald gewesen sein wird, und zu träumen, was man irgendwann sein könnte – eine Taube, ein Zweig, ein Teil von Alpha Centauri?

»Tagebuch meines Busens«, las ich kürzlich fettgedruckt auf dem Cover eines Magazins für Frauen über vierzig. Und darunter, in etwas gnädigeren halbfetten Lettern: »eine emotionale Reise von der Kindheit bis zu den Wechseljahren«. Zeige, dass du eine Taoistin bist. Quittiere solchen Quark mit einem herzhaften Lachen – und surf heiter weiter.

Beiläufig sei hier erwähnt, dass im alten Griechenland das Kochen Sache der Sklaven war; in vornehmen Häusern übernahmen sie auch die Hausrechnungen.

Hedwig Dohm (1831–1919)

#9 DIE Ü-35-SINGLE-UNTERSUCHUNGSHAFTANSTALT: WIE FINDE ICH DEN MANN MEINES LEBENS?

Theoretisch ist sich Super Woman selbst genug. Aber Autonomie ist eben nicht alles. Härte ist nicht alles. Das Harte braucht das Weiche. Liebe ist ein menschliches Grundbedürfnis. Und so reift in uns irgendwann die Überzeugung, einen Mann unseres Lebens zu brauchen. Unseren ganz persönlichen Prinzen. Vielleicht bist auch du gerade so weit. Du möchtest mit ihm – nennen wir ihn Wolf – zusammenziehen, die Wohnung neu einrichten, Lieblingssongs hören, Gemüsepfannen zaubern, weltpolitische Themen analysieren, über deine Tante lästern, endlich mal nach Lappland fahren, zwei, drei Kinder haben und/oder andere Dinge mehr. Du siehst das alles gestochen scharf vor dir, quasi in 3-D. Nun musst du Wolf nur noch finden. Du intensivierst dein Flirt- und Dating-Verhalten. Kann sein, dass Wolf dann schon nach wenigen Wochen in deiner Küche steht und Karotten schält. Kann aber auch sein, dass du nach zwei Jahren immer noch suchst. Wenn das der Fall ist, befindest du dich vermutlich in einem Alter, in dem die meisten deiner Freundinnen fest liiert oder schon (oder gerade) verheiratet sind. In dem Moment, in dem dich diese Tatsache massiv zum Grübeln bringt, machst du eine Wandlung durch. Du beginnst eine gewisse Leere zu verspüren. Zuvor warst du mit dir und dem Leben eigentlich nicht unzufrieden. Nun aber glaubst du, dass dir etwas Wesentliches fehle. »Die freie Frau wird gerade erst geboren«, schrieb Simone de Beauvoir 1949. Wie lange dauert die Geburt noch, und was kommt am Ende dabei raus? Was nutzt einem die ganze Freiheit, wenn sie sich wie Unfreiheit anfühlt? Wenn man sich nur noch einsam und ohnmächtig fühlt?

Wie demütigend der unfreiwillige Singlestatus jenseits der 35 sein kann, weiß ich aus eigener Erfahrung. Kein Wunder, ich bin Philosophin. Total verkopft, permanent am Denken, die Nase in dicke Wälzer vergraben! Ich passe nicht in die Schublade der Partnertauglichkeit. Ich kann schon beim Frühstück Begriffe wie »diskursive Überformung« und »transzendentaler Idealismus« aus der Hüfte schießen. Das muss ein Mann erst mal verdauen. Was die Sache aber richtig kompliziert macht, ist, dass ich nicht wie eine Philosophin aussehe. Ich trage keine dicke Brille wie Hannah Arendt, sondern Zehn-Zentimeter-Absätze. Ich kann nicht nur Georg Wilhelm Friedrich Hegel und Simone de Beauvoir zitieren, sondern auch Hautpflegetipps aus Frauenzeitschriften. Kurz: Ich bin eine Mogelpackung. Ich erinnere mich an 10000 Partys, die ich allein besuchte, um sie einsam wieder zu verlassen. Während ich den Raum nach möglichen Prinzen scannte, beteiligte ich mich am Small Talk und riss tolle Witze. Ich tat alles, um nicht aufzufallen. Es war immer das Gleiche. Schon nach wenigen Minuten merkten die anwesenden Herren, dass mit mir etwas nicht stimmte. »Und was machst du so?«, fragten sie dann beiläufig. »Philosophin«, sagte ich. Antwort a): »Ach, und von was lebst du?« Oder, Antwort b): »Philosophin! Irre spannend! Erzähl mal! Jens, komm her, das wird dich interessieren – sie ist Philosophin!« Im ersten Fall drehte ich mich beleidigt um, im zweiten fühlte ich mich wie ein Affe im Zoo. Auch Reaktionen der Sorte c) waren nicht untypisch: »So eine attraktive Frau – ganz allein hier? Sind Sie geschieden?«

Vielleicht hast du ähnliche Episoden erlebt. Oder ganz andere, die aber genauso demütigend waren. Wenn du jetzt zustimmend nickst, beweist das nicht, dass Männer Ekel sind. Es beweist auch nicht, dass du zu auffällig, zu hysterisch, zu gestört (→ #7) bist, um »partnertauglich« zu sein. Es beweist einzig und allein, dass deine Suche bisher im Sand verlaufen ist. Du bist nicht die einzige. Singlefrauen über fünfunddreißig erhalten viel Anerkennung. Man schätzt sie – als perfekte Mitarbeiterinnen, treue Freundinnen, hilfsbereite Töchter. Die Ü-35-Singlefrau ist autonom. Wirkmächtig. Selbstmächtig. Auf dem Terrain der Liebe aber ist sie ohnmächtig. Diese Diskrepanz zwischen Macht und Ohnmacht ist ihr unbegreiflich und unerträglich. Am liebsten würde sie anfangen zu brüllen und nicht mehr aufhören. Allerdings ist sie intelligent genug zu wissen, dass sie sich mit ihrem Gebrüll lächerlich machen würde. Eine »gute« und »echte« Frau brüllt nicht. Sie erniedrigt sich, um zu kriegen, was sie will. Sie verzichtet auf ihre natürliche Souveränität.

Wenn sich unter den vermuteten Prinzen zu viele Knallfrösche befinden, neigt die Ü-35-Singlefrau zu glauben, es läge an ihr. Sie wendet grausame Fragetechniken an, um die vermeintliche »Wahrheit« ans Licht zu bringen und sich selbst einzuschüchtern. Was sie mit sich selbst anstellt, gleicht einem Stasi-Verhör: *Bin ich eine gute Frau? Bin ich zu alt, zu dick, zu dünn, zu intelligent, zu dumm, zu unsicher, zu forsch? Hoffen wir, dass ich mit meiner Hilfe mein Problem klären kann! Dass ich ehrlich und aufrichtig genug bin, um ein Geständnis zu produzieren! Habe ich alles gesagt, was ich über mich weiß, darf ich mir eine kleine Pause gönnen (um zu überlegen, was ich mir noch so alles vorzuwerfen habe)? Oder ist Schlafentzug durch ununterbrochenes Gedankenkreisen jetzt das adäquate Strafmaß?* Im mentalen Vernehmungsraum der Ü-35-Single-Untersuchungshaftanstalt wird gedemütigt ohne Ende. Gern auch unter Beteiligung wohlmeinender (liierter) Freundinnen, die jedes Detail der fehlgeschlagenen Partnersuche neu aufrollen, noch mal durchkauen, noch mal analysieren – »Hat er angerufen? Was hat er gesagt? *Wie* hat er es gesagt?« – und mit hochprofessionellen Dos & Don'ts quittieren.

Zu den perfidesten Foltermethoden in deinem ganz persönlichen

Kopf-Gefängnis zählt die *Stereotypisierung der Stereotype*. Sie betrifft sowohl den Inhalt deiner Fragen wie deine Verhörmethode selbst: Beide sind, was dir – und das ist entscheidend – natürlich bewusst ist, »typisch weiblich«. Der typische Mann, der keine Frau finden kann, würde sich selbstverständlich nie selbst ins Kreuzverhör nehmen, sondern erst einmal ein kühles Helles öffnen! Oder? »Stereotypisierung durch Stereotype« – worum handelt es sich nun dabei? »Immer ist der imaginierte Mann der Maßstab«, so die Soziologin Jutta Allmendinger. »Frauen reagieren auf Stereotype, möchten diese widerlegen und verlieren ihre eigentlichen Interessen dabei aus den Augen. Am Ende bilden sich dadurch gar neue Stereotype.« Was ist denn dein eigentliches Interesse? Doch nicht du selbst. Nein, dein Interesse gilt Wolf. Dem Prinzen, der alles für dich tut, dich aus dem Martyrium der Selbstreflexion erlöst, Karotten schält und mit dir nach Lappland fährt.

Wenden wir uns nun dem Pool möglicher Kandidaten zu, in dem irgendwo dein Prinz schwimmt. Um die Sache nicht noch komplizierter zu machen, schlage ich eine – auch nicht ganz stereotypfreie – Einteilung der Männer, die die Ü-35-Singlefrau datet, in drei Hauptkategorien vor:

1 Der Bequeme: Tritt selbstbewusst auf, auch wenn er eher durchschnittlich ist und statt eines Waschbrettbauchs eine birnenförmige Ausstülpung vor sich herträgt. Sein Selbstbewusstsein speist sich schlicht daraus, dass er ein Mann ist. Das Maß aller Dinge. Wie Simone de Beauvoir schreibt: »Der Mann vertritt so sehr zugleich das Positive und Neutrale, dass im Französischen *les hommes* (die Männer) die Menschen schlechthin bezeichnen, da die spezielle Bedeutung des Wortes *vir* in der allgemeinen von *homo* aufgegangen ist.« Der Bequeme liebt es nach Hause zu kommen und eine wohlriechende warme Speise vorzufinden, die er (ohne vorher zu duschen) mittelmäßig gelaunt in sich hineinschlingen kann. Er geht davon aus, dass der Toilettenbereich seines Heims einen sanften Frühlingsduft verströmt und durch Einwirkung zarter weiblicher Hände von Verunreinigungen frei gehalten wird. Und er erwartet, dass die Frau an seiner Seite nicht ausgerechnet dann Stress macht, wenn ein wichtiges Fußballspiel läuft. Der Bequeme ist ein »alter weißer Mann«, der nichts dafür kann. Er kann nie was dafür. Diskussionen um Stereotype, die Frauenquote oder gar die Krise der Männlichkeit hält er für Gedöns, nicht, weil er was gegen Frauen hätte. Sondern weil er sich seiner Privilegien nicht bewusst ist. Merke: *Privilegien sind unsichtbar für die, die sie haben.* Hat der Männlichkeitsforscher Michael Kimmel gesagt (→ # 15). Was sieht ein weißer Mann, wenn er in den Spiegel schaut? Einen Mann. Und was sieht ein schwarzer Mann? Einen schwarzen Mann! Das Gleiche gilt natürlich auch für Frauen: Wenn eine weiße Frau in den Spiegel schaut, sieht sie eine Frau. Sie sieht ihre Hautfarbe nicht, weil »weiß« die Norm ist. Die moderne deutsche Durchschnittsfrau mag Dick Pics (→ #6) ausgesetzt sein – Rassismus aber ist nicht ihr Problem. Von dieser Warte aus ist sie trotz ihrer Zerrissenheit zwischen hart und weich ziemlich privilegiert.

Wenn sie unterprivilegiert ist, dann in Relation zum Maß aller Dinge: dem Bequemen, dem nicht nur seine Privilegien im harten Erfolgssektor nicht bewusst sind, sondern der auch nicht sieht, wie viele Pflichten im weichen Care-Sektor sie *neben ihrem bezahlten Job* kostenlos übernimmt. Ich sage nicht, dass der Bequeme eine schlechte Partie ist. Er ist jedenfalls eine gute Partie für alle, die gern die Zentrale der Zuständigkeiten geben. Machen wir uns nichts vor. Die Bequemlichkeit des Bequemen hat große Vorteile. Da er sich daheim von vorn bis hinten bedienen lässt, hat er genug Zeit, Karriere zu machen und richtig gut Geld zu verdienen. Kohle, die du für klasse Beauty-Treatments, Handtaschen, Urlaube etc. ausgeben kannst …

2 Der Halbentschlossene: Imponiert durch seinen metrosexuellen Look und achtet auf die Umwelt wie auf seine Ernährung. Er ist durchaus offen für feministische Themen. Er weiß, wer Margarete Stokowski ist, und findet ihre Angriffe auf das Patriarchat interessant. Ich wiederhole: *interessant.* Denn genau hier liegt das Problem. Zwar gibt sich der Halbentschlossene aufgeklärt. Er spricht selbstironisch von seiner Midlife-Crisis und lobt die Gedankenschärfe junger Kolumnistinnen und Politikerinnen. Das tut er allerdings auch, um sich nicht angreifbar zu machen. Tief in seinem Innern weiß er, dass sich die Welt seit dem 19. Jahrhundert ein paarmal gedreht hat und seit 2021 eine indisch-afroamerikanische Frau das Amt der ersten US-Vizepräsidentin ausüben lässt. Das findet er einerseits begrüßenswert – andererseits verunsichert es ihn. Auch wenn sich der Halbentschlossene jeden Morgen gewissenhaft seinen grünen Smoothie reinzieht: das mit der Gleichberechtigung auf ganzer Linie geht ihm ein winziges bisschen zu schnell. Obwohl er sich anstrengt, kann er auf den kleinen Donald Trump in ihm noch nicht verzichten. Also bittet er dich um Nachsicht dafür, dass ihm manchmal die Sicherungen durchbrennen und er grundlos Recht haben (→ #3) und dich rumkommandieren muss. Er möchte sich durchaus nicht mit dir anlegen; er will nur seine Männlichkeit (und damit seine Privilegien) noch nicht ganz aufgeben. Seine Idealfrau ist eine, die in seinem freiwilligen Zubereiten und Schlürfen grüner Smoothies den Beweis für seinen Gleichberechtigungswillen sieht und sich damit weitgehend zufriedengibt. Diese Frau kann darauf bauen, dass er von selbst daran denkt, den Müll zu entsorgen, und »Megatoll, Schatz!« sagt, wenn sie plötzlich im »harten« Sektor durchstartet, also gut, genauso viel – oder, im Ausnahmefall, gar mehr verdient als er. Allerdings muss ihr klar sein, dass ihn gerade ihr ökonomischer Erfolg (→ #10) ziemlich wurmt. Wie der Bequeme hat auch dieser Typ ein leicht kränkbares Ego und Gefühle, die viel mit imaginierter männlicher Größe zu tun haben und die es keinesfalls zu verletzen gilt. Die gute Nachricht: Der Halbentschlossene müht sich sehr, sich voll entschlossen in Richtung gleichberechtigte Partnerschaft zu bewegen. Außerdem ist er dank seines Umweltbewusstseins grundsätzlich begeisterungsfähig für lappländische Moose, Rentiere und Elche.

3 Der Unangepasste: Macht sich nicht viel daraus, was die Gesellschaft von ihm denkt. Zwar möchte er nicht als Höhlenmensch gelten, doch sein Beruf und sein Gehalt interessieren ihn weniger als seine privaten Leidenschaften, zum Beispiel künstliche Intelligenz, russische Romane oder Echsen. In seinem Zimmer sieht es aus wie im Lagezentrum des Mossad nach einem Attentat. Es quillt über vor Computerschirmen und Kabeln. Äußere Ordnung ist für den Unangepassten unerheblich – auf die innere kommt es an. Sein Kopf enthält unzählige Gedankengebäude, die er irgendwann zu Papier bringen will; darunter Visionen von einer gerechteren Gesellschaft. Der Unangepasste pfeift auf geschlechtsspezifische Normen. Normen, Regeln und Konventionen sind für ihn dazu da, neu interpretiert, ausgeweitet und gegebenenfalls – so es einem höheren Ziel dient – gebrochen zu werden. Zwar besitzt auch der Unangepasste ein männliches Ego und dazugehörige Gefühle, die die unachtsame moderne Frau leicht verletzen kann. Allerdings lässt er dieses Ego öfter mal links liegen. Er hat nämlich Humor. Und Selbstironie. Außerdem gibt es für ihn immer Wichtigeres als ihn selbst: die Weltlage, ein Tolstoi-Wälzer, ein Gespräch oder eine Begegnung, über die er sinnieren muss. Mit dem Unangepassten kann die moderne Frau tolle Gemüsepfanne zaubern und stundenlang die Subtexte großer Filmklassiker analysieren. Wenn er sieht, dass ihre Analyse treffender ausfällt als seine, erkennt er dies neidlos an. Da er sich mit Konventionen so wenig identifizieren kann, ist Gleichberechtigung eigentlich kein Thema für ihn. Er beurteilt eine Frau nicht nach ihrer »Echtheit« und »Güte« (nicht mal unbewusst), er findet sie einfach so oder so. Und sagt ihr das auch. Was bedeutet »Frau« schon? Der Unangepasste stimmt Simone de Beauvoir zu: »Die Tatsache, ein Mensch zu sein, ist unendlich viel wichtiger als alle Einzelheiten, die die Menschen unterscheiden.« Auch mit dem Unangepassten kannst du glücklich werden – wenn du selbst nonkonformistisch leben möchtest.

Überlebensstrategie #9: Sei du selbst (nicht mehr, aber auch bloß nicht weniger)

Die Ohnmacht, die die Singlefrau mit unerfülltem Männerwunsch empfindet, ist unerträglich, doch nicht unüberwindlich. Wenn du aktuell in der Ü-35-Single-Untersuchungshaftanstalt einsitzt, mach dir klar: Ohnmacht ist überall, weil Macht überall ist. *Alle Beziehungen sind Machtbeziehungen* – auch die zu dir selbst. Das Wort »Machen« stammt vom altgotischen *magan* für »machen« und »können« ab. Als moderne Frau *kannst* und *machst* und leistest du viel; zu viel. Du machst alles selbst. Das *Machen-Lassen* hast du dir abtrainiert. Gerade wenn es um die wirklich wichtigen Dinge geht – zum Beispiel, den Mann deines Lebens zu finden –, befreit dich dein Können und Machen nicht, es engt dich vielmehr ein und nimmt dir deine Würde. Deine Macht verkehrt sich in Ohnmacht. Du sitzt im Ü-35-Single-Gefängnis ein, weißt nicht mehr weiter und versuchst trotzdem aktiv zu bleiben. Du fragst dich, was du kannst, sollst und musst und was die Zukunft bringen wird. Du vergegenwärtigst dir die gesamtgesellschaftliche Situation: Auch im 3. Jahrtausend ist »der Mann« in Relation zu »der Frau« der Privilegiertere und Mächtigere. Du weißt, er *kann* die Beziehung diktieren: durch seine größere ökonomische und physische Macht. Und dadurch, dass er nicht schwanger werden, aber bis kurz vor dem Exitus Kinder zeugen kann. Du schaust dir deine verheirateten Freundinnen und Kolleginnen an. Du siehst, dass sich nicht wenige im steten Hin- und Herpendeln zwischen »hart« und »weich« irgendwann ganz mit ihrer weichen Seite identifizieren. Sie kriegen Kinder. Sie schlucken die schlechte Bezahlung ihres Teilzeitjobs, sie schlucken das nie endende Waschen, Kochen, Säubern, Pflegen. Warum? Manche beanspruchen dafür die volle Macht als Hausfrau und Mutter. Sie verbieten es sich, dass man ihnen im Häuslichen dazwischenfunkt, werden zu Hausherrinnen – *Maternal Gatekeepers* (→ #16). Heim und Herd sind für sie das Reich, in dem sie ihre Autonomie ausleben: die Autonomie der Fürsorglichen. Andere wieder haben einfach keine Lust mehr, alles zu können, zu sollen, zu müssen. Sie wählen die Nur-Mutterrolle, weil sie desillusioniert sind von der ausbeuterischen kapitalistischen Fortschrittsideologie; weil die wahre Emanzipation für sie in der frei gewählten häuslichen Geborgenheit besteht. Ist das so falsch? Ich frage dich. Ich persönlich glaube nicht, dass es in dieser Frage ein Richtig und Falsch gibt. Ich glaube nur – mit Theodor W. Adorno: »Es gibt kein richtiges Leben im falschen.« Dein Leben ist real und einzigartig. Es sollte keine Fake-Nummer sein, die du für eine Gesellschaft durchziehst, die sich herzlich wenig für dein persönliches Glück interessiert. Auch und erst recht nicht, wenn es um Liebe geht. Ich weiß nicht, von welcher Zukunft du träumst. Ich nehme aber an, dass du mit dem Mann deines Lebens glücklich werden willst. Liebe braucht Freiheit und Freiheit Liebe. Die Sache mit dem Prinzen klappt am besten, wenn du nicht ständig erklären und rechtfertigen musst, warum du bist, wie du bist. Wenn du offensiv aus der Defensive herauskommen kannst, um deine Idee von Freiheit zu verwirklichen, ohne »ihn« zu verschrecken. Merke: *Eine gute Beziehung erkennt man an ihrer Unkompliziertheit.*

Nimm also zunächst eine aufrechte Körperhaltung ein, wie sie einer Königin gebührt. Geh im Kopf noch mal die drei Hauptkategorien durch: den Bequemen, den Halbentschlossenen, den Unangepassten. Realisiere, dass Kämpfe um die Verteilung von Privilegien und Pflichten immer unvermeidlich sein werden und dass bei jeder Unstimmigkeit, jedem Streit, jedem Missverständnis Macht im Spiel sein wird. Macht ist Teil der Beziehung, wie dein Kopf Teil deines Körpers ist. Um dir deine eigene königliche Macht bewusst zu machen, empfehle ich eine einfache Übung. Wenn du mal wieder allein auf einer Party bist, sei du selbst. Du musst keine Königin des Small Talk sein; Hauptsache, du bist eine Königin. Und das bist du, sobald du dich aus deinem inneren Kreuzverhör entlässt. Mach den Mund auf und sag, was du denkst. Wenn du zu schüchtern bist, dann sag eben nichts. Verbieg dich nicht, um anderen zu gefallen (auch, wenn du es *könntest*). Wenn dir das schwerfällt, konzentriere dich auf deinen Atem. Warte gelassen die Reaktionen auf deine Person ab. Wenn dir die Atmosphäre nicht behagt, lass den Prosecco stehen und geh wieder. Du bist eine freie Frau in einem freien Land. *Niemand kann dich in die Ü-35- Untersuchungshaftanstalt sperren – außer du selbst.* Du magst dich ohnmächtig fühlen, weil dein Männerwunsch bisher nicht erfüllt wurde. Aber du hast die Macht, dich von diesem Wunsch unabhängig machen. Handle so, als wär es dir egal, ob demnächst ein Prinz oder ein Knallfrosch deine Wege kreuzt. Und, mit Immanuel Kant: »Handle nur nach derjenigen Maxime, durch die du zugleich wollen kannst, dass sie allgemeines Gesetz werde.« Bezogen auf den Pool möglicher Kandidaten heißt das, sei, wie du bist, und behandle alle so, wie du von ihnen behandelt werden möchtest. Respektvoll. Du würdest nie auf die Idee kommen, das Ego eines Mannes zu verletzen. Weder auf einer Party noch beim Zoomen noch beim Chatten noch im Schlafzimmer. Wieso also solltest du dich für einen Mann, der dein Ego verletzt, verbiegen? *Deine Lebenszeit ist unersetzlich.* Wenn man deinem Können, deiner Macht, deiner Stärke nach fünf Minuten nicht angemessen Respekt zollt, geh wieder. Immanuel Kant unterstützt dich und hält dir den Rücken frei.

Kant ist auch bei dir, wenn der Kandidat schon tageweise bei dir wohnt und unter massiven Gedächtnislücken zu leiden beginnt. Er vergisst, sein benutztes Geschirr und seine schmutzigen Socken dahin zu packen, wo sie hingehören, er vergisst, Brot mitzubringen, er vergisst, seine Mutter anzurufen. *Handle nur nach derjenigen Maxime, durch die du zugleich wollen kannst, dass sie allgemeines Gesetz werde.* Das allgemeine Gesetz der Beziehung könnte in diesem Fall sein, dass der Mental Load (→# 2) nicht einer einzigen Person (= dir) aufgebürdet wird. Die Maxime würde dann lauten: »Sofern es sich bei den Beteiligten um mündige Erwachsene handelt, tragen beide die Verantwortung fürs Planen, Organisieren, Kümmern.« Zeit ist kostbar. Geteilte Verantwortung verdoppelt die Zeit, die man *miteinander* teilen kann, in der man miteinander *leben* kann. So oder so ähnlich kannst du argumentieren, wenn dein Kandidat zur Verantwortungsverweigerung neigt. Wenn er es dann immer noch nicht begriffen hat, zitiere Kant. Wenn er auch mit Kant nichts anfangen kann, sind weitere Bemühungen fruchtlos.

Wenn dein Kandidat älter ist als du, ist er wahrscheinlich früher in den Arbeitsmarkt eingetreten. Solange du keine Kinder willst (→ #16) – kein Problem. Zum Problem könnte es werden, wenn du schwanger wirst. Zu diesem Zeitpunkt wird seine Karriere gefestigter sein als deine. Das heißt: Er wird mehr verdienen als du. Wenn ihr dann gemeinsam überlegt, wer von euch für die Familie beruflich zurückstecken muss, wird er die bessere Verhandlungsposition haben. Der Klassiker: Er bleibt in Vollzeit, du gehst in Teilzeit. Du wirst viel Zeit mit den Kleinen verbringen können. Das kann sehr schön sein. Kann allerdings auch sein, dass du ein Magengeschwür kriegst, weil du ohne große Aussicht auf Beförderung auf dem *Mommy Track* vor dich hin gammelst. Weil du, obwohl du alles drauf hast, es höchstens ins mittlere Management schaffst. Weil deine Rente nur halb so hoch sein wird wie die deines Mannes …

So. Und nun vergiss alles wieder, was du in diesem Kapitel gelesen hast. In der Liebe wie im Leben überhaupt ist alles möglich. Wenn du allen möglichen Gefahren und Problemen vorbeugen willst, landest du ganz schnell wieder in der mentalen Haftanstalt – du kreist um deine Gedanken, statt dein Prinz um dich. Es kann sein, dass sich derjenige, den du schon für den Mann deines Lebens hieltest, als Narzisst und Manipulator herausstellt (als *Pick-up Artist*, der dich nur abschleppen will → #17). Kann auch sein, dass du dich plötzlich in eine Frau verliebst. Oder in eine genderfluide Person. Oder es passiert nichts … bis du fünfzig, sechzig, siebzig bist. Völlig egal. Hab Geduld. Macht heißt nicht immer: alles selber machen. Es heißt auch Machen-Lassen. Die Umstände, das Schicksal oder der Kosmos werden dir helfen, wenn du nicht zu starr und unerbittlich an deinem Wunsch kleben bleibst. Wenn du einen Menschen deines Lebens finden willst, wirst du ihn finden. Und wenn du ihn nicht findest, wirst du etwas anderes finden. Nenne es Glück. Oder Sinn. Solange du in Resonanz zur Welt trittst, liebst, lernst, verzeihst, loslässt, weiterliebst, kann nichts schiefgehen. Denn dann bist du du selbst. Frei. Mächtig. Geliebt. Von wem oder was auch immer.

Wir werden zu den Männern,
die wir heiraten wollten.

Gloria Steinem (1934)*

#10 CASINO DER TRÄUME: WAS ZÄHLT ERFOLG?

#girlpower, #mompreneur, #sheboss: Nie war es aufregender, eine Frau zu sein! Das Internet ist ein summender Bienenschwarm, voller fleißiger Netzwerkerinnen, Podcasterinnen, Investorinnen, Start-up-Gründerinnen, die ausgeflogen sind, sich klickmächtig zu vermarkten. Die selbstbewusst ihre roten Lippen öffnen und sagen, was sie fühlen: dass sie endlich *alles* haben können. Unabhängigkeit. Geld. Liebe. Sinn. Der weibliche Traum vom Erfolg scheint Wirklichkeit zu werden. 2019 schrieb das *Handelsblatt* von einer »Zeitenwende«. Frauen hätten »die Top-Etagen erobert und die aktuellen Diskussionen geprägt wie nie zuvor«. 2020 startete die Initiative *#ichwill* prominenter Persönlichkeiten aus Wirtschaft, Politik und Kultur für eine verbindliche Frauenquote in Unternehmensvorständen. Im selben Jahr titelte der *Stern* »Ich bin eine Quotenfrau«. Das erinnerte fast an: »Ich habe abgetrieben!«, jene berühmte Ausgabe von 1971 mit Romy Schneider, Senta Berger und anderen »Sünderinnen« auf dem Cover. Auch damals ging es darum, ein Stigma loszuwerden. Mit dem Outing »Ich bin eine Quotenfrau« wollten »40 erfolgreiche Frauen« klarstellen, dass das keine Schande ist, im Gegenteil: weil ohne Quote alles bleibt, wie es ist. Männer entscheiden, und Frauen fügen sich, ob es um Gehälter oder die Fristenlösung geht. Im November 2020 folgte ein Gesetz, wonach in den Vorständen börsennotierter und paritätisch mitbestimmter Unternehmen mit mehr als drei Mitgliedern mindestens eine Frau sitzen muss. Die damalige Bundesfamilienministerin Franziska Giffey schwärmte von einem »historischen Durchbruch«. Wenn mehr Frauen mitentscheiden, so die große Hoffnung, gibt es auch mehr Vielfalt und gerechtere Bedingungen für alle, ihren Erfolgstraum zu verwirklichen. »Weil wir es können, und weil wir es wollen«, heißt es am Ende des zweiminütigen *#ichwill*-Trailers. Chancengleichheit ist nötig, damit wir, du, ich, Kübra, Carmen und Ahmad endlich kriegen, was wir verdienen. Klar können und wollen wir »es«. Die Frage ist nur: Was ist *es*? Was zählt Erfolg heute wirklich?

Zahlen sind das Maß aller Dinge. Was Erfolg ist, muss messbar, evaluierbar, ranking- und rating-kompatibel sein. Seit Benjamin Franklin gilt: »Zeit ist Geld«. Wer seine Zeit nicht effizient und effektiv nutzt, hat auch keinen Erfolg. Franklin warnte, Faulheit würde auf Kosten potenzieller Gewinne gehen. Nur wer fleißig ist, hart arbeitet, sich selbst diszipliniert, kann den in Zahlen messbaren Erfolg erreichen. Nur leider geht die Gleichung Zeit = Geld schon lange nicht mehr auf. Auch wer ackert ohne Ende, kann sehr wenig erfolgreich sein, gar in prekären Verhältnissen leben. Typisch fürs kapitalistische System – denk an die Fabrikarbeiterinnen des 19. Jahrhunderts. Der digitale Kapitalismus des 21. Jahrhunderts aber hat der Ungleichheit ganz neue Dimensionen verliehen. Laut dem Soziologen Philipp Staab bewirkt die Verbreitung »digitaler Technologien in alle Arbeits-, Wirtschafts- und Lebensbereiche« eben keine »Demokratisierung ökonomischer oder politischer Macht«. Statt mehr Gleichheit für alle gibt es viel mehr Profit für ganz wenige. Da der digitale Kapitalismus den analogen immer mehr durchdringt und überlagert, müssen wir ihn sehr ernst nehmen. Was ist sein Erfolgsgeheimnis?

Beamen wir uns ins Jahr 2007. In San Francisco steigt Steve Jobs auf die Bühne und präsentiert einen kleinen, flachen, spiegelglatten Gegenstand. Es ist ein Telefon mit nur einer einzigen Taste. Jobs wischt auf dem Ding herum, legt Daumen und Zeigefinger auf die Oberfläche und spreizt sie auseinander. Wundersame Dinge geschehen. Programme öffnen sich, Fotos werden auf magische Weise vergrößert. Das Publikum raunt und klatscht. Das erste iPhone ist eine Weltsensation. Nicht, weil es ein ziemlich clever konstruiertes Smartphone ist, *sondern weil es Spaß macht*. Das iPhone ist wie ein ununterbrochenes *Game* – ein Computerspiel, von dem man nicht mehr lassen will. Eine glamouröse neue Welt, die du in der Hand halten kannst, ohne die nicht ganz so glamouröse alte Welt zu verlassen – eine Technologie, wie gemacht für die moderne Frau, die multitaskingbewusst auf #femaleempowerment setzt. Mit dem iPhone öffnete sich ein Universum, in dem *alles* möglich scheint. Hier kannst du anscheinend alles kaufen, alles sein, alles haben. In Sekunden, Minuten – oder in Monaten und Jahren. Je nachdem, wie gut du das Spiel beherrschst. Alle sind schön auf Instagram, alle sind witzig auf Twitter, alle erfolgreich auf LinkedIn. Hinter jedem Profil eine »spannende Persönlichkeit«, hinter jeder Mitteilung eine »inspirierende Story«, ein »großartiges Event«. Die sozialen Medien sind voller Optimisten, Futuristinnen, Konnektivisten, Opinion Leaderinnen, die stolz ihren Platz in den gerade angesagtesten »Best of«-Rankings und Votings zur Schau stellen, oder die anderen den Erfolg versprechen, den sie selbst haben. In diesem Endlosspiel sind alle schön, reich, zukunftsfähig. ETFs oder NFTs, was darfs denn sein? Alle wollen Erfolg, und niemand will die Bilanzen sehen. Der Traum ist die neue Wirklichkeit. Was zählt, ist der Punktestand (die Likes). Die Anzahl der Klicks und Follower zeigt Spielrunde für Spielrunde deinen Erfolgslevel an. Gewinn oder Verlust? Belohnung oder Bestrafung? Lust oder Stress? Spiel oder Leben? Egal. Die digitale Extrawelt ist voller aufregender Neuigkeiten und Chancen, die du nicht verpassen darfst. *Vernetze dich! Tritt unserer Gruppe bei! GRATIS …*

Lass dich nicht täuschen. Nichts ist kostenlos. Erst recht nicht der messbare Erfolg. Er ist wie das iPhone, wie Facebook, Twitter, Instagram und TikTok Teil des Systems, das von der Macht der männlichen Norm beherrscht wird. Wie die Führungsetagen von Großkonzernen und Universitätskliniken. Wie das Investmentbanking. Wie der Bundestag. Von: *Wir haben abgetrieben!* bis *Ich bin eine Quotenfrau:* Wo immer wir mit guten Gründen selbst entscheiden, mitentscheiden wollen, hängt über uns die Macht der männlichen Norm wie eine Betondecke. Diese Macht registriert jeden Ausbruch aus der voreingestellten Genderrolle als Regelverstoß. Auch wenn die aufregende bunte Spielewelt des iPhone und der sozialen Medien uns das vergessen machen will.

Zwar ist die gesetzliche Gleichstellung von Mann und Frau längst erreicht; zwar gehen Schlagworte wie »Vielfalt«, »Teilhabe« oder »Gender Pay Gap« immer wieder viral – doch auch im digitalen Kapitalismus bleibt das Gesicht der Macht männlich. Hypermoderne Technologie und archaischer Machtanspruch bilden die perfekte Allianz, wenn es darum geht, tradierte Privilegien zu erhalten und Menschen in Schubladen zu pressen. Mann oder Frau, aktiv oder passiv, Mutter oder Entscheider, gebend oder nehmend. Unterstützt von der Ordnungspolizei der Algorithmen, wird die Menschheit exakt zwei Rollenmodellen zugeordnet. Auch wenn man seine Identität auf Facebook aus sechzig verschiedenen Geschlechtern wählen kann. Auch wenn nichtbinäre, genderqueere und sonstwie diverse Menschen inzwischen ihre eigenen Schubladen haben dürfen – und ruhig posten sollen, was sie wollen (*alles!*). Auch wenn ihre Profile teils beachtliche Reichweiten erzielen. Viel mehr ist nicht. Hier hört der Spaß auf. Minderheit muss Minderheit bleiben, sagt das System. Die dominierende Story digitaler wie analoger (Selbst-)Vermarktung muss weiterhin die Form des *falschen Dilemmas* (→ #3) haben: ›Entweder dieser Mensch ist ein Mann oder eine Frau‹. Dies erklärt nicht nur, warum die Chefetagen von Großkonzernen Transgender-Sperrzonen bleiben, sondern auch, warum Frauen an den meisten Orten, wo es um Entscheidungsmacht geht, in der Minderzahl sind. Eine »gute«, »echte« Frau sagt weder, dass sie abgetrieben hat, noch, dass sie eine Quotenfrau ist, noch, dass sie Vieles ist, noch, dass sie irgendetwas *will*.

Macht dich das wütend? Wut ist gut. Wenn du ambitioniert bist, wenn der Beruf alles für dich ist – *go for it*. Dank Internet kannst du dich mit anderen wütenden, ambitionierten Frauen schneller und besser vernetzen als früher. Doch bevor du dich für #futurefemaleforce engagierst, schau genau hin. Was siehst du? Ganze Schwärme offensiv gestylter #powergirls, #workingmoms und #shepreneure, die der Macht der männlichen Norm die Macht geballter femininer Netzwerk-Skills entgegensetzen. Aber was geschieht da genau zwischen Häppchen und Schnittchen? Verhält man sich wirklich solidarisch? Was kommt am Ende dabei raus? Zwar gibt es immer mehr hilfreiche Netzwerke, Plattformen, Initiativen – aber auch immer noch viel zu viele, die funktionieren wie Computerspiele. Ich nenne es *die Gamifizierung der Frauensolidarität*. Gamifizierung ist eine bei Unternehmen wie bei Krankenkassen beliebte Verhaltenstechnologie, bei der *Game*-artige Elemente wie Likes, Levels, Punkte, Prämien und Rankings eingesetzt werden, um den sozialen Druck zu erhöhen, mehr Kunden zu gewinnen oder mehr Sport zu machen. Die Gamifizierung der Frauensolidarität verstärkt bestimmte stereotypinfizierte Verhaltensweisen, statt sie aufzulösen. Im Vordergrund steht der Spaß. »Komm entspannt an, nimm dir einen Drink und etwas zu essen und lerne andere tolle Frauen kennen.« Diese launige Einladung las ich auf der Website einer Veranstalterin aus dem Marketingbereich. Sie fasste die Spielregeln brillant zusammen: Im geschützten, männerbefreiten, »privat« anmutenden Raum ist alles erlaubt. Alles, was Sympathien erzeugt. Man bestätigt einander weibliche »Güte« und »Echtheit«, indem man im Minutentakt Gruppen-Selfies schießt, Kuss-Smileys für Outfits und Frisuren verteilt, Kärtchen und Informationen tauscht, Prosecco schlürft und über Lohnungleichheit lamentiert.

Im Unterschied zu den status- und wettbewerbsorientierten Boy's Clubs, wo gezielt Privilegien und Positionen zugeschanzt (oder verweigert) werden, verführen Events gamifizierter Frauensolidarität mit der Aura ungetrübter *Sisterhood*. Es herrscht eine scheinbare Harmonie unter scheinbar Gleichen. *Lass den Abend entspannt mit anderen tollen Teilnehmerinnen ausklingen und vergiss nicht deine Goodie-Bag. Es geht nicht darum, die Macht der männlichen Norm* zu brechen, sondern sie auszublenden. Während die Netzwerk-Gamerinnen fleißig Herzchen verschenken und ihre »Freundinnen« liebevoll auf Instagram taggen, rückt der Erfolg, von dem sie träumen, in weite Ferne. Am Ende werden alle Chips abgeräumt. Am Ende gewinnt nur einer: der Besitzer des Casinos. Das testosteronschwangere System. Die Konzernchefs. Und natürlich: die digitale Elite. Von Mark Zuckerberg (Facebook) bis Jeff Bezos (Amazon) und Sundar Pichai (Google). Aber schau genau hin! Und, was siehst du? Dass unter den Casinobesitzern nicht nur männliche, sondern leider auch weibliche Abzocker sind. *Weil wir es können, und weil wir es wollen?* Was heißt #*ichwill*, was zählt »Erfolg«? Wenn der real gelebte weibliche Erfolgstraum – analog dem männlichen – durch schlechte Führung, mangelnde Organisation, einseitige Transparenz, ständige Leistungskontrolle, Ungleichbehandlung und Profit auf Kosten anderer erkauft wird, brauchen wir nicht groß hoffen, dass Entscheiderinnen der Welt mehr Sinn und Wert bescheren werden. Solange wir unseren Super-Woman-Fleiß in unbewusster Komplizenschaft mit dem bestehenden System perfektionieren, ändert sich nichts. Wir ackern und ackern und strampeln uns ab. Zum Trost hat man uns ein tolles Spielzeug mit vielen bunten Apps in die Hand gedrückt. Wir hängen im Spielcasino fest und finden partout nicht den Ausgang. Solange wir uns damit einverstanden erklären, unsere ökonomische und politische Macht unter ausbeuterischen männlichen Wettbewerbsbedingungen zu entfalten, können wir uns die #frauenpower in die Haare schmieren. Wenn wir uns outen wollen: »Ich hab Computerspiele satt!«, müssen wir die Voraussetzungen dafür schaffen. Jetzt. Nicht irgendwann. Jetzt gilt es, dass wir einander wahrhaft solidarisch begegnen und unsere Streitpunkte offen diskutieren. Anstatt so zu tun, als seien wir als einander liebende, pflichtbewusste, »gute« Frauen immer einer Meinung.

»Noch nie zuvor hatten Frauen eine solche Fülle an Macht inne, und noch nie zuvor ›gelang‹ es Frauen, sich selbstbestimmt von der Macht auch wieder zu verabschieden«, schrieb das *Handelsblatt* über »das Jahr der Frauen« 2019. Was soll das heißen? Ganz einfach: Wenn wir merken, dass uns das Spiel keinen Spaß mehr bringt, sinnlos ist, uns die Freiheit raubt, uns kaputt macht, dann gehen wir eben. Seit Corona uns mit den Grenzen des Systems bekannt gemacht hat, seit wir die Frage der »Systemrelevanz« neu stellen müssen (→ #5), ist erst recht Mut zur Verweigerung der Norm gefragt. Dafür kriegt man keine Goodie-Bag. Aber vielleicht die Chance, dass ökonomische und politische Macht künftig keine Frage der Gender-Schublade mehr sein wird, sondern eine von Verantwortung.

Überlebensstrategie #10: Setze auf das gute Leben

In der Welt der Erfolgsspiele siegt nicht, wer am kompetentesten und fleißigsten ist, sondern wer am schnellsten die eindrucksvollsten Zahlen präsentieren kann. Benjamin Franklins Satz »Zeit ist Geld« war schon im Industriezeitalter falsch und ist heute falscher denn je. Der Erfolg des digitalen Kapitalismus steht nicht in der Tradition des Wahren, Schönen und Guten. Dafür passt er perfekt ins Design des *Storytelling*. Hauptsache, du hast eine gute Geschichte. Ob Wahrheit oder Lüge, ist für die neoliberale Selbstvermarktung unerheblich. Das Internet ist voller hochseriöser, ethisch gesinnter Marken. Dahinter stehen leider oft weniger edle Menschen und Unternehmen. Und merke: *Wer am erfolgreichsten heuchelt, muss nicht männlich sein.* Er – oder vielmehr: sie – könnte sich einfach bloß die Denke des Systems zu eigen gemacht haben.

Bevor du beschließt, bei einem Unternehmen Karriere zu machen, das sich integer und feministisch gibt, halte einen Moment inne, auch wenn es sich um eine weiblich geführte GmbH handelt, in der nur Frauen arbeiten. Angenommen, dieses Unternehmen hat sich Umweltschutz oder Bildungsgerechtigkeit auf die Fahnen geschrieben, solltest du dennoch regelmäßig das Wirtschaftsressort seriöser Tageszeitungen checken, dir Geschäftszahlen und Bilanzen im Internet anschauen und sie mit der Selbstdarstellung des Unternehmens in den sozialen Medien vergleichen. Und dich fragen: Wie verhalten sich wirtschaftliche Interessen und ethische Werte wirklich zueinander? Kann sein, dass du das für überflüssig hältst, weil du intuitiv glaubst, Frauen seien moralischer als Männer. Dieser Glaube mag sich im Einzelfall durchaus bestätigen, in der Regel aber ist er nichts anderes als ein neurosexistisches (→ #3) Stereotyp, auf das wir immer wieder (unbewusst) reinfallen. Weibliche Solidarität darf nicht auf der Annahme beruhen, dass Frauen Heilige sind. Das ist Marketing-Feminismus – Teil des von Männern erdachten Spiels. Unsere Solidarität sollte vielmehr auf Ehrlichkeit und Wahrhaftigkeit gründen. Und auf Vielfalt. Auch und gerade da, wo es um Erfolg geht. Solange du im System des »neoliberalen Patriarchats« (Laurie Penny) agierst, wirst du in so gut wie jeder zwischenmenschlichen – beruflichen wie privaten – Beziehung auf Konkurrenz gepolt. So gut wie überall wirst du verglichen, bewertet, gerankt. Auch die Erfolgsfrau im süßen #girlpower-T-Shirt, die dich grade in ihre #sisterhood-Gruppe eingeladen hat, ist deine potenzielle Konkurrentin, die dir ganz schnell den Hahn zudrehen kann – wenn die Spielregeln es verlangen. Solange gilt, dass es nur eine Siegerin geben kann, läuft etwas entsetzlich schief.

Nimm dich vor Unternehmen in Acht, in denen sich alle lieb haben und jedes Geburtstagskind besungen wird. Wo, bevor auch nur ein kritisches Wort, eine Gegenmeinung geäußert werden kann, sofort die Harmoniesauce drübergekippt wird. Auch wenn das Office noch so chic ist! Gerade das sind oft Orte digitalkapitalistischer Reinkultur. Man bietet dir eine megaspannende anspruchsvolle Tätigkeit, nur – *so sorry!* – angemessen bezahlen kann man dich leider nicht? Tu's nicht. Man lockt dich mit einer Verantwortung für Kunden in ganz Europa, nur einen Laptop kann man dir leider nicht stellen? Tu's nicht. Du sollst am Wochenende den Instagram-Account der Firma bespielen, quasi *GRATIS*? Tu's nicht. Auch wenn du noch so gut darin bist und man dir dafür im unternehmenseigenen Slack-Kanal tausend Smileys und Herzchen kredenzt. Stimmungsaufhellende Emoticons sind die Jetons der Fremdausbeutung … oder Selbstausbeutung. Nenn es, wie du willst. Als »Erfolg« sollte es jedenfalls nicht für dich zählen.

Angenommen, du hast nach Jahren brotloser Ackerei bei einem Arbeitgeber angeheuert, der dich gleich zur Führungskraft kürt. Schon dein Einstiegsgehalt ist richtig fett. Dafür hast du jetzt überhaupt keine Zeit mehr. Keine *Lebenszeit*. Du hast Termine bis 2029, aber deine beste Freundin hast du zuletzt 2021 gesehen. Vielleicht bist auch du eine »Quotenfrau«. Du kletterst die Karriereleiter immer weiter, immer schneller nach oben und hast immer weniger Frauen um dich. Dafür immer mehr Männer, mit denen du strategisch und menschlich klarkommen musst. Die Jahre verzoomen im Flug. Nimm dir ein großes Blatt Papier und notiere: »Was zählt Erfolg für mich?« Versuche, möglichst alle Aspekte deines Lebens einzubeziehen. Und gib dir eine ehrliche Antwort. Gib es dir schriftlich.

Erfolg zu haben ist gut und wichtig, sogar lebenswichtig – die Frage ist eben nur, *welchen*. Wenn du die Ambition hast, im kapitalistischen Game Level 10 zu erreichen, weil du die Chance siehst, mit anderen Frauen deiner Liga das System zu ändern, bleib dabei. Wenn die anderen deine Vorstellung von Solidarität teilen – sehr gut. Dann aber holt bitte auch die männlichen Privilegienträger ins Boot. Wie soll sich etwas ändern, wenn wir nicht gemeinsam (→ #20) – die Mächtigen und die immer noch eher Machtlosen – überlegen, welche Verteilung welcher Privilegien zum Besten aller wäre? Ein Netzwerk ist keine Tupperware-Party. Wenn du siehst, dass deine Mitstreiterinnen nicht nur reden, sondern wirklich was für gerechtere Löhne, mehr Diversität und mehr Nachhaltigkeit tun, weil ihnen Verantwortung und Menschlichkeit gleichermaßen am Herzen liegen – mach mit. Wenn du dagegen erlebst, dass der Erfolg, von dem du träumst, sich Jahr für Jahr weiter nach hinten verschiebt und du dich zunehmend leer und unfrei fühlst, pack deine Sachen. *Weil du es willst, und weil du es kannst.* Jenseits des Spielfeldrands befindet sich auch eine Welt. Eine, in der neben Zahlen auch noch etwas anderes existiert. Freiheit und Liebe zum Beispiel. Es ist eine ziemlich suboptimale Welt. Auch sie ist vom Digitalen durchdrungen. Auch hier gibt es Machtkämpfe, Ohnmacht, Erschöpfung. In dieser Welt – nennen wir sie Erde – kann man *nicht* alles sein und alles haben. Auf der Erde zieht dich die Schwerkraft nach unten. Umso wichtiger ist Leichtigkeit, eine humorvolle, spielerische Haltung. Sei nachsichtig, wenn du auf der Erde nur einen mittelmäßigen Job und einflussarme Kontakte hast und 0 Follower. Niemand kann dir vorschreiben, was du unter Erfolg verstehen willst – genauso wenig wie dir niemand vorschreiben kann, was du unter Glück und Freiheit verstehen willst. Zeit ist nicht Geld. Zeit ist Leben. Erfolg ist ein *gutes, sinnvolles Leben*. Die griechischen Philosophen nannten es *eudaimonia*. Die *eudaimonia* ist kein Wellnessurlaub, sondern kann auch ganz schön harte Arbeit sein. Es kann eine Weile dauern, bis du einen Beruf, Liebe und Freunde gefunden hast, bis du überhaupt mal dich selbst gefunden hast, ohne dich mit anderen zu vergleichen (→ #11). Hauptsache, dir fällt immer wieder was ein, wie du zum guten, gelungenen Leben deinen ganz persönlichen Beitrag leisten kannst. Tu nicht automatisch das, was die anderen tun. Verweigere dich ab und zu der Norm. So wirst du natürlich nie alles kriegen. Sondern nur circa drei Viertel ... Aber klingt das nicht auch ganz gut? Und ist »gut« nicht eigentlich das Allerbeste?

Zwar bin ich die erste Frau in diesem Amt,
aber ich werde nicht die letzte sein.

Kamala Harris (1964)*

#11 TOXISCHE WEIBLICHKEIT: WIE WERDE ICH DEN NEID AUF ANDERE FRAUEN LOS?

Ohne den komplett verinnerlichten 360-Grad-Perfektionismus wäre das Leben viel leichter. Super Woman könnte auf den Balkon treten und ihn in hohem Bogen in den Hof spucken. Tut sie aber nicht. Erst mal schielt sie zum Balkon der Nachbarin rüber. Denn integraler Bestandteil des Perfektionismus ist die Vergleichssucht – existiert die eigene Perfektion doch nur in Relation zu der der anderen. Das weiß Super Woman natürlich. Irgendwo in ihrem weitverzweigten Gehirn schlummert die Erkenntnis, dass Vergleichen unglücklich macht. In Super Womans kühnstem Traum gibt es eine Schlüsselszene: Sie wirft alle Bewertungen und Benchmarks über Bord, um sich dem Wesentlichen zu widmen: Wie möchte ich leben? Und nicht: Wie leben die, die es immer irgendwie besser draufhaben. Die *anderen Frauen*, die dich mit ihren super Jobs! Männern! Kindern! Brüsten! unter Druck setzen. Frauen, deren Glück nicht deins ist. Die dein Gehirn penetrieren und deiner ohnehin schon tonnenschweren mentalen Last noch ein paar Gewichte mehr aufbrummen. Sie strahlen dich aus deinen elektronischen Geräten an, schenken dir Herzchen, winken dir zu. Und du strahlst und winkst zurück und fühlst dich total elend. Was ist das bloß? Ich sag's ungern: Es ist Neid, auch *Girl Hate* genannt. Ein Gift, das aus Vergleichssucht destilliert wird und uns all unser Wohlwollen raubt. Spätestens dann, wenn wir in einer Krise stecken und dennoch die übliche Super-Woman-Haftigkeit verströmen können, sollen und müssen.

Gelb vor Neid: Kulturgeschichtlich ist der Neid als Fürst der Galle bekannt – jenes gelbgrünlichen Organs, das Hippokrates einst dem cholerischen Temperament zuordnete. Choleriker gelten als unzufrieden, leicht reizbar, aggressiv. Und Cholerikerinnen? Gibt's nicht. Darf's nicht geben. Aggression ist für Frauen tabu, und Girl Hate erst recht. Wir sind doch alle Schwestern, haben uns doch alle lieb in unserem Perfektionismus, *müssen uns doch alle lieb haben!* Oje. Wenn es um andere Frauen geht, sind wir mit Klischees und Positiv-Sexismen schnell bei der Hand. Wir werfen Empathie, emotionale Intelligenz und Moral in einen Topf und rühren alles zu einem dicken Brei. Quasi als Beweis für unsere »Güte«. Dabei sind wir nicht im Geringsten moralischer als andere Geschlechter. Auch sind wir nicht »besser« als Männer. Zwar spricht die feministische Kritik zu Recht von »toxischer Männlichkeit«: jenem rückwärtsgewandten, stereotypen Rollenideal vom harten Kerl (das auch Männer fertigmacht). Toxische Männlichkeit ist die Antwort auf die Frage, warum Männer nicht über ihre Gefühle reden, sondern sich volllaufen lassen, zu Autobahnrasern werden und Kriege führen, warum schon kleine Jungs als Vergewaltiger in die Tagesschau kommen; die Antwort auf die Frage, wie es bloß sein kann, dass ein Irrer mit gelber Haartolle und brathähnchenbraunem Teint vier Jahre lang das Weiße Haus besetzte. Der britische Feminist Jack Urwin nennt toxische Männlichkeit eine »übertriebene Zurschaustellung von Verhaltensweisen und Handlungen, die man als männlich erachtet«. Genau das Gegenteil gilt für die *toxische Weiblichkeit.* Dieses Gift wirkt im Verborgenen. Man sieht es nicht, man riecht es nicht. Man spürt den Schaden erst, wenn er angerichtet ist. Die toxische Weiblichkeit lächelt – während sie vor Neid erblasst.

Als kapitalistisch sozialisierte Super Woman hat man dir das Gift spätestens im Kindergarten injiziert. Früh wirst du darauf abgerichtet, deine Rivalinnen abzuchecken, dich mit ihnen zu vergleichen, selbstvermarktungskonform zu lächeln und deinen Neid in deiner rosa Haarschleife zu verstecken. Man macht dich mit Pippi Langstrumpf und *Germany's Next Topmodel (GNTM)* (→ #12) bekannt, und du lernst, dass es pro Story und Staffel nur *eine* Superheldin geben darf. Das ist die Geburtsstunde der toxischen Weiblichkeit. Erst lernst du, auf Marie-Louises superblonde Locken neidisch zu sein – später lernst du, die Bitch in deiner Abteilung zu beneiden. Du sagst nicht: »Ich kann es nicht ertragen, dass du das alles schaffst und immer weiter schaffst und immer noch besser schaffst und dabei auch noch so klug und nett und witzig und sexy bist!« Nein, du knipst dein vollautomatisiertes Lächeln an, denn Neid ist eine Todsünde. Also schwärmst du von dieser »tollen Frau«, wenn du die Bitch aus dem Vertrieb meinst. Du musst es tun, gerade heute, wo alle so feministisch, umweltbewusst und klimaneutral drauf sind und von #sisterhood und #girlpower (→ #10) schwärmen. Der Druck ist enorm. Er steigt und steigt. Der Perfektionsdruck, der Gruppendruck, der Druck, immer *alle* Frauen toll finden zu müssen und nie zugeben zu dürfen, dass man trotz #frauensolidarität immer noch gelb vor Neid wird. Warum? Warum kann Super Woman eine andere nicht einfach super finden? Stell dir eine hart arbeitende, hilfsbereite Ehefrau und Mutter vor, die auch noch rattenscharf aussieht. Super Mom kommt auf dich zu und will dich umarmen. Dein Hirn sagt Ja. Dein Herz sagt Jein. Das System sagt Nein. Girl Hate ist das Produkt eines »emotionalen Kapitalismus«, der, wie die Soziologin Eva Illouz erklärt, berufliche wie private Beziehungen auf die Logik von wirtschaftlichen Austauschprozessen reduziert. Überall geht es um Angebot und Nachfrage, um Haben statt Sein. Wer hat am meisten? *Der emotionale Kapitalismus will nicht, dass du in deinesgleichen Schwestern siehst.* Du sollst dich nicht mit anderen Frauen solidarisieren, sondern in jeder eine Bitch sehen, mit der du konkurrieren, mindestens gleichziehen, die du am besten aber übertrumpfen sollst. Dadurch, dass du erst mal shoppen gehst: Klamotten, Enzyme, Concealer, Shapeware, Fitness-bikes (→ #12). Oder indem du an der Nadel der sozialen Medien hängst.

Der digital gewordene emotionale Kapitalismus bringt dich dazu, dich ständig und überall zu »connecten«, um die Nachfrage nach deinem Produkt (dir selbst) zu erhöhen, deine Bilder und andere persönliche Daten zu veröffentlichen und der Welt Updates zu schicken über all die aufregenden Dinge, die du erlebt hast, gerade erlebst und noch erleben wirst. Social Media triefen nur so von toxischer Weiblichkeit. *Alle* lächeln. Auf Instagram heißt »authentisch«, seinen Neid zu verbergen. Die Verwendung des Hashtags #neid zeigt an, dass man natürlich gar nicht neidisch ist, sondern bebt vor Bewunderung! Soziale Medien machen süchtig. Vergleichssüchtig. Erfolgssüchtig. Süchtig nach Bewunderung. Es sind Games (→ #10), die wie Glücksspielautomaten funktionieren. Diese Plattformen sind die extremen Mutanten *aller* Frauennetzwerke, in die du seit der PEKiP-Gruppenphase integriert warst – ob zu Karriere- oder Betreuungszwecken. Das bunte Treiben auf Facebook, Instagram und TikTok bildet die konkurrenzgetriebene Raserei des wirklichen Lebens in XXXL ab und verstärkt sie. Und was steht hinter der ganzen neidischen Vergleichssucht? Der Narzissmus (→ #17). Girl Hate ist auch das Symptom einer narzisstischen, auf unendliches Wachstum getrimmten Post-Nachkriegsgesellschaft, der nie wirklich Grenzen gesetzt wurden, bis sie von einer Pandemie erfasst wurde. Und die trotzdem weitermacht wie bisher, als dürfe und müsse es trotz Erderwärmung, Flutkatastrophen, Feuersbrünsten weiterhin *alles* geben, nur kein Ende des Schneller, Weiter, Höher. Entweder du bist oben – oder raus. »Nur eine kann es schaffen«, lautet der Claim von GNTM. Du hast dich nicht nur anzupassen und mitzuhalten, sondern auch ständig besser zu sein als die anderen. *Die Beste und Außergewöhnlichste.* Wie, du weißt nicht, was *GNTM* ist? Du hast nur die universelle Liebe im Kopf? Selbst wenn du ganz anders unterwegs bist, spürst unbewusst auch du den kapitalistischen Druck. Die soziale Angeberei unter dem Deckmantel gegenseitiger Bewunderung hat einen massiven

Realitätsverlust zur Folge. Tante Edda liest das Horoskop, wenn sie wissen will, ob ihr morgen Glück beschert sein wird. Wir hingegen hängen an der Selbstdarstellung anderer, um zu ermitteln, ob wir mit zunehmender Vernetzung angesichts der stetig mächtiger (und jünger!) werdenden Konkurrenz bestehen können, und fühlen uns elend. Geht's noch?!

Kennst du Jean-Paul Sartres Drama *Geschlossene Gesellschaft*? Es handelt von drei Personen, die nach ihrem Tod in einem Raum gefangen sind. Aber nicht nur dort sind sie eingesperrt, auch in ihrem Rollenspiel und in den Bildern, die sich die anderen von ihnen machen. Ständig beobachten und beurteilen die drei sich gegenseitig, werden vom Urteil der anderen abhängig, lassen sich täuschen, täuschen und belügen sich selbst. Angst und Hass verhindern Solidarität und Liebe. Irgendwann öffnet sich die Tür ... Doch die drei fürchten die Freiheit noch mehr als die aufmerksamen Blicke ihrer Mitgefangenen. »Die Hölle, das sind die anderen«, ist ein legendäres Zitat aus diesem Drama. Übertragen auf unsere Situation heißt das: Jede von uns kann zur Hölle für andere werden, wenn wir es mit der Perfektion übertreiben.

Überlebensstrategie #11: Ersetze Heuchelei mit Fülle

Ich habe eine gute Nachricht für dich: Neid hat einen Sinn! Das gelbe Gift will dir etwas sagen. Nämlich: dass es dich irgendwann auffressen wird. Beginne also, dein Leben zu ändern – oder deine Vorstellung von dir selbst. Beides hängt untrennbar zusammen. Wenn du dein Leben änderst, siehst du dich anders, wenn du dich anders siehst, ändert sich dein Leben ... Wie du lebst, welchen Blick du auf dich selbst hast und wie dich die anderen anschauen, hat wiederum entscheidend mit deinem Umfeld und der Gesellschaft zu tun, in der du dich bewegst. Einst war es das Privileg von Herrschern, Kaisern und Königen, zu sehen und die Übersicht zu haben – aber hinter ihren prunkvollen Kostümen selbst quasi unsichtbar zu bleiben. Der altägyptische König Echnaton und der absolutistische Herrscher Ludwig XIV. identifizierten sich mit der Sonne, die alles hell erleuchtet, die man aber nicht anschauen kann, ohne zu erblinden. Vergegenwärtige dir nun das moderne Herrschaftsprivileg. Es besteht darin, von einer Horde Followern verfolgt, äh, gefolgt zu werden. Heute heißt »Ansehen«, von aller Welt angeglotzt, angeklickt und positiv bewertet zu werden. Wenn du das Konkurrenzspiel bar jeder Selbstironie mitspielst, ist das gelbe Gift dein ständiger Begleiter. Du fürchtest den Blick der kapitalistischen Gesellschaft, die dir schon bald die Loserkarte zeigen könnte.

Dabei sind alle Erdbewohner Loser. Nichts gehört uns wirklich. Mach dir bewusst: Alles, was du hast, kannst du wieder verlieren. Deine Jugend, dein Geld, deinen Partner, deine Gesundheit, sogar dein Kind. Es gibt keine Gerechtigkeit. Selbst dann, wenn du dir ein Ding oder einen Menschen noch so sehr »verdient« hast. *Neid, Rivalität, Girl Hate entwickeln sich auf dem Boden des infantilen Haben-und-behalten-Wollens.* Wenn du diesem Boden Nahrung gibst, verlierst du am Ende dich selbst. Frage dich: »Wer bin ich?« Wenn du eine Weile über deine Eigenschaften nachgedacht hast, kommst du zum Ergebnis, dass du alle möglichen Seiten hast, die dir nicht gefallen. Lerne, sie zu akzeptieren. Falls du (wie ich) unter anderem zu trockener Haut und Fehlverhalten in Gruppensituationen neigst, vergleich dich nicht mit Mädchen und Frauen, die diese Probleme nicht haben (wahrscheinlich haben sie andere, von denen du nichts ahnst!). Vergleich dich nicht ständig »nach oben«, vergleich dich grundsätzlich »nach unten«. Hey, du hast weder Lepra noch Ebola noch bist du eine behandlungsbedürftige Soziopathin! *Immer sauber durchrelativieren.*

Frage dich im zweiten Schritt: »Wer sind die Bitches, die ich beneide?« Du wirst feststellen, dass es oft die sind, die einen mit dir vergleichbaren sozialen Status besitzen und trotzdem irgendwie herausragend und einzigartig erscheinen – herausragend aufgrund ihrer Einzigartigkeit. Diese Frauen scheinen dir so einzigartig, weil sie entweder a) tatsächlich unvergleichlich sind, b) weil sie sich erfolgreich so verkaufen oder c) beides. Im Falle von a) und c) hast du es mit Leuten zu tun, die *aus einem Lebensgefühl der Fülle heraus* agieren. Das ist der entscheidende Punkt. »Fülle« ist nur ein anderes Wort für Lebendigkeit, inneren Reichtum, Kreativität und Liebesfähigkeit. Die Container, in denen sich toxische Weiblichkeit in Sekundenschnelle auflöst. Wenn du deine eigene Lebendigkeit förderst, wirst du niemanden mehr vergiften wollen – und niemand wird dich vergiften können. Wie geht das? Nicht so ungeduldig! Deine Lebendigkeit – *energeia*, wie die griechischen Philosophen es nannten – wird wachsen, je weniger wettbewerbstypische Rastlosigkeit in dir steckt. Übe das langsame Atmen. Vier Minuten Atemmeditation zwischendurch regen deine Seele mehr an als vier Stunden Schubladenausmisten. Du brauchst dafür höchstens eine simple Atem-App. Atmen ist eine Übung, wie das Leben eine Übung ist. Wenn du das eine Zeit lang praktiziert hast, gelingt es dir, *mehr bei dir zu sein als außer dir* (bei den anderen). Belasse es aber nicht beim Atmen! Mit Atmen, Meditieren und Aufräumen allein wirst du weder dich noch dein Leben noch die Welt verändern. Wenn du lernst, in dir selbst zu wohnen, kannst du dich in jeder Umgebung einigermaßen wohlfühlen. Oder dich zumindest davor bewahren, mit nach vorn gekrümmten Schultern dein falsches, vergiftetes Lächeln auszupacken.

Nimm das als Grundlage für den nächsten Schritt. Der beginnt mit der Einsicht, dass du weder besser sein musst als andere Frauen, noch, dass du jede mögen musst. Du brauchst nicht begeistert die Mundwinkel hochzureißen, wenn man dir eine »tolle Frau« vorstellt. Der Lächelzwang ist Gift für deine innere Lebendigkeit. Heuchelei verhindert Beziehungen, bevor sie entstehen können. Ersetze das falsche Lächeln mit Ehrlichkeit. Sieh der Frau, die da gerade vor dir steht – nennen wir sie Sylvie – in die Augen. Atme und verhalte dich zivilisiert. Sieh Sylvie an, *bis du sie wirklich siehst* – und nicht die Idee, die du dir von ihr machst. Stell Fragen, interessiere dich für Sylvie, ihre Gedanken und Gefühle, lerne sie besser kennen. Nur Menschen, die du gar nicht richtig kennst, können »die Hölle« für dich sein. Was du beneidest, ist das, was nicht deins ist und was du haben willst. Etwas Hervorragendes, Einzigartiges, Perfektes, das du von einer bestimmten Person, in diesem Fall Sylvie, verkörpert siehst ... ohne zu sehen, wie viel Unvollkommenes und Verletzliches in ihr steckt; ohne *sie* zu sehen. Je besser du Sylvie kennenlernst, je mehr du von ihren Erfahrungen und Erlebnissen weißt, desto besser gelingt es dir eine *Theory of Mind* zu entwickeln – eine brauchbare Annahme darüber, was in deinem Gegenüber vor sich geht. Wenn du zum Beispiel weißt, dass sie Drillinge hat, frisch geschieden ist oder schwer krank war, fällt es dir viel leichter, sie zu lesen. Dann entwickelt sich in deinem Kopf eine Geschichte von dem, was in Sylvies Kopf vor sich geht. Und in ihrer Seele. Deine »Theory of Mind« ist die Basis für Respekt, Empathie und Kooperation mit Sylvie. Plötzlich erscheint dir Sylvie nicht mehr als Neidobjekt. Sondern als Mensch. Vielleicht wird sie nicht deine beste Freundin. Aber jemand, den du achten kannst wie dich selbst. Mit all ihren und deinen Mängeln. Ist es nicht viel spannender, Sylvie in ihrer *Menschlichkeit* verstehen zu lernen, statt sie auf ein *Objekt* zu reduzieren? Ein Objekt wie einen Aromadiffusor, den du *sofort* haben willst, aber nirgends kriegen kannst? Wenn du jetzt ein wenig grinst, bist du schon so quicklebendig, dass du auch gleich noch den dritten Schritt gehen kannst. Jetzt besitzt du nämlich die *energeia,* mitzuhelfen, den Girl Hate aller Girls auszumerzen. Der toxischen Weiblichkeit gemeinsam mit anderen den Kampf anzusagen.

Dein, mein, unser Neid ist nie nur persönlich. Unser Neid aufeinander zeigt auch an, was in dieser Gesellschaft schiefläuft. Schluss mit der Rivalität, dem sozialen Druck, der Selbstdarstellerei, dem falschen Lächeln. Wir brauchen kein *Magic Cleaning.* Wir brauchen eine Grundreinigung des Systems. Wenn wir einander als Menschen sehen lernen, können wir aufhören mit der sinnlosen perfektionistischen Kraftanstrengung. Denn dann kapieren wir, dass wir nicht allein sind. Wir alle sind einzigartig, wir alle sind Vieles. Und zwar aus unterschiedlichsten Gründen.

Merke: *Die Wertschätzung einer anderen Frau ist etwas überaus Kostbares.* Niemand kann dich so sehr schätzen, wie eine andere Frau es kann. Denn niemand kann dich so gut verstehen. Deine Verletzlichkeit, deine Traurigkeit. Deine Stärke.

Unser Körper ist Gegenstand eines Krieges.

Susie Orbach (1946)*

#12 SEXY, FRESH & HEALTHY: WOZU FITNESS?

Ungeduld ist der Motor der Gesellschaft. Abwarten und Teetrinken ist nicht. Du musst nämlich noch! Dein Kopf ist ein Wertstoffhof mit prall gefüllten Containern: Job, Haushalt, ungelöste Probleme, Sonstiges. Sekündlich kommt neues Material rein, will bewertet und gesondert werden. Organisation ist alles. Und Timing! Zwar hast du irgendwann mal vom Pareto-Prinzip gehört: 20 Prozent des Aufwands erledigen 80 Prozent der Ergebnisse. Klingt vernünftig. Aber: Wozu 20 Prozent, wenn man alles geben kann, soll, muss? Unter 100 Prozent macht Super Woman es nicht. Erst recht nicht, wenn man sie ruhig stellen will. Sie ist einfach immer schneller, agiler, flexibler, dynamischer, als man es für möglich hält. Wie gemacht für die Welt der Fitness. Da es in diesem Sektor um den optimierten Körper geht, sind Frauen selbstverständlich die optimale Zielgruppe. »Fitness« umfasst viel mehr als hart trainierte Bizepse und die maximale isometrische Muskelspannung im Po (die den Termin beim plastischen Chirurgen hinauszögern soll). Es handelt sich um die *schnellstmögliche Instandsetzung und Mobilmachung des gesamten Äußeren.* Eine Aufgabe, für die wir fraglos an vorderster Front zuständig sind.

Das entspannte Herumhampeln im Turnverein ist passé. *Gib alles!,* verkünden die neuen Körpertempel. Die Fitnessbranche hat sich professionalisiert. Sie ist jetzt analog wie digital unterwegs. Und sie geht nahtlos in die Kosmetikindustrie und den Gesundheitsmarkt über. Das Zauberwort heißt *Enhancement* (»Steigerung« und »Verbesserung«). In diesen Branchen dominiert eine Ästhetik der Vollkommenheit, die schlicht brutal ist, weil sie unsere Leistungen und Erfolge noch deutlicher als anderswo mit unserem Äußeren identifiziert. Dieser Ästhetik reicht dein stahlharter Body nicht. Du brauchst schon auch ein nach softer weiblicher Art gepflegtes Gesicht. Das ist das Minimum. *Are you ready?* Nur wenn du selbst so *healthy* und *fresh* aussiehst wie dein Fatburner-Smoothie und dein Low-Carb-Lunch, erfüllst du die Kriterien klinisch-aseptischer Sexyness. Nur dann hast du eine Chance. Sagt wer? Dein Laufcoach, dein Boss, deine Kosmetikerin, deine Dating-App, deine Krankenkasse! Schlappmachen gilt nicht. Keine Ausreden. Wenn gerade alle Studios zu sind, nimm gefälligst deinen Laptop zur Hand, folge den Befehlen des Online-Instructors, laufe im Krebsgang durch die Küche, lächle, rudere wie wild mit den Armen und lasse die Hüften kreisen! Zur Belohnung darfst du dir dann zwar keinen Schweinebraten geben, dafür aber ein schönes Schminkvideo. Im 19. Jahrhundert machte der Evolutionsbiologe Charles Darwin das Konzept des »Survival of the Fittest« bekannt, das besagte, dass überall in der Natur nur die bestangepassten Individuen überleben. Auch in der Leistungs- und Erfolgsgesellschaft gibt es eine solche Selektion – allerdings eine wenig natürliche. Hier überlebst du nur, wenn du vorsorglich alle Anzeichen vertuschst, die dich als »unfit« outen könnten. Mit Aerobic-Gehüpfe à la Jane Fonda allein kommst du nicht weit, du musst schon auch deine Ernährung umstellen, dir die Sorgenfalte auf deiner Stirn wegspritzen lassen, dir einen Self-Tracker umschnallen und dich fast zu Tode strampeln. Nur dann hast du die gefährlichsten Gegner der Fitness unter Kontrolle – Krankheit, Alter (→ #8), Arbeitslosigkeit.

Was, du bist aus dem Leim gegangen, deine Bauchdecke ist nach nur drei Geburten deformiert? Dann reiß dich ein bisschen zusammen. Scanne deine grauen Zellen, da sind doch seit deiner frühsten Jugend sowieso sämtliche Kalorientabellen gespeichert. Wie, du hast keine Diät, kein Cardio-Training nötig? Deine Außenrotatoren sind dir schnuppe, weil deine Freundin dich so mag, wie du bist? Weil *Skinny* sowieso out und *Body Positivity* in ist? Glückwunsch, deine Haltung ist vorbildlich! Aber im Ernst: Kennst du eine einzige Frau, die sich der Sexy-Fresh-&-Healthy-Nummer verweigert und sich *total wohl* dabei fühlt, ihren naturbelassen unfitten, ungeschminkten, nicht enthaarten Körper in aller Öffentlichkeit zur Schau zu stellen? Die auf die Frage »Warum tust du das?« aus vollem Herzen antwortet: »Weil ich mich liebe und akzeptiere!«? Ich nicht. Bis heute werden wir von tief sitzenden evolutionären Programmen darauf getrimmt, einen jugendlich-gesunden, fruchtbaren Körper als beste Investition für die Zukunft zu werten und unsere Hülle auf Teufel komm raus zu pimpen. Nach diesem urzeitlichen Plan sind wir dafür verantwortlich, den Fortbestand der Menschenrasse zu sichern und uns zu diesem Zweck von einem männlichen Lebewesen – einem sogenannten Ernährer – schwängern zu lassen. Der zweite zentrale Einflussfaktor ist das neoliberale Beauty-Regime, beispielhaft repräsentiert durch den TV-Erfolg *Germany's Next Topmodel*. Nehmen wir die 16. Staffel von *GNTM* – »Nur eine kann gewinnen!« – (→ #10), die erstmals unter dem höchst angesagten, »woke« anmutenden Motto *Diversity* stand. Was natürlich ein Witz war. Wie immer war es der Schaulauf der softesten Gesichter und härtesten Körper (wenn auch die Trägerinnen dieser Körper diesmal mit Gehörlosigkeit, Migrationsgeschichte oder psychosomatisch bedingten Darmerkrankungen aufwarteten). Ziel von *GNTM* ist und bleibt es, die Achtjährigen vor dem Schirm das Fürchten zu lehren, ihnen beizubringen, wie man den eigenen Body hasst und ihn wie eine einzige Problemzone wartet, manipuliert und bestraft, damit er ja nie richtig alt wird.

Was immer unser Äußeres sein mag, es ist nie ganz »unseres«. Der Körper einer Frau war, wie die US-Dichterin und Kritikerin Katha Pollitt bemerkt, über Jahrhunderte im Besitz ihres Landes, ihrer Gemeinde, ihres Vaters, ihrer Familie, ihres Ehemanns. Alle konnten über ihn verfügen und ihn nach Belieben missbrauchen. Zwar ist häusliche Gewalt und Vergewaltigung in der Ehe in Deutschland längst strafbar. Dafür vergewaltigen wir uns selbst, mit Rosenquarz-Rollern, Entwässerungspillen, TRX-Bändern, Speedbikes und anderen Marterinstrumenten. Fit und fitter werden heißt, den eigenen Körper ständig zu verbessern, damit er bleibt, wie er ist. Nur noch optimaler. Kim Kardashian ist die krasseste Meisterin und berühmteste Symptomträgerin zugleich all dessen, was »Enhancement« heute heißen kann. Gegen Kim wirkt Heidi wie ein Waisenkind. Auf Instagram, dem Dokumentationszentrum ihrer körperlichen Transformationskünste, zeigt der Megastar alles. Kim ist eine Art Social-Media-Cyborg. Mal performt sie beim Workout oder Beauty-Treatment, mal als Model für ihr selbst produziertes und vertriebenes, perfekt deckendes Ganzkörper-Make-up, mal mit frisch von der Leihmutter ausgetragenem Wunschkind. Jede Story verkündet einen Sieg über Schwäche und Verzagen, jeder Post zeigt die Macht des Gemachten, den Lohn des endlosen harten Optimierungstrainings.

Survival of the Fittest: Wenn du in dieser Gesellschaft überleben willst, kann das, was die Natur dir mitgegeben hat, niemals ausreichen, du musst deinen Körper schon mit Hilfe der Technik auf dem neuesten Stand halten. Das Tolle an Activity-Trackern ist, dass sie dir für deine Anstrengungen Anerkennung zollen – aber sie pushen dich eben auch, ungeduldig zum nächsten Level zu sprinten, immer neue Grenzen zu überschreiten. Bis zum Exzess. Bis zum körperlichen und seelischen Kollaps.

Wenn deine Fitness in Krankheit umschlägt, bist du wieder mal selbst schuld. Du bist entweder schuld, weil du dich dem Langhanteltraining verweigerst oder weil du unter der Langhantel zusammenbrichst. Auch in weniger dramatischen Fällen wird dein schlechtes Benehmen pathologisiert. Pathologisierung heißt, dass das, was man früher schlicht hinnahm, nun als Krankheit definiert wird. Tatsächlich ist der Begriff »Krankheit« inzwischen so umfassend wie das Wort »fit«. Er schließt inzwischen nämlich die *Sünde am eigenen Leib und Leben* ein. Dazu zählt ein mehr als durchschnittlicher Bauchumfang oder der natürliche Hautalterungsprozess samt Falten und Pigmentflecken. Ein selbst verschuldetes Handicap, das du mit digitaler

Sensorik an Armen und Schenkeln oder entsprechenden Beauty-produkten verhüten sollst, und zwar in deinem eigenen Interesse. Sonst fliegst du nämlich nicht nur bei *GNTM* raus, dir gehen auch die Boni deiner Krankenkasse flöten. Also sammle lieber gleich proaktiv Punkte, starte mit Squats und Crunches in den Tag, schieb mittags statt Schnitzel eine Aknebehandlung ein und bleib abends beim Mineralwasser.

Drücken wir hier mal auf die Pausetaste. Schau in den Spiegel. Was du siehst, ist die Momentaufnahme einer Person, die du selbst bist. In diesem und jedem anderen Augenblick *hast* du diese bestimmte äußere Ausstattung nicht nur – als eines von tausend zu optimierenden Dingen in deinem Zuständigkeitsbereich –, *du bist auch dieser Körper*. Leider ist der Sexy-Fresh-&-Healthy-Trip so anstrengend und entfaltet eine derart trügerische Dynamik, dass diese Tatsache leicht unter den Tisch fällt. Wenn du nicht aufpasst, avancierst du zu Designerin und Designobjekt in einem. Je »fitter« du wirst, je erfolgreicher du dich kosmetisch, sportlich, gesundheitlich *enhanced,* desto mehr gewöhnst du dich daran, dich nur noch als Ansammlung von Körperteilen zu sehen – ganz im Sinne des Gymnastik-Klassikers »BBP – Bauch, Beine, Po«. Mit anderen Worten: *Du betrachtest dich selbst durch die Porno-Brille.* Du entziehst dir selbst die Anerkennung, indem du dich als Mittel zum Zweck siehst (würde Immanuel Kant sagen). Du »verzweckst« dich für die optimale 100-Prozent-Fitness, die du unbedingt erreichen willst. Kannst. Sollst. Musst?

Wozu, wenn dich das alles fertigmacht? Wozu immer sexier, fresher & healthier, wozu das Mehr, das Plus, die Bonuspunkte? Was, wenn du dein Glück im Weniger finden willst? Körper, Seele und Geist hängen zusammen. Wenn Gewichte deinen Bauch erdrücken, leidet dein Innenleben. Wenn dein Herz weint, hilft auch kein Concealer. Es wäre falsch, deinen Körper zu vernachlässigen – genauso, wie es verkehrt wäre, kein Buch mehr zu lesen. Es ist das »rechte Maß« von Innen und Außen, das zählt – wie schon die Philosophen der Antike wussten. Nicht zufällig war die Turnhalle (*gymnasion*) für sie auch ein Ort geistigen Austauschs. Platons und Aristoteles' Philosophieschulen standen direkt neben den Sportstätten. »Ästhetisch« fand man nicht trainierte Muskeln und andere gut gepflegte Einzelteile, sondern die Einheit des Schönen, Wahren und Guten: die *kalokagathia*. Gott sei Dank hat dieses Ideal auch heute nicht ausgedient. Wir können ein noch so umfassend fittes Äußeres aufweisen, eine solche totaloptimierte klinisch-aseptische Sexyness hat nichts mit echter Schönheit zu tun. Schön sind wir erst, wenn wir Vitalität und Leben auch von innen heraus verströmen – Ästhetik mit Ethik anreichern, das Schöne mit dem Guten und Wahren. Nur dann fühlen wir uns genährt und glücklich und haben nicht mehr das Gefühl, wir müssten voller Ungeduld ums Überleben kämpfen. Ich würde sagen: Nur dann sind wir auch wirklich gesund.

Überlebensstrategie #12: Ehre das Ritual

Wenn dir das Schöne, Wahre und Gute am Herzen liegen, mach dir klar, dass die Fitnessindustrie ein Komplize des Marketing-Feminismus ist. Beide sagen dir: »Du tust es für dich!« In Wirklichkeit drücken sie dir die Schablone der »Erfolgsfrau« auf. Fitnessindustrie und Marketing-Feminismus lassen dich glauben, nur weil du dein eigenes Geld verdienst, müsstest du nun umso härter um dein Äußeres kämpfen. Weil du nur mit optimaler Hülle wirklich »fit« bist für diese Gesellschaft. Und das heißt dann *Self-Empowerment*!

Turn ruhig weiter, aber überleg dir, in welchem Bewusstsein du es tust. Dein Körper ist keine Rüstung für den Überlebenskampf, er ist das Zuhause deiner Seele. Was du im Spiegel siehst, ist nur ein winziger Teil von dir, und viel weniger als das, was andere sehen, wenn sie dich anschauen. Was du siehst, ist das Kalkulierte: die gewohnheitsmäßig einstudierte Bewegung, das perfektionierte Lächeln und andere Verkrampfungen, die Entspanntheit, Authentizität und Glücklichsein signalisieren sollen. Was dir verborgen bleibt, ist deine Mimik und deine Gesten, die wirklich spontan und lebendig von innen herauskommen, wenn dich etwas zum Staunen oder Lachen bringt. Aber eben dieses Innere, das durch die Oberfläche schimmert, macht deine *kalokagathia* aus. Um die Verbindung zwischen Innerem und Äußerem zu stärken, ehre Rituale statt Routinen. Eine *Routine* ist ein Automatismus, so dumpf wie die Workouts oder die Hautpflegeinstruktionen, denen du folgst. Unter *Ritual* versteht man eine wiederholte Handlung mit Symbolwirkung. Rituale transportieren bestimmte Werte und besitzen eine ganz besondere Zeitlichkeit – einen Rhythmus, gegen den das Ticken der Uhr keine Chance hat. Rituale stellen keine plumpen Termine dar, sondern feierliche, magische Ereignisse. Ihr Beat ist die reine Präsenz. Sie erlösen dich von der Ungeduld und befördern dich in die totale Konzentration des Hier und Jetzt. Das Wunderbare an Ritualen ist, *dass sie bewirken, was sie darstellen.*

Probiere es aus: Stell dich breitbeinig hin, streck die Ellbogen nach außen und stemm die Fäuste in die Hüften – ja, ganz genau, wie *Wonder Woman*. Denk nicht nach, tu es einfach. Wenn du ein, zwei Minuten in dieser Pose verharrst, sinkt dein Cortisolspiegel (die Stresshormone), während dein Adrenalinpegel steigt. Die Harvard-Psychologin Amy Cuddy empfiehlt diese Übung besonders vor Stresssituationen. Du kannst vor dem Spiegel posen, im Office gemeinsam mit deinen Kolleginnen oder, wenn du sehr schüchtern bist, auf der Toilette. Ein, zwei Minuten sind immer drin. Das expansive, Macht und Autorität signalisierende Power Posing bewirkt, was es darstellt: eine Frau mit innerer Stärke, die nach außen strahlt. Super Woman verwandelt sich in eine souveräne Persönlichkeit – ohne Stress. Mit Leichtigkeit (und einer Prise Selbstironie). Klingt verlockend? Glaub mir, es funktioniert. Wenn du diese Übung als Ritual praktizierst, wirst du nicht wie beim Cardio-Workout denken: »Ich kann nicht mehr! Wann ist es endlich vorbei? Wann kann ich endlich in die Drogerie und mit der Excel-Tabelle und dem Bügeln anfangen?« Du wirst das Cardio auch mal ausfallen lassen. Power Posing ist ein Geschenk für deinen Körper und dein Hirn. Deine Gedanken liegen klar strukturiert da: Es sind ja nur ein, zwei Minuten. Du stellst dich einfach hin und post, ohne schlechtes Gewissen wegen etwaigen Zeitverlusts – und gewinnst aus ein, zwei Minuten ein Stück Unendlichkeit.

Mit dem gleichen Bewusstsein absolviere fortan deine Fitness-rituale. *Ein Ritual ist eine Handlung, keine Re-Aktion.* Weg mit dem Self-Tracker. Wenn du das Zuhause deiner Seele im Sinne der *kaloka-gathia* pflegen willst, brauchst du kein Feedback. Dann geht es nicht mehr ums Messen, sondern ums Erleben. Rituale sind Ereignisse, auf die man sich freut und die einen mit Dankbarkeit erfüllen. Der Wahn, den eigenen Körper auf messbare Parameter zu reduzieren und so zu tun, als könne man sich mittels stahlharter Hülle *self-empowern*, macht nicht glücklich. Minutenzählen ist wie Kalorienzählen: Man giert nach dem Weniger, das mehr sein soll. Die Ungeduld wächst, die Zufriedenheit nimmt ab.

Wenn ich im Internet einen Text entdecke, der mit einer bestimm-ten »Lesedauer« überschreiben ist, interessiert er mich nicht mehr. Beim Lesen kommt es nicht darauf an, wie viel man wie schnell schafft. Sondern ob man etwas verstanden hat, inspiriert wird, sich von einer Einsicht berührt fühlt; ob die Fantasie einen Salto macht. Auch dein Körper ist eine Art Buch. Versuche, ihn nicht als Addition einzelner Teile zu betrachten – nimm dir lieber etwas Zeit, immer neue Seiten an ihm zu entdecken. Schätze deine Hülle nicht für ihr Aussehen, son-dern als Behältnis für deine Gedanken und Gefühle. Das ist die Idee der sogenannten Body-Neutrality-Bewegung: Dankbar zu sein für das, was unser Körper uns ermöglicht: einen unermesslich wertvollen Zu-gang zur Welt, unzählbar viele Berührungen und Umarmungen. Eine ehrliche Body Neutrality ist der verlogenen Body Positivity unbedingt vorzuziehen.

Hier ist ein weiteres Ritual für dich. Frage dich jeden Morgen nach dem Aufwachen: »Wie fühle ich mich in meinem Körper?« Bist du müde oder wach, hungrig oder satt, ungeduldig oder erwartungsvoll? Es sind Fragen wie diese, die wir uns irgendwo zwischen Sit-ups und rohem Gemüse abtrainiert haben. Doch genau diese Fragen geben dir die Orientierung zurück. Sie ermöglichen dir, deinem Körper die Auf-merksamkeit zu geben, die er wirklich braucht – um dich dann anderen wichtigen Dingen zu widmen. Wichtigen Dingen wie Freiheit und Liebe.

Ungeduld mag das Markenzeichen der Gesellschaft sein – es muss nicht deins sein. Übe dich im Nichtstun. Auch die totale Ineffizienz kann dein neues Ritual werden. Steh auf, stell dich wieder breitbeinig hin und streck die Arme zwei Minuten V-förmig zur Siegerpose nach oben. Dann sink auf den Boden und starr ein paar Löcher in die Wand. Sobald du wieder lossprintest, wirst du feststellen, dass sich deine Wahrnehmung der Außenwelt ein klein wenig verändert hat. Die Dinge relativieren sich. Eben noch wolltest du dir die Langhantel schnappen. Jetzt plötzlich fällt dir die Szene an der Supermarktkasse wieder ein, die zwei Frauen neulich vor dir in der Schlange. Wie sie wie Betrunkene lauthals lachten und lästerten – über Körper und Gesicht einer anderen. Plötzlich steigt eine geballte Ladung Emotionen in dir auf. Du fühlst mit der abwesenden Frau, und es formt sich in dir ein Entschluss. Du versprichst dir, das Äußere anderer Frauen nie mehr zu verurteilen. Weil du dein eigenes nicht mehr verurteilen wirst.

Was für ein herrliches Leben hatte ich!
Ich wünschte nur, ich hätte es früher bemerkt.

Colette (1873–1954)

#13 IM LABYRINTH DES SELBST: WO IST DER AUSGANG AUS DER EINSAMKEITSSPIRALE?

Es kommt schleichend, und wenn es einmal da ist, ist es schwer wieder loszuwerden: das Gefühl, von allen isoliert zu sein. Es begleitet dich, wo immer du bist. Im Park, am Computer, im Gemüseladen, bei Freunden, mitten unter der Woche und bevorzugt am Sonntag. »Endlich Sonntag!«, seufzen die anderen. An Sonntagen ist alles ganz ruhig. Die Läden sind geschlossen. »Endlich Ruhe.« Du hasst die Ruhe. Weil sie den Gedanken in deinem Kopf den Startschuss gibt, jetzt erst richtig loszulegen. Wenn alles still ist, beginnst du zu sinnieren. Vom jetzigen Moment schweifst du in die Vergangenheit ab, denkst darüber nach, dass früher wie heute war und morgen wie heute sein wird, und dann geht mal wieder der mentale Hengst mit dir durch. Wie konnte es so weit kommen?, fragst du dich, und dein Herz fühlt sich schwer an wie ein Hinkelstein. *Ich bin einsam*, schreit es in dir, und du brichst in Tränen aus. Niemand will einsam sein – und du erst recht nicht. Einsamkeit passt nicht zu Super Woman. Einsamkeit heißt: Du steckst mitten im Leben und kannst nicht daran teilnehmen. Einsamkeit ist jener merkwürdige Graubereich zwischen Sein und Nichtsein. Du bist da, aber niemand scheint dich wirklich zu sehen. Deine Realität ist nicht die der anderen. Der gigantische Fussel, der da an dir klebt, ist für die anderen unsichtbar. Die anderen sehen nur, dass du deinen Job sehr gut machst, logische Sätze von dir gibst und Eins-a-Pfannkuchen bäckst. Also gehen sie davon aus, dass du bist wie sie. Und wenn dich doch mal jemand anspricht, weil deine innere Misere schon eine gewisse Verkrampfung deiner Gesichtsmuskulatur bewirkt hat, knipst du dein 1000-Watt-Strahlen an: »Alles gut. *Wirklich*! Noch jemand Pfannkuchen?« Nur Nazan und Lars wissen, was mit dir los ist. Aber das hat bisher auch nichts gebracht.

Du suchst nach etwas und kannst es nicht finden. Du wartest auf etwas, aber es kommt nicht. Die Einsamkeit ist ein Labyrinth. Eines Tages, du kannst das genaue Datum nicht benennen, bist du durch einen kleinen Spalt in deinem Alltag gerutscht. Und auf verschlungenen Pfaden langsam, aber sicher zum Zentrum gelangt. Zu dir selbst. Dem einzigen Ort der Welt, mit dem du auf Gedeih und Verderb verwachsen bist (du kannst deine Frisur loswerden, aber wie willst du dein Ich loswerden?). Du hast das Zentrum schon von Weitem erspäht. Du ahntest, wo deine Reise enden würde: bei der ständigen Konfrontation mit dir selbst. Du hättest dich nur umdrehen und in die entgegengesetzte Richtung laufen müssen. Aber du konntest nicht. Als dir dämmerte, was mit dir los war, stecktest du schon viel zu tief drin: in der Einsamkeitsspirale. Du glaubst, ich weiß nicht, wovon ich rede? Ha! Auf dem Gebiet der Einsamkeit bin ich Vollprofi. Viele Jahre meines Lebens waren einsam; wie von einer Schicht Isoliermasse bedeckt. Viele meiner Bücher sind aus Einsamkeit entstanden. Wenn ich den Ausgang aus dem Labyrinth damals schon gekannt hätte, hätte ich mir viel ersparen können (die Bücher hätte ich auch so geschrieben). Ich weiß nicht, wer du bist und wie du lebst. Aber wenn du sagst: Ich fühle mich einsam, kann ich dir vielleicht helfen.

Einsamkeit ist eine Entscheidung. Eine Wahl, an der man festhält, obwohl man weiß, dass es die falsche ist. Weil man Angst hat vor der Realität außerhalb des Labyrinths. Was man da fürchtet, entspringt der Innenwelt. »Nicht die Dinge beunruhigen den Menschen, sondern seine Meinungen und Urteile über die Dinge«, so der stoische Philosoph Epiktet. Das eigentliche Problem ist also nicht die Einsamkeit. Es ist der in tausend verschiedenen Variationen wiederkehrende *Gedanke, dass ich einsam bin.* Aber was ist dieses Ich? Ein Gedankenkonstrukt, das du dir von dir selbst gebastelt hast und in das du dich hoffnungslos verirrt hast. Aus Gedanken geborene und von ihnen befeuerte Einsamkeit wiegt mindestens so schwer wie der Super-Woman-typische Mental Load (→ #2). Jahre bevor dieser Begriff die große Runde machte, untersuchte die Yale-Psychologin Susan Nolen-Hoeksema ein ähnliches Phänomen. *Overthinking*: ein ständiges Sinnieren-Müssen, das auch mal wieder hauptsächlich Frauen trifft. Weil Super Woman so beziehungsorientiert und liebesbedürftig ist; weil ihr Selbstwertgefühl so sehr davon abhängt, ob sie gemocht wird und in Harmonie mit ihrer Umwelt lebt. Es ist das Bedürfnis nach Halt und Zugehörigkeit, der Overthinking im Schlepptau hat. Ein Zwang. Eine Sucht. Sinniersucht macht einsam.

Hier die drei klassischen Modi des Sinnierens, von denen einer unerträglicher ist als der andere: *1) der »Das Leben ist ungerecht«-Modus, 2) der »Tausend Hypothesen«-Modus und 3) der »Denken ist Trumpf«-Modus.* Im ersten Fall sinnierst du über alles (wirklich alles) nach, was man dir je angetan hat, im zweiten prüfst du ständig mögliche Erklärungen für deine Isolation, im dritten denkst du wie wild kreuz und quer herum, bis der Inhalt deines Kopfs dem Verkehrschaos von Mumbai gleicht. Ich kenne alle drei Varianten. Während meiner Berliner Studienzeit verbrachte ich die meisten Sonntage damit, mich zu bemitleiden, innere Traktate über die Ursachen meiner Einsamkeit zu verfassen und mit meinem mentalen Motorroller in überhöhter Geschwindigkeit über den Ku'damm zu rasen. Ich lebte und lebte nicht. Ich *erlebte* so gut wie gar nichts. Vor anderen zauberte ich die Alles-ist-super-Nummer aus dem Hut. Ich lächelte künstlich, bis meine Kiefer schmerzten, und mir war ständig kalt.

Natürlich kann Einsamkeit auch Teil einer depressiven Erkrankung sein. Es ist hinlänglich bekannt, dass depressive Menschen versuchen, sich mit Bier, Wein, Prosecco, Whiskey, Haschisch, Koks selbst zu therapieren (bitte bloß nicht nachmachen!) und abhängig werden. Depression und Suchtmittelabhängigkeit sind ernste, therapiebedürftige Erkrankungen. Aber Einsamkeit muss keine Krankheit sein. Ich glaube: Wann immer sie es nicht ist, ist sie eine Entscheidung. Die Entscheidung für ein Gefühl, das einem ungenießbaren Gedankencocktail erwächst. Du gibst dir die Einsamkeit, bis dir speiübel wird. Wenn sie dir nicht guttut – warum hältst du so leidenschaftlich an ihr fest? Werfen wir einen Blick auf die gesellschaftlichen Zusammenhänge. Frauen mögen die am krassesten beziehungsorientierten Lebewesen überhaupt sein, aber keine Frau der Welt ist schuld, weil sie sich in einen labyrinthischen Zustand manövriert hat. Überhaupt ist das Ganze kein reines Frauenleiden. Laut einer Stellungnahme des Ausschusses für Familie, Senioren, Frauen und Jugend des Deutschen Bundestages von 2019 sind zehn bis zwanzig Prozent aller Deutschen von chronischer Einsamkeit betroffen. Eine Studie der Kaiser Family Foundation von 2018 zeigte, dass sich vier Fünftel aller erwachsenen amerikanischen wie britischen Staatsbürger oft oder immer einsam fühlen, so die *Financial Times*. In Großbritannien gibt es seit 2018 einen Minister für Einsamkeit, in Japan seit 2021. Das Problem begann weder mit dem Smartphone noch dem Anerkennungs- und Zuneigungsersatz der »sozialen« Medien. Seine Wurzeln liegen viel tiefer, nämlich in einem neoliberalen System, für das nur Freiheit und »Fortschritt« des Individuums zählen und das darüber vergisst, wie sehr jeder Mensch der Liebe und Freundschaft bedarf. Die Einsamkeitsspirale gehört zur individualistischen Gesellschaft wie die Umweltverschmutzung zu Kohlekraftwerken. Schon im Kindergarten lernen wir, uns für den Nabel der Welt zu halten und uns für den eigenen »Erfolg« (→ #10) reinzuhängen. *Selbstverwirklichung* hieß es früher, *Selbstoptimierung* sagt man heute. Je mehr du an dir selbst schleifst und feilst, desto mehr verlierst du den realistischen Bezug zur Außenwelt. Du denkst und fühlst nicht mehr selbst. Du fühlst dich auf Schritt und Tritt überwacht. Schon 1950 schrieb der große Soziologe David Riesman in seinem Werk *Die einsame Masse* vom »außengelenkten Menschen«. Ein Persönlichkeitstyp, der sich ganz automatisch an den Signalen orientiert, die er von Nachbarn, Freundinnen, Kollegen und aus den Medien empfängt. Da die »Außengelenkten« diese Signale komplett verinnerlicht haben, halten sie das, was sie selbst wollen, und das, was »man« tut, für identisch. Sie können zwischen Eigenem und »Man« nicht unterscheiden. Sie passen sich perfekt an die anderen an, weil sie deren Anerkennung erhoffen, und werden so zu hirn- und herzlosen Konformisten. Was Riesman in der damaligen US-Gesellschaft beobachtete, ist längst ein globales Phänomen. Du, ich, wir alle werden in die »einsamen Masse« hineingeboren. Wenn wir nicht aufpassen und zu viel auf Nachbarn, Bewertungsportale, elektronische Geräte glotzen, landen wir in einem Wertevakuum. Wir werden zu angepassten EGOs (→ #17), die einander bewerten und miteinander konkurrieren, weil sie verlernt haben, mit sich allein zu sein. *Am Anfang der Einsamkeitsspirale steht die Bewertungsspirale* (und der Neid! → #11). Klar kannst du dir »Gemeinschaft« oder »Kollaboration« auf die Fahnen schreiben. Du wird trotzdem geratet. Entweder du machst mit – oder du fliegst raus. Denkst du. Weil »man« so denkt? Weil das System es vorgibt? Super Woman will top für die anderen sein – *und* von ihnen geliebt werden. Gute Idee, funktioniert aber leider nicht. Liebe und Konkurrenz passen nicht zusammen. Und da du klug und sensibel bist, spürst du das natürlich, heftig, immer heftiger – und schon beginnst du zu sinnieren. Die Außenlenkung presst dich in die Innenwelt. Selbst wenn du nicht allein lebst, selbst wenn du eine tolle Familie und gute Freunde hast, kann es dich treffen.

Kommen wir nun zu deinen beiden besten Freunden: Nazan und Lars. Nazan baut dich auf und tröstet dich, Lars versorgt dich mit immer neuen Ratschlägen. Nazan und Lars sind einfach super. Sie verstehen, dass du nicht anders kannst, als nächtelang zu weinen (»Das Leben ist ungerecht!«), dass du immer wieder erklären musst, warum du so isoliert bist (»Tausend Hypothesen!«), dass du nicht anders kannst, als alles rauszuquasseln, was dir seit Donnerstag die Gehirnwindungen verstopft (»Denken ist Trumpf!«). Nazan und Lars trocknen deine Tränen, und schon fühlst du dich besser. Bis ein alter neuer Gedanke dein Oberstübchen zumüllt: Was bringt mir das? Panik erfasst dich. Du denkst (schon wieder denkst du!), dass Nazan und Lars sowieso nichts ändern können. Sie sind anders als du. Nicht einsam. Denkst du. Du willst es nicht übertreiben. Bloß nicht als Hysterikerin (→ #7) rüberkommen. Bloß nicht auch sie noch verlieren. Und die Angst, sogar von deinen Freunden zurückgewiesen zu werden, verpasst deinem Labyrinth prompt ein paar Windungen mehr.

Einsamkeit hat noch einen ganz anderen gefährlichen Aspekt. Je einsamer man sich fühlt, desto starrer tickt man, desto empfänglicher wird man für Schwarz-Weiß-Denken und Ideologie. Man entfernt sich immer weiter von der Realität und gelangt irgendwann zum Zentrum des Labyrinths – dem eigenen Selbst. Und was findet man darin? Leere. 1951 veröffentlichte die Philosophin Hannah Arendt ihr Hauptwerk *Elemente und Ursprünge totaler Herrschaft*. Laut Arendt entspringt jede totalitäre Geisteshaltung letztlich der Einsamkeit: Menschen, die sich einsam fühlen, denken nicht mehr frei; sie sehen überall ein schwarzes Loch. Bis sie plötzlich einen Ausweg wittern: Sie lösen sich von dem labyrinthischen Gefühl von Leere und Isolation, indem sie zu einem »Wir« Gleichgesinnter überlaufen. So funktioniert Populismus. Der Kampf für eine gemeinsame Sache und gegen einen gemeinsamen Feind weckt dich auf, belebt dich. Du glaubst, Teil von etwas ganz Großem zu sein, fühlst dich anerkannt und geliebt. Plötzlich hat dein Ich wieder eine Bedeutung! Dein Selbstwertgefühl steigt. Du fühlst dich geborgen ... Hey, ich will damit nicht sagen, dass du vor lauter Einsamkeit zur Populistin wirst. Aber so *kann* es dir gehen, so geht es vielen, auch 2022. Nimm den (scharf rechten) italienischen Politiker Matteo Salvini. Wie schafft es dieser Macho alter Schule immer wieder, Menschen an sich zu binden? Er nennt sie »Freunde und spricht so oft wie möglich von Mama und Papa«. Die Ähnlichkeit zwischen Populisten und Sektenführern ist verblüffend.

Einsamkeit lässt dich nicht nur glauben, du seist wertlos. Dieses

Gefühl, das aus dem Sinnieren geboren wird, klaut dir auch noch dein Hirn, dein Herz, deine *echten* Freunde. Deine Lebenszeit. Denk immer dran: *Zeit ist Leben*. Wenn Einsamkeit eine Entscheidung ist, dann ist sie eine Entscheidung gegen das Leben. Sie fesselt dich aufs Nagelbrett deines Selbst. Sie macht dich zu einer Hülle, die zu ihrer Orientierung die anderen braucht.

Überlebensstrategie #13: Sei Ariadne

Einer der bekanntesten griechischen Mythen ist der von Ariadne, Tochter des kretischen Königs Minos. Auch Minos' Palast besitzt ein Labyrinth, in dem Minotaurus, ein Ungeheuer mit Stierkopf und Menschenkörper, hungrig auf Beute lauert. Alle neun Jahre stehen ihm »zwei mal sieben« Jungfrauen und Jünglinge zu. Theseus, König von Athen, will das Grauen beenden und Minotaurus töten. Ariadne verliebt sich in ihn. Bevor sich Theseus in die verwinkelten Gänge des Labyrinths verabschiedet, überreicht sie ihm ein Wollknäuel, das sie von Dädalus, dem Architekten des Labyrinths, bekommen hat. Er hat ihr gezeigt, wie man in seinem Bauwerk die Orientierung behält: einfach das Knäuel am Türstock des Eingangs befestigen und im Gehen langsam abrollen. Theseus nimmt das Ding, zieht los, wandert tiefer und tiefer in das Labyrinth hinein, bis der Faden ganz abgerollt ist. Da liegt der schlafende Minotauros. Theseus packt ihn und erledigt ihn. Er nimmt das Wollknäuel, rollt es wieder auf – und gelangt bequem zum Eingang zurück.

Der Ariadnefaden steht symbolisch für den Faden des *logos*, die Macht von logischem Denken, Vernunft und vernünftiger Rede (→ #3). Diesen »roten Faden« (wie man den Ariadnefaden heute nennt) brauchst du, um dem Labyrinth der Einsamkeit zu entkommen, in dem du aktuell feststeckst – und allen anderen Labyrinthen, in die du irgendwann mal hineingeraten könntest. Auf die »Leitfäden« Nazan und Lars kannst du pfeifen.

Sei Ariadne! Einsamkeit ist eine Entscheidung. Wenn du Nein zu dieser Entscheidung sagen willst, sagst du Nein zum Sinnieren. Sinnieren ist das Gegenteil von Logik. Das sinnierende Gehirn besteht aus komplexen, kunstvoll verzweigten Netzwerken von Assoziationen, die auseinander hervor- und ineinander übergehen. Von deiner Familie zu deinem Job zu dir selbst und wieder zurück. Von der Zukunft zur Gegenwart zur Vergangenheit. Und dann in unendlicher Wiederholung: von »Ich« zu »mich«, »mir« und »mein« und wieder zurück. Was die Psychologin Susan Nolen-Hoeksema als *Overthinking* beschrieb und was ich die drei Modi des Sinnierens nenne, lässt dich unlogisch werden. Du versuchst, den Ausgang aus der Einsamkeitsspirale zu finden, indem du immer entweder etwas suchst oder auf etwas wartest. Mit dem Faden des Logos in der Hand kannst du endlich effektiv *Nein sagen*.

– *Nein zum Suchen:* Hör auf, in deinem Kopf nach Erklärungen und bei anderen Leuten nach einer Lösung für dein Einsamkeitsproblem zu suchen. Hör auf, dir deine Fäden aus spirituellen Ratgebern zu holen, die dich als »Suchende« bezeichnen. Was willst du denn suchen? Die Erleuchtung? Merke: »Suchend« ist das Marketingwort für »Suchtkrank«. Du ersinnst eine Deadline, bis wann du das, was du suchst, gefunden haben willst. Musst. Und dann? Vielleicht schaffst du es sogar rechtzeitig. Und dann? Fängst du garantiert wieder an zu suchen. Suchen bringt dich nicht zum Glück. Es bringt dich dazu, den Faden zu verlieren und noch tiefer in der Einsamkeitsspirale zu versinken. »Wenn du Buddha unterwegs triffst, töte ihn«, sagen die Buddhisten. Mit anderen Worten: Wenn du einem vorgefassten Plan folgst, vergiss ihn. Hör auf, zu kämpfen und zu verkrampfen, und leg die spirituellen Ratgeber weg.

– *Nein zum Warten:* Hör auf, darauf zu warten, dass dich jemand erlöst. Warten ist die Position von Frauen, die sich in der Passivität eingerichtet haben und sich als Opfer (→ #15) der Umstände fühlen. Für Simone de Beauvoir war die weibliche Existenz ein einziges »langes Warten«. Die Frau sei, schreibt sie, »eingeschlossen«, »da ihre

Rechtfertigung immer in den Händen eines anderen liegt. Sie wartet auf die Huldigung, die Zustimmung der Männer, sie wartet auf die Liebe, sie wartet auf die Dankbarkeit ...« Die Geschichte ist voller Erlöserfiguren, die ein Ende des Wartens versprachen, von Freiheit faselten – und Katastrophen bescherten. Doch Matteo Salvini und seinesgleichen werden dich nicht erlösen. Auch Nazan und Lars oder irgendein Prinz auf einem Schimmel nicht. Das musst du schon selbst erledigen. Und das kannst du auch, mit dem roten Faden in der Hand. Sobald du die Warterei – zusammen mit der »Denken ist Trumpf!«-Karte – in den Orbit schießt, machst du den Weg frei für die Wunder dieser Welt: Zufriedenheit. Dankbarkeit. Heiterkeit. Leichtigkeit. Gegenwärtigkeit. Liebe. Diese Wunder sind real. Worauf immer du wartest, ist irreal – es sind Bilder vom Leben, aber nie das Leben selbst.

Sag Nein zum Suchen und Warten – und Ja zum Experiment. Im Leben helfen dir keine Leitfäden weiter, wohl aber Ariadnefäden. Deine Entscheidung fürs Leben (→ #4) ist immer auch eine Entscheidung fürs Experimentieren, Spielen, Lachen. Egal, welche Probleme auftauchen. Wenn du *leben* willst, leg dich nicht auf eine einzige Hauptrolle fest: »die Einsame«. Die moderne Frau ist Vieles, und sie hat viele Rollen, »harte« und »weiche«. Sie ist Tochter, Freundin, sie kann Mutter, Schwester, Chefin und Mitarbeiterin, Liebende und Geliebte sein – leider spielt sie überall immer nur Super Woman. Sie verwechselt Multitasking mit Rollenvielfalt. Wenn du Ja zum Experiment sagst, erweiterst du dein Rollenrepertoire. Du kannst neue Hauptrollen spielen – »Die Mutige«, »Die Freie« – und andere anstecken mit deiner Spiellust. Die spielerische Haltung hilft dir, dich selbst und deine Probleme nur so ernst zu nehmen wie nötig. Wenn du Angst vor dem großen Auftritt hast, wenn dir vor dem ausbleibenden Applaus der anderen graut, fühle den Faden des Logos in deiner Hand – und versuch es mit *paradoxer Intention.* Es ist das beste Mentaltraining, das ich kenne. Unfassbar simpel und wirksam. Der jüdische Psychologe Viktor Frankl erfand die paradoxe Intention nach seiner

Befreiung aus Auschwitz, einem der grauenvollsten Labyrinthe der Geschichte. Frankl war definitiv gegen hektisches Suchen und passives Warten. Er setzte auf *die paradoxe Spielart der Logik:* Wünsch dir genau das, was du fürchtest. Wenn du Angst hast, wünsch dir mehr Angst! Wenn du dich entspannen willst, wünsch dir Verkrampfung! Wenn du dich einsam fühlst, wünsch dir Einsamkeit ohne Ende. Probier es aus. Es wirkt. Viktor Frankl war sicher kein Feminist. Aber ein großer Fan paradoxer Logik; als KZ-Überlebender wusste er, warum. Die Therapie, mit der er weltweit bekannt wurde, heißt Logotherapie. Sie hilft bei Sinnkrisen und löst die Einsamkeitsspirale.

Sei Ariadne! Wenn du einmal den Faden in der Hand hast, kann ihn dir nichts und niemand so leicht wieder klauen. Kann sein, dass dein Faden plötzlich reißt – bedingt durch einen Todesfall, eine schwere Krankheit oder sonstige Schrecken. Dann heb ihn auf und knote die Enden zusammen. Sag Ja zum Experiment. Geh einfach weiter. Dann findest du, was du suchst, ohne gesucht zu haben. Ein Ich, das die Fensterläden zur Welt weit aufgeklappt hat. Ein unangepasstes Selbst, das über die eigene frühere Außenlenkung herzhaft lachen kann. Wenn du dich etwa zur Hälfte aus deinem Labyrinth herausgewunden hast, spürst du, wie sich deine Einsamkeit nach und nach in Zweisamkeit verwandelt. All dein Selbstmitleid, deine Hypothesen und dein ungeduldiges lösungsorientiertes Turbo-Sinnieren – verschwunden. Jetzt kannst du einen vernünftigen Dialog mit dir beginnen und dich auch mal fragen, woher du deine Werte beziehst – und woraus du sie beziehen *willst.* Was ist Ideologie und was ist Wahrheit? Das eine fühlt sich gut an, das andere ist oft schwer erträglich. Glaube denen nicht, die dir Erlösung versprechen. Die Wahrheit ist: Wir sind nicht allein auf der Welt. Wir haben Verantwortung nicht nur für die eigene Person. Wir Frauen sind nicht für alles und alle verantwortlich, und wir sind erst recht nicht für alles zuständig. Aber wir sollten, wann immer wir die Möglichkeit haben, verhindern, dass irgendeine von uns in ihrem Kopf Gründe fürs Einsamsein findet. Indem wir uns experimentierfreudiger zeigen, uns anderen mehr öffnen, mehr Nähe zulassen. *We Should All Be Feminists!* – so hieß der Titel eines Buchs der nigerianischen Schriftstellerin Chimamanda Ngozi Adichie, den das Modehaus Dior 2016 auf T-Shirts drucken ließ; eine Reihe Billigmarken folgten. Sollte ich je zu dem Ergebnis kommen, dass es der Emanzipation dienlicher ist, Textilien zu bedrucken anstatt die Welt zu verändern, würde in diesem unwahrscheinlichen Fall auf meinen Teilen stehen: *Lasst uns alle Ariadnes sein!*

Aber mit jedem tatsächlich gesprochenen Wort,
mit jedem Versuch, den ich je unternommen habe,
jene Wahrheiten auszusprechen, nach denen ich
immer noch suche, habe ich Verbindungen
zu anderen Frauen aufgebaut.

Audre Lorde (1934–1992)

#14 DIE UNTERDRÜCKTE FRAU
UND DER »MOHRENKOPF«:
BIN ICH EIN OPFER?

Eines der größten Wunder der Natur ist die Sprache. Ein Baby, dessen erstes Wort »Mama« lautet, verzaubert seine Umwelt. Worte schaffen Klarheit, sie drücken aus, was wir sehen, fühlen, schmecken. »Einen Latte macchiato«, sagst du – und schon gibt man dir, wonach du begehrst. Wann immer wir kommunizieren, einander verstehen oder missverstehen, sind Buchstaben und Begriffe im Spiel. Sprache wirft viele Fragen auf (wenn das erste Wort so vieler Leute »Mama« oder »Papa« ist, warum war meins »Auto«?). Sprache kann alles ungeheuer kompliziert machen – oder wahnsinnig einfach. Zum Problem wird sie, wenn man sie dazu benutzt, um Menschen in Schubladen zu stecken und komplexe Tatsachen zu vereinfachen. Eines der einflussreichsten Worte unserer Zeit ist »Opfer«. Eine Kategorie, so unscharf und allgemein wie das Wort »Frau«. Was ist eine Frau? In diesem Buch geht es um die moderne Frau. Jene Frau, die ich Zentrale der Zuständigkeiten nenne. Auch das ist natürlich nur eine allgemeine

Kategorie: Jede Frau ist einzigartig, jede sieht anders aus, lebt anders – und doch gibt es auch sehr viel, das sie mit anderen Individuen der Gruppe teilt, zu der sie gehört (in die sie gesteckt wird). Was ist ein Opfer? Ich weiß nicht, ob *du* ein Opfer bist. Ich gehe aber davon aus, du bist eine Frau. »Frau« und »Opfer« sind eine überaus beliebte Wortkombination. Der Satz »Frauen sind Opfer« ist allerdings ziemlich ungenau. So ungenau wie »Handtaschen sind praktisch.«

Wenn Frauen Opfer sind, bist du (sofern du eine Frau bist, so definiert wirst oder dich selbst so definierst) natürlich auch eins. Jetzt könntest du zufrieden nicken, die Antwort in reißfestes Papier einschlagen und eine Schleife drumbinden. Tust du aber nicht. Du fragst dich: Opfer von wem oder wovon? Eine klassische Antwort wäre, Opfer des Patriarchats. Opfer der Männer, die Frauen immer schon Gewalt angetan, ihnen Zuständigkeiten aufgedrückt, sie sexistisch behandelt, systematisch zum Schweigen gebracht und unterdrückt haben. Simone de Beauvoir nennt es das »Drama der Frau«, dass sie in ihrer erlernten Passivität nie so autonom wie der Mann sein kann, dass sie als »anderes« (»zweites«) Geschlecht dem männlichen nachgeordnet ist, sich nicht wie er frei entfalten darf; dass sie, was sie auch tut, nicht als unverwechselbares Individuum wahrgenommen wird, sondern stets durch die Verallgemeinerung »Frau« und durch ihre Beziehung zum »Mann« (vor)definiert ist. De Beauvoir meint die *condition féminine* im Kontext des 20. Jahrhunderts und früherer Zeiten. Sie will auf fundamentale Ungerechtigkeiten in den Gender-Verhältnissen hinweisen und Frauen zur Emanzipation ermutigen. Indem sie aber von »der Frau« schreibt, die nicht so frei sein kann, wie sie will, verallgemeinert sie selbst. Denn sie unterstellt damit: »*alle* Frauen«, ohne Ausnahme.

Wie wirkmächtig Verallgemeinerungen sind, sah man auch in der #MeToo-Debatte. #MeToo war ein feministischer Meilenstein, eine Social-Media-Revolution, die dafür sorgte, dass vergewaltigte, unterdrückte, ungerecht behandelte Frauen endlich gehört wurden (vielfach auch mit juristischen Folgen). Doch je mehr die #MeToo-Stimmen anschwollen, desto leiser wurde die Rede von Unterschieden und

Graubereichen. Der Boulevard- und Talkshow-»Sprech« strich alles schön schwarz-weiß, bis plötzlich *alle* Frauen schützenswerte Opfer waren und *alle* Männer Bestien und *niemand* ungestraft am Täter-Opfer-Schema rütteln durfte. Differenzieren, relativieren? Ging nicht mehr.

Die Einsicht, dass körperliche und sexuelle Gewalt gegen Frauen meist von Männern kommt, ist richtig. Der Satz »Männer sind Vergewaltiger« dagegen ist falsch. Genauso falsch und ungenau wie »Frauen sind Opfer.« Weder Frauen noch Männer noch Muslime noch Juden sind eine homogene Masse, genauso wenig wie Musliminnen oder Jüdinnen – oder die, die in *keine* dieser Kategorien fallen. Wenn es um Opfer geht, geht es um sogenannte Minderheiten, die »diskriminiert« werden. Ein weiterer überaus einflussreicher Begriff, den man in den Mund nimmt, ohne sich zu fragen, was genau er eigentlich meint. Nämlich: nicht nur »benachteiligen«, sondern (fachsprachlich) auch »unterscheiden«. »Im Englischen bedeutet das Wort *discrimination* zwei gegensätzliche Dinge«, so die amerikanische Feministin Rebecca Solnit. »Zum einen bedeutet *to discriminate*, deutlich unterscheiden zu können, Unterschiede detailliert wahrnehmen zu können. Soziopolitisch dagegen steht es für die Weigerung, klar zu unterscheiden, für die Unfähigkeit … Besonderheiten und Individuen wahrzunehmen.« Einen Menschen gerecht zu behandeln beginnt damit, ihm genau zuzuhören – *diesen Menschen mit seiner einzigartigen Geschichte und seinen individuellen Eigenschaften wahrzunehmen, statt nur seine äußere Erscheinung und die gesellschaftliche Gruppe, zu der er gehört.* Wer das nicht tut, schubladisiert Menschen. Überpinselt sie mit Verallgemeinerungen und universellen Zuschreibungen. Mit *impliziten Vorurteilen.* Vom Vorurteil bis zur realen Diskriminierung ist es nur ein winziger Schritt. Das gilt nicht nur für Sexisten und Misogyniker (Frauenfeinde), nicht nur für Rassisten und Antisemiten. Sondern – leider! – auch für Antirassistinnen und Feministinnen und alle, die sich ernsthaft bemühen, Opfer zu schützen und zu retten.

Ob du ein Opfer bist, als solches *giltst* und *zählst*, entscheidest nie nur du allein. Je unklarer die Umstände, desto wahrscheinlicher ist es, dass deine Stimme von anderen überlagert wird. Weil andere da auch mitreden wollen. Nimm den ebenso irren wie lehrreichen Fall eines Mannes mit afroamerikanischer Migrationsgeschichte, der ungewollt zum Opfer gemacht wurde. Andrew Onuegbu. 2007 eröffnet der gebürtige Nigerianer und in Deutschland ausgebildete Koch sein Restaurant in Kiel, das sich auf »bürgerliche deutsche Küche« spezialisiert. Onuegbu tauft es Zum Mohrenkopf. »Mohrenkopf«, so nennt er sich nämlich selbst, das ist sein selbst gewähltes »Markenzeichen«, so sprechen ihn auch seine afrikanischen Gäste an. Aber nicht für alle ist der Name positiv besetzt … Eines Tages bemerken ein schwarzer Mann und eine weiße Frau das Schild am Eingang, stürmen ins Lokal und lassen den Chef aus der Küche holen. »Bruder«, fragt der afroamerikanische Besucher empört, »warum arbeiten Sie beim Nazi?« Er und die Frau an seiner Seite bezweifeln, dass es sich bei Onuegbu um den Inhaber handelt: »Wir wollen nicht mit Ihnen reden, sondern mit Ihrem faschistischen Chef!« Onuegbu beweist Sinn für Humor: Er kehrt in die Küche zurück, schwenkt die Bratpfanne, taucht wieder auf und stellt sich erneut vor. Seine Angestellten bekräftigen im Beisein der übrigen Gäste: Ja, das ist unser Chef! Die Besucher können es nicht fassen: »Mohrenkopf« sei doch ein rassistischer Begriff, den man in Deutschland nicht mehr verwenden darf! Um die Sache weiter zu beobachten, speist das Paar sogar im Restaurant – nur um am Ende wieder zu bezweifeln, dass Onuegbu der ist, der er ist. Jetzt verliert der Chef die Geduld: Er bescheinigt den mutmaßlichen Antirassisten »puren Rassismus«.

Eine Comedy? Nein, die Geschichte ist wahr. Onuegbu erzählte sie vor einiger Zeit in der Talkshow *Hart aber fair*. Wer behandelt hier wen ungerecht, wer ist Opfer, wer Rassist – der (nicht existente) Nazi-Chef des Lokals Zum Mohrenkopf oder die wohlmeinenden Gäste? Dass die beiden unfähig waren, Onuegbu als Chef anzuerkennen, weist auf die vorurteilsbeladene Verallgemeinerung in ihren Köpfen hin. Ihr implizites Vorurteil: »*(Alle)* Afroamerikaner sind Rassismus ausgesetzt (also auch die, die in einem Lokal namens Mohrenkopf arbeiten).« Damit aber verhält es sich ganz ähnlich wie mit »(Alle)

Muslime sind Terroristen« oder »(Alle) Frauen sind Opfer«: Es handelt sich um eine falsche ›Voraussetzung. Eine unzulässige Verallgemeinerung mit universellem Geltungsanspruch. Der Chef steht höchstpersönlich da, zeigt sich, spricht für sich – und was ist die Reaktion? »Wir wollen nicht mit Ihnen sprechen!«, sagt die weiße Besucherin. Womit sie Onuegbu erstens ignoriert und ihn zweitens *silenced* (→ #2). Sie behandelt ihn so, wie ein Patriarch oder Macho eine vergewaltigte Frau behandeln würde. Und: Sie glaubt ihm nicht, kann ihm nicht glauben.

Dies wiederum ist ein Phänomen, das Philosophinnen wie Kate Manne und Miranda Fricker testimoniale Ungerechtigkeit nennen (»testimonial injustice« → #6). Sie betrifft vor allem Angehörige einer Gruppe, die historisch als untergeordnet galten und leider immer noch so gesehen werden. Wer einen gesellschaftlich niedrigeren Rang hat, dem wird – wenn die Überzeugungen und Interessen der sozial Höhergestellten auf dem Spiel stehen – selten geglaubt. Dies ist typischerweise bei Frauen und Menschen dunkler oder schwarzer Hautfarbe der Fall. Wenn du sagst, du bist ein Opfer deines Kollegen, der dich vergewaltigt hat, kann es gut sein, dass man dir nicht glaubt. Wenn du sagst, dass du Schlabberpulli und ausgebeulte Jeans trugst, als er dir die Klamotten vom Leib riss, glaubt man dir erst recht nicht. Das implizite Vorurteil lautet: »Alle Frauen, die behaupten, sie wurden vergewaltigt, sind aufreizend gekleidet und ließen dem Täter deshalb keine andere Wahl, als sich an ihnen zu vergehen.« Auch lange nach #MeToo: Egal, was eine vergewaltigte oder sonst wie missbrauchte Frau sagt, sie gilt erst einmal als unglaubwürdig. Sie ist unfähig zu wissen, wovon sie spricht und was wirklich geschehen ist. Also kann sie kein Opfer sein. Sie tut nur so – und versucht Kapital aus der Sache zu schlagen.

Wenn du ein Opfer bist – Opfer männlicher Gewalt, Opfer systematischer, macho-gemachter Unterdrückung –, wird dir oft oder meist nicht geglaubt. Wenn du kein Opfer bist, vielleicht aber auch nicht! Dann geht es dir wie Andrew Onuegbu. Du bist kein Opfer, wirst aber zu einem gemacht. So oder so wird dir deine eigene Sprache geraubt.

Auch das ist »Diskriminierung«: Die Worte, die du selbst aussprechen willst, werden mit anderen Worten ersetzt und von anderen gesagt. Weil diese anderen andere (womöglich wohlwollende!) Interessen haben, die sie durchsetzen wollen. Auch wenn die Realität das Gegenteil »sagt«. Damit aber wird die Kategorie »Opfer« – und alle Worte, Begriffe, Formulierungen, die aus einem Menschen einen Unterlegenen, eine Unterdrückte machen – noch unschärfer und noch erklärungsbedürftiger, da die Gefahr besteht, dass die Unterschiede zwischen realen und imaginären Opfern verwischt werden.

Es wird noch etwas komplizierter: Wenn du ein Opfer bist und die Geschichte, wie du zu einem wurdest, nach außen dringt, tatsächlich gehört und geglaubt wird, bist du nicht mehr nur bemitleidenswert, sondern auch bewunderungswürdig. Viele Opfer werden heute als Heldinnen gefeiert – vielfach zu Recht. Unzählige Aktivistinnen etwa der *Black-Lives-Matter*-Bewegung erlitten aufgrund ihrer Hautfarbe von klein auf schmerzlichste Diskriminierungen und ließen sich trotzdem nicht unterkriegen. Sie erhoben ihre Stimmen – und setzten viel in Bewegung. Wer sich aus einer realen Opferposition zu befreien versucht, um für eine gerechte Gesellschaft zu kämpfen, ist eindeutig bewundernswert, anerkennungswert, nachahmungswürdig. Das heißt aber noch lange nicht, dass jedes Opfer unschuldig ist. Auch die Gleichung »Opfer = unschuldig« ist ungenau. Sie stimmt überall dort, wo reales Unrecht geschieht. Wo aber die Ungerechtigkeiten nur imaginiert sind, dient sie dazu, das vorgebliche Opfer moralisch zu adeln. Wenn ich erkläre: »Ich bin ein Opfer!«, nur weil meine Therapeutin, mein Coach, meine beste Freundin sagt, ich sei es, nur weil ich mich von der Welt schlecht behandelt fühle, nur weil ich (unbewusst) einem anderen vorgeblichen Opfer nacheifere, um in meiner Heldenhaftigkeit anerkannt zu werden – dann bediene ich mich der Macht der Ohnmacht. »Ich war im Palast gefangen und durfte mich nicht frei bewegen«, so Herzogin Meghan 2021 in einem historischen TV-Interview gegenüber Oprah Winfrey. Sie beschrieb sich als Opfer der rassistischen britischen Monarchie. Wenn sie wirklich ein Opfer ist, gebührt ihr für ihr Outing Respekt. Wenn nur halb oder gar nicht, muss man kritisch nachfragen. So oder so muss man genau hinschauen, genau zuhören. Denn Sprache hat vor allem eins: Macht. *Sprache hat die Macht, Ohnmacht in Macht zu verwandeln und umgekehrt.*

Überlebensstrategie #14: Lass dich nicht von Schubladen an der Nase herumführen

»Die Grenzen meiner Sprache bedeuten die Grenzen meiner Welt«, lautet ein berühmter Satz des noch berühmteren Ludwig Wittgenstein. Er galt und gilt immer noch als einer der wichtigsten Philosophen des 20. Jahrhunderts. Simone de Beauvoir ist auch sehr berühmt – aber nicht nur als Philosophin, sondern vor allem auch als »Frau« an der Seite von Jean-Paul Sartre und als »Opfer« einer offenen Beziehung, die ihn glücklicher machte als sie. War sie ein Opfer? In *Das andere Geschlecht* zitiert sie Sartre: »Halb Opfer, halb Mitschuldige, wie wir alle.« Was sie damit sagen will, ist, dass die Frau nie völlig unschuldiges Opfer ist, sondern auch mitverantwortlich für ihre Situation. Mmmh. Stimmt das?

Frage dich mal: Was verbinde ich selbst mit der Kategorie »Opfer«? Welche Assoziationen, inneren Bilder und Erinnerungen löst das Wort in mir aus? Fühlt es sich eher nach Scham und Selbstwertproblemen an (ein bisschen so wie das Wort »Pickel«) oder eher abstrakt (wie etwa »terrestrischer Gammablitz«)? Jede begriffliche Kategorie aktiviert einen *Frame* oder Deutungsrahmen, der alle in dein Hirn eingehende Informationen im Hinblick auf ein spezielles Weltbild – und entsprechende positive oder negative Vorurteile – filtert, sortiert und wertet. Frames nehmen dich gewissermaßen schon für sich ein, noch bevor du deinen eigenen Kopf einschalten kannst. Prüfe, was »Opfer« für dich heißt und was es für deine Umgebung bedeutet. Kann sehr gut sein, dass in den Köpfen anderer ganz andere Frames sitzen. Frames, die wirkmächtiger sind als deine eigenen.

So sehr du und ich uns voneinander unterscheiden – wenn wir uns selbst als »Frau« verstehen, können wir kaum das Haus verlassen und

»Piep« sagen, schon hat uns die von Stereotypen durchtränkte Welt, in der wir leben, durch einen Windkanal aus Vorurteilen, Verallgemeinerungen, Frames geschickt. Ein Gebläse, das deine Individualität zerfetzt und dich zur abstrakten Kategorie macht. Dich in die Erika-Mustermann-Schublade steckt, die nichts zu tun hat mit der Welt, in der du leben *willst*. Diese Schublade enthält lauter Wörter, die als typisch »Frau« deklariert werden, wie »emotional«, »hysterisch«, »zickig«, »intrigant«, wie »Opfer« und »Sünderin«. Aber niemand ist einfach so oder so. Nicht mal Meghan Markle. Kann sein, dass sie sowohl »Opfer« als auch »Sünderin« ist. Oder keins von beidem. Oder etwas ganz anderes. Merke: *Nur wenn du dich selbst wahrnimmst und behandelst, als befändest du dich jenseits solcher Kategorisierungen, werden auch andere dich so wahrnehmen und behandeln. Nur dann kannst und darfst du sein, wie du bist.* Dann hat weder deine Sprache noch deine Welt Grenzen, die andere festsetzen. Dann gibt man dir den nötigen Raum, den du brauchst, um dich frei entfalten zu können.

Denk an Andrew Onuegbu, ein Kieler Restaurantinhaber afroamerikanischer Herkunft, der selbst entschieden hat, sich »Mohrenkopf« zu nennen – und eben deshalb kein Opfer *ist*. Andere mögen ihn als Opfer labeln – ihr Bier! Onuegbu setzt sich darüber hinweg, dass tatsächlich viele sich vom Begriff Mohrenkopf verletzt fühlen; denn er sieht keinen Grund, sich selbst nicht als freies Individuum wahrzunehmen. Er ist es. Du bist nicht Onuegbu. Aber genauso komplex, widersprüchlich und vielschichtig *wie* er, wie alle Menschen. Wie du selbst dich siehst, ob du dich mächtig oder ohnmächtig fühlst, hat entscheidend damit zu tun, wie du andere siehst und benennst. Wenn du von bestimmten Leuten als »Sexisten« oder »Rassistinnen« sprichst, überlege dir, welche Indizien dafür sprechen, sie in diese Kategorien zu stecken. Die Realität ist komplex. Wo es um Sprache und Kommunikation geht, reden Missverständnisse, Mutmaßungen, Verallgemeinerungen immer mit. Meist stimmt deine Wahrnehmung mit der Realität überein, meist hast du recht mit deinen Vermutungen. Manchmal aber hast du es auch mit einem »Sprachproblem« (Rebecca Solnit) zu tun. Du nennst einen Typen, der dich ständig schief anschaut und dir Komplimente macht, die sich wie Beleidigungen anhören, einen »Sexisten« und dich sein »Opfer«, *weil du keine anderen Worte dafür hast*. Die Worte, Begriffe, Schubladen, die dir zur Verfügung stehen, haben andere gezimmert. Meist irgendwelche fantasielosen männlichen Logiker und Redner (→ #3). Sei kreativ. Erfinde eine neue Sprache! Mische neue Worte in die altbekannten. So wie die leitende Oberärztin Carola Holzner (als YouTuberin »Doc Caro«), die 2021 das Wort »mütend« las und teilte. »Mütend« – eine innovative Kombination aus »müde« und »wütend«, die genau auf den Punkt bringt, wie sich nicht nur Oberärztinnen in der Notaufnahme fühlen, sondern wie so viele von uns ständig empfinden. Neue Worte erweitern die Grenzen unserer Welt. Vielleicht ist der komische Typ gar kein »Sexist«, sondern eher ein »Schügänger« (»schüchterner Einzelgänger«) oder »Schomiker« (»schockverliebter Komiker«). Was meinst du? Lass dich von Kategorien nicht an der Nase herumführen. Gewöhn dich an die zweite Bedeutung von »diskriminieren«: »unterscheiden«. Wähle deine Worte bewusst. Die Worte, die dich selbst beschreiben – und die Welt, in der du leben willst.

Das ist Macht. Und Macht ist das Wichtigste, das du brauchst, um glücklich zu sein. Du brauchst Macht nicht, um andere mit deiner Ohnmacht zu manipulieren oder zum Opfer zu machen oder um dir wie irgendein männlicher Platzhirsch Statussymbole und Privilegien zu sichern. All das macht nicht glücklich, sondern süchtig. Süchtig nach mehr Manipulation, mehr Gewalt, mehr Privilegien. Nein, du brauchst Macht, um die Welt in einen gerechteren Ort zu verwandeln. Wenn du Angst vor dem Wort »Macht« hast, kann es sein, dass es die Deutungsrahmen »Zwang« und »Brutalität« in deinem Kopf aktiviert. Hier ist ein alternativer Frame: FREIHEIT. Jede Frau, die nicht ständig – wie eine Sklavin – unter Zwang steht und keiner körperlichen oder sexuellen Gewalt ausgesetzt ist, hat die Möglichkeit und die Chance, mächtig zu werden. Dadurch, dass sie frei ist, jeden Tag immer wieder neu und anders handeln *zu können*.

Wenn du so weit bist, dass du dich bei dem Wort Macht bezüglich deiner eigenen Person und Situation wohlfühlst, kannst du einen

Schritt weitergehen. Und »Macht« mit »Verantwortung« assoziieren. Verantwortung für andere Frauen, die (immer noch) reale Opfer sind. Nicht nur, weil sie diskriminiert und misshandelt werden, sondern auch, weil sie nicht mit ihrer eigenen Stimme sprechen können, nicht gehört und zu »Lügnerinnen« gestempelt werden. Gewalt gegen Frauen heißt immer noch viel zu oft: Gewalt gegen ihre Worte und Geschichten. Versuche, überall genau hinzuschauen, wo dir selbst und anderen Unrecht geschieht. Versuche Worte zu finden für das, was du siehst. Und dann greif ein. Tun, was alle tun und sagen, ist leicht. Die Wahrheit zu sagen ist schwer, genauso schwer, wie erst einmal richtig zuzuhören – dir selbst und anderen.

»Wenn meine Brüder versuchen, einen Kreis um mich zu ziehen, um mich auszuschließen, ziehe ich einen größeren, um sie einzuschließen.« Das schrieb die afroamerikanische Frauenrechtsaktivistin Pauli Murray, die später eine der ersten anglikanischen Priesterinnen wurde. Ein Opfer von Diskriminierung mit viel Mut zur Wahrheit. Kleb dir ihr Zitat auf deinen Kühlschrank, dass du nie »mütend« genug sein wirst, dich zu fragen: Bin ich ein Opfer? Wenn ja, wer sagt das? Wenn nein, was kann ich verändern?

Wir müssen aufhören, Probleme in »Männer-
probleme« und »Frauenprobleme« zu trennen.

Caitlin Moran (* 1975)

#15 IN DER HERRENABTEILUNG:
KANN MAN EINEN MANN JE VERSTEHEN?

Dein Timing war perfekt. 18:30 Uhr alle Termine beendet. Einkaufen, nach Hause, kochen, Wein entkorken – plopp! 19:59 Uhr.
Du sitzt am gedeckten Tisch und zündest die Kerzen an. 20:06 Uhr.
Du checkst dein Handy, stehst auf und wechselst die Geschirr-
tücher. 20:17 Uhr. Du nimmst dein Handy und checkst alle Ka-
näle. Vielleicht steckt er noch im Meeting fest. Oder in der U-Bahn.
20:32 Uhr. Frustration erfasst dich. Du füllst die Lasagne auf die
Teller und schickst ihm die dritte Nachricht. 20:34 Uhr. Der Schlüs-
sel dreht sich im Schloss, du springst zur Tür: »Wo warst du so
lange! Warum hast du nicht geschrieben! Hättest du nicht anrufen
können?« Ein Drama wie dieses ist typisch für die moderne Paar-
beziehung. Er, der hart arbeitende, anständige Mann, der es nicht
früher geschafft hat – sie, die ebenso hart arbeitende, anständige
Zentrale der Zuständigkeiten, die für die *pünktliche* Bereitstellung
eines liebevoll kreierten Dinners sorgte. Sie, die Wütende, er, der
unschuldige Hundewelpe. »Ich hab's nicht früher geschafft.« Ein
altbekanntes Drama in drei Akten. Erster Akt: Spannungsaufbau
(Wohnzimmer, Frau allein). Zweiter Akt: Streit (Wohnzimmer, Frau
und Mann wild gestikulierend). Dritter Akt: zähneknirschende Ver-

söhnung (Küche, reuiger Mann am Herd, wärmt das erkaltete Gericht auf).

Das Merkwürdige an diesem Stück ist nicht sein Inhalt. Merkwürdig ist, dass es – mit einigen Variationen – seit Jahren auf eurem Spielplan steht. Er sieht alles ein … und schafft es nächstes Mal wieder nicht, rechtzeitig nach Hause zu kommen, bei dir zu sein, dir zu helfen etc. Der Respekt dir gegenüber bleibt auf der Strecke. Was aus weiblicher Sicht ganz und gar unverständlich ist, unsinnig, ermüdend. Grotesk. So wie etliche andere Szenen deiner Beziehung. Eigentlich ist er total modern und gleichberechtigt drauf. Warum kann er trotzdem nicht pünktlich sein? Und da ist noch mehr, was dir Rätsel aufgibt: Warum leidet er beim harmlosesten Schnupfen wie ein Todkranker? Warum rastet er bei jeder Kleinigkeit aus? Warum übertreibt er es immer so – kann er sich nicht mal beherrschen? Du liebst ihn, du kennst ihn so gut. Aber manchmal verstehst du ihn einfach nicht. Nicht nur ein bisschen nicht. Sondern überhaupt nicht.

Willkommen in der Herrenabteilung! Wir befinden uns im Universum der Schlipse und Bärte. Es ist die Abteilung der unbegrenzten Möglichkeiten, die der Abteilungsleiter eigenhändig aus großen Epen und Mythen gezimmert hat, aus allen möglichen Geschichten darüber, was es heißt, ein Mann zu sein. Die Herrenabteilung ist die typische Voreinstellung im Kopf jeden Mannes, sein *default mode*. Und der Abteilungsleiter, der mit dem größten Eckbüro, der größten Macht, dem größten Ego – das ist er selbst. Genauer: sein eigenes irrationales Unbewusstes, das er für total modern und »objektiv« hält, das ihn aber immer wieder zurücklenkt auf die uralten, ausgetretenen, unzeitgemäßen Pfade der »Maskulinität«. Wann immer du einen Mann nicht verstehst, bist du in seiner Abteilung gelandet. Dem Reich des *männlichen Heroismus*, in dem es von Großwildjägern, Soldaten, Autorasern nur so wimmelt. Es ist dieser Heroismus, der nicht nur für die gewalttätigen und selbstschädigenden Exzesse toxischer Männlichkeit (→ #11) verantwortlich ist. Sondern auch erklärt, warum es Männern – anders als Frauen – immer noch so schwerfällt, ihre Rolle zu reflektieren und sich selbst zu reformieren (→ #XY).

Zwar scheint sich der moderne, gleichberechtigt tickende Mann von der archaischen Blutrünstigkeit seiner Vorfahren meilenweit entfernt zu haben. Er verzichtet auf Blutschwüre und Blutsbruderschaften – er kann sowieso kein Blut mehr sehen. Trotzdem zieht er an deiner Seite in den Kreißsaal, um bei der Geburt eures Kindes dabei zu sein. Nicht (nur), weil er modern sein will, sondern weil er sich zuständig fühlt für die ganz harten Sachen. *Weil er immer noch ein Held sein will.* Ursprünglich (althochdeutsch »helid«, vom germanischen »*halud«) bedeutet Held so viel wie »Krieger« oder schlicht »freier Mann«. Ein Held ist per Definition ein »echter« Mann, was wiederum heißt, einer, der vor Männlichkeit nur so strotzt. Auch in *vir*, dem lateinischen Ursprung seiner »Virilität«, steckt die Bedeutung Held. In der griechischen Mythologie und den Sagen des klassischen Altertums waren Heroen oft Halbgötter, ambivalente Figuren mit überirdischen Kräften. Wir haben es mit dem frühen Prototypen von *Hulk* zu tun: angstfrei, draufgängerisch, clever, genial – aber nicht besonders weise. Einerseits mutig und edel – andererseits moralisch fragwürdig. Der Kampf um Frauen und Königreiche, das Ringen um Anerkennung und die Sehnsucht nach Unsterblichkeit sind typische Motive der Helden-Soaps von Achill bis Gilgamesch, von Odysseus bis Siegfried. Nicht nur das Siegen, auch das Scheitern macht den Mann zum Helden. Es kommt einzig und allein auf die Tat an, die er zu tun hat. Immer muss er etwas Großes schaffen, immer wieder die nächste ganz große Challenge meistern.

Wenn du einen Mann verstehen willst, musst du seinen Heroismus verstehen. Dein Typ mag noch so modern sein – das heroische Männlichkeitsideal klebt an ihm wie Pattex. Das »Ich hab's nicht früher geschafft«-Drama ist somit weder absurd noch grotesk. Seine Rolle in dem Stück basiert auf dem klar vorgezeichneten Helden-Skript: Er musste so hart im Office kämpfen, einsam an der Front, mit allem allein fertigwerden, sich so sehr selbst überwinden und nebenbei seinen Männerschnupfen bezwingen, dass er nicht anders konnte, als (wieder) zu spät zu kommen. Er konnte deine Bedürfnisse nicht respektieren. Und doch hat er alles – letztlich – für dich getan! Es ist dieses Helden-Skript, das im Kopf deines Typen sitzt und das man die Keimzelle der kompletten Herrenabteilung nennen kann – einer von Männern gebastelten scheinbar neutralen Systemvoraussetzung, einer vermeintlich objektiven Voreinstellung, die die Menschheit fern jeden Realitätssinns immer noch einteilt in Mann und Frau, Held und Herd. Das Pendant zur »echten« Frau ist der »echte« Mann. Während die »echte« Frau nach der binären Logik der Rollenverteilung immer auch »gut« zu sein hat, also weich, fürsorglich, willig, nachgiebig, ist dies beim »echten« Mann durchaus nicht der Fall. Merke: Ein echter Mann zeigt weder seine Gefühle (außer beim Fußball), noch ist er ein Lauch. Er ist: *männlich (viril!)*, inklusive Bart, Bizeps, BMW. »Man kommt nicht als Frau zur Welt, man wird es«, schrieb Simone de Beauvoir, das heißt, die »Frau« ist Produkt einer Männerwelt, »das Andere« des Mannes, »das zweite Geschlecht«, gefangen im Korsett weiblicher Normen und Stereotypen. Für den Mann gilt dagegen: *Man wird nicht als Mann geboren, man muss sich selbst wieder und wieder dazu machen.* Nur wer stets von Neuem beweist, dass er kein Weichei ist, nur wer sich beruflich wie privat entsprechend größenwahnsinnig in Szene setzt und vermarktet, ist ein Held. Die entsprechenden Role-Models findet der ambitionierte Heroe von heute etwa in der Tech-Branche (Elon Musk!) und in der Gangsterszene, am liebsten im verbraucherfreundlichen Entertainmentformat. Gangstermovie und Gangsta-Rap erzählen nicht nur von der Realität der Straße, sie bringen auch reihenweise »echte Männer« hervor. Mafia-Epen wie *GoodFellas* (1990) oder *Der Pate* (1972) sind Kult – nicht nur für den Ottonormal-Helden von heute. Sie schaffen Moden, Gesten, Codes; Praktiken, die von real existierenden Gangstern bewusst kopiert und reproduziert werden. Solche Filme sind didaktisch hervorragende Einweisungen in eine ebenso furchterregende wie coole Maskulinität. Selbst wenn – Gott sei Dank! – die Sex-and-Crime-Elemente bei den meisten Y-Chromosom-Trägern nur Inszenierung bleiben. Der letzte heiße heroische Scheiß für unter 18-Jährige ist die ultraharte Männlichkeit des arabischen Bad Boy, ein Bärtiger, der reihenweise deutsche Jungs verzückt: »Es ist unter Jugendlichen total in, Ausländer zu sein und einen muslimischen Hintergrund zu haben«, so die feministische Rapperin Lady Bitch Ray. In der deutschen Erfolgsserie *4 Blocks* (2017) waren es die Drogendealer und Schutzgeldeintreiber eines fiktiven Berliner Clans mit realen Vorbildern, die milchgesichtige Streamer an den PC fesselten. Alles dabei. Alles drin. Sämtliche ambivalenten Zutaten des echten Helden: Mut. Gewalt. Chuzpe. Ehre. Einsamkeit.

Der Heroismus des modernen Mannes ist wie ein Anzug, der bei der Reinigung um ein paar Nummern geschrumpft ist. Der Mann steht in seiner Herrenabteilung vor dem Spiegel, dreht, wendet, windet sich und erkennt – obwohl der Abteilungsleiter in ihm »Daumen hoch« zeigt –, dass sein Outfit völlig unpassend ist. Weder passt es zu ihm noch in diese Zeit. Es ist »echt hart«, heute ein Mann zu sein. Klimaschützerinnen dissen ihn für sein Auto, die Digitalisierung macht seine Muskelkraft überflüssig, die Reproduktionsmedizin (→ #16) reduziert ihn auf einen Samenspender, und sein Part als Alleinversorger der Familie ist sowieso längst passé. Der geschrumpfte Held ist keine erhabene, gottgleiche Figur, sondern eine Karikatur. Er darf nicht einfach mal so eben Drachen und Eber erlegen. Zuvor muss er Pausenbrote schmieren und die Hausaufgaben kontrollieren. Das nächste Abenteuer – Free-Solo-Klettern, Ultratrail oder Motorrad-Rallye – muss er sich verdienen, nicht nur mit bezahlter Arbeit, sondern auch mit Elternzeit. Der Druck, den Super Woman auf ihn ausübt, ist enorm. Ein »echter« und ein »guter« Mann in Personalunion! Das soll er sein. Super Woman möchte einen leistungsstarken, souveränen, toll verdienenden Mann, der ohne Extraeinladung den Müll runterträgt. Er soll sein wie sie, die Zentrale aller Zuständigkeiten: hart – abzüglich aller Brutalität – *und* weich. Aber in der Disziplin, die Balance zwischen hart und weich zu halten, ist sie ihm um Jahrhunderte voraus. Sie steht auf den Schultern unzähliger Feministinnen, die davon träumten, was Frauen in Zukunft sein wollen, können und sollen – und viele dieser Träume realisierten. Sie hat zumindest eine mehr oder weniger klare Idee, was sie nicht mehr will. Er hingegen klebt er an einer statischen Vorstellung von Männlichkeit, die es ihm – bisher – unmöglich macht, sich umfassend zu reformieren. Im fehlt die restlos positive Identifikation mit dem »guten Mann«.

Das ist der Grund, warum Männer sehr oft sehr leidenschaftlich von Gleichberechtigung reden, aber nicht ganz so oft danach handeln. Leider ist mit der Kreißsaal-Nummer zuzüglich drei Monaten Elternzeit längst nicht alles abgegolten. Es ginge darum, *für immer freiwillig zu teilen:* Das Schöne (lachen, tanzen, Kinder in den Schlaf singen) und das Lästige (die Neurotizismen des anderen ertragen); die Privilegien (angemessen bezahlter Job) wie die Drecksarbeit (putzen, schleppen, Angehörige pflegen). Es wäre ganz leicht. Theoretisch. Wenn auch Männer Kinder kriegten. Wenn endlich die ganze lächerliche Herrenabteilung aufgelöst würde. Verstehst du jetzt besser, warum dein Typ zu spät kommt und beim kleinsten Softwareproblem sein Handy auf den Boden knallt? Warum derselbe Mann, der gestern noch alles zu reißen meinte, heute glaubt, an einem Schnupfen zugrunde zu gehen? Du kannst dich über den Männerschnupfen lustig machen. Doch wisse: Darin steckt die tiefe Tragik des verhinderten Helden, der mit Niesanfällen wie mit übermächtigen Feinden ringt.

Seien wir ehrlich. Nicht nur Frauen leiden unter dem System, sondern auch Männer. Es sind Männer, die die Gesellschaft nach ihren Vorstellungen geformt haben. Aber nicht alle Männer. Meist waren es alte weiße Cowboys in Führungspositionen, privilegierte Typen, die sich nahmen, was sie brauchen: Geld, Sex, Macht. Das Y-chromosomal vererbte Universum ist immer noch voller Kneipen, Autokonzerne und Waffen. Viele »echte« Männer fühlen sich pudelwohl darin. Hinter ihnen steht eine minder verdienende Super Mom, die für sie kocht und sich um sie kümmert, bis sie (vor ihr) sterben ...

Aber es gibt auch andere, die sich in nicht ganz so perfekter Harmonie mit ihrem biologischen und sozialen Geschlecht befinden: Arbeitsunfähige, obdachlose Männer. Solche, die auf dem Bau malochen. Jene, die krank werden, weil sie nicht gelernt haben, sich um sich selbst zu kümmern oder andere um Hilfe zu bitten. Männer ohne Freunde. Männer, die in den Krieg ziehen müssen, im Gefängnis sitzen, sexuell missbraucht werden, schuldlos das Sorgerecht für ihr Kind verlieren. Weinende Männer. Oder solche, die man als »Mann« bezeichnet, deren wahres Geschlecht jedoch ein anderes ist. Lauter Versager, denen der Zutritt zum Heldentum verweigert wird.

Am Anfang war nicht das Patriarchat. Am Anfang war der Held. Helden können sich transformieren – die starre Einteilung in Privilegien und Pflichten aber, die kann man nur abschaffen.

Überlebensstrategie #15: Behandle dich so, wie du ihn behandelst

Gleichberechtigung heißt, mit ihm genauso umzugehen wie mit dir selbst. Es gilt die 50/50-Regel: Du verdienst exakt so viel Respekt wie dein Held. Wenn du dich und deine Bedürfnisse weniger respektierst als seine, ist es mit der Gleichberechtigung Essig. Dann erliegst du deiner unbewussten Rollenidentifikation. Du spielst die »gute« und »echte« Frau, und der Spielplan wiederholt sich bis in alle Ewigkeit. Ob das »Ich hab's nicht früher geschafft«-Drama oder andere Stücke; es läuft immer aufs Gleiche hinaus. Du verstehst ihn nicht, und er dich nicht (auch wenn er vielleicht so tut). Überprüfe deine eigene Voreinstellung: Wenn du ihn nicht verstehst, kann das daran liegen, dass du auf ihn blickst wie ein früher Ethnologe auf einen afrikanischen Stammeshäuptling. Du betrachtest ihn aus kolonialistischer Perspektive als exotisches Wesen, als den Fremden und »Anderen«. Du verstehst ihn nicht, und dann denkst du: Ich *kann* ihn ja auch nicht verstehen. Er ist ja ein Mann! Dies ist allerdings ein Scheinargument, konkreter: ein Totschlagargument, das *a priori* jede konstruktive Verständigung verhindert. Sobald du voraussetzt, dass du ihn nicht verstehst, weil er ein Mann ist, kann er sagen, was er will – du wirst ihn nie verstehen. So wird er für dich erst zur »echten«, vor Stereotypen triefenden männlichen Bestie. Ein unpünktlicher, unsensibler, uneinsichtiger Grobian. Stereotypisiere ihn nicht. Sieh ihn als *Menschen* an, der zufällig in der Herrenabteilung zur Welt kam und nun partout nicht die Etage wechseln kann. Und auch nicht so richtig will. Weil diese Abteilung schon so einige Vorteile bietet. Ich weiß noch, wie wütend ich wurde, als ich vor ein paar Jahren die Münchner Filiale von *Abercrombie & Fitch* besuchte. Die Herrenmode war im Erdgeschoss zu finden, »Damen« und »Kinder« mussten die steilen Treppen in den ersten und zweiten Stock klettern, um zu ihren Klamotten zu gelangen. Diese sexistische Innenarchitektur wurde Gott sei Dank bald abgeschafft – danach »durften« die Frauen im EG shoppen (inzwischen hat der Laden dichtgemacht).

Auch die Innenarchitektur des männlichen Kopfes bedarf einer Umgestaltung. Im Unterschied zu einem Modehaus gibt es dort leider nur einen einzigen Trend: das viel zu enge Heldenkostüm, die statische Vorstellung von der »echten« Männlichkeit. Hilf deinem Typen da heraus – auf elegante Weise. Solange du deine Rolle nicht umschreibst, wird er weiter den Helden spielen. Auch wenn es dir schwerfällt, selbst wenn du im Recht bist: Hör auf, ihm zu erklären, was du selbst nicht verstehst – und überhaupt so viele Worte zu machen. *Ein Held reagiert nicht auf Argumente. Er reagiert auf Überraschungen.* Langweile ihn also nicht mit den immer gleichen Phrasen. Teste Verhaltensweisen, die er noch gar nicht von dir kennt. Wenn er sich verspätet, schick ihm nicht eine Nachricht nach der anderen. Reagiere gar nicht. Übe dich in vornehmem Schweigen. Wenn er länger unentschuldigt fehlt – sagen wir, siebzehn Minuten –, gönn dir einen Aperitif. Nein, nicht in der Küche, da standst du schon lange genug. Geh einmal um den Block zu Sandro und hör dir seine News an. Wenn du keinen Lieblingsitaliener, keine Lieblingsitalienerin griffbereit hast, verabrede dich mit jemand anderem. Hinterlasse deinem Helden eine knappe, leicht verständliche Notiz: »Hatte Hunger, bin mit Jo was essen – Lasagne muss nur aufgewärmt werden. Buon appetito und bis später!« Mit dieser und ähnlichen einfachen Maßnahmen schenkst du dir den Respekt, den du verdienst. Zugleich zeigst du ihm auf subtile Weise, dass du das heroische Agieren, das hinter seiner Verspätung steckt, durchschaust – dass Eber-Erlegen und Riesen-Besiegen heute nicht mehr in ist. Du brauchst keinen Herkules, der erst zwölf große Aufgaben bewältigen muss, bevor er sich mit solch niederen Dingen wie Pünktlichkeit auseinandersetzen kann.

Sein heroischer *default mode* verlangt nach immer neuen Herausforderungen. Er liebt und begehrt dich immer am meisten, wenn du ihn mental forderst, überraschst – ihn verwirrst, ihm zu denken gibst. Statt zu viel zu reden und zu erklären, schweige. Wenn du ihn immer anrufst und er dich nie, lass das Handy liegen. Wenn du gar nicht von dem Ding lassen kannst, gib es vorübergehend in die Obhut einer Freundin. Lies ein paar Kapitel aus der Geschichte der *Philosophinnen: Von Hypatia bis Angela Davis* und staune, was sich Frauen früherer Epochen so alles trauten. So erneuerst du deine Erinnerung an die Rolle, die dir gebührt: *die Königin, die es nicht toleriert, dass man ihre Selbstachtung aus unreflektiertem Heroismus heraus mit Füßen tritt.* So gestärkt, kannst du auch die Versorgungsfrage ganz neu angehen. Angenommen, er kann dir aufgrund seines wichtigen, anspruchsvollen Jobs nie genau sagen, wann er nach Hause kommt, erwartet aber, dass du fürs Abendessen sorgst. Wie kommt er auf diese Idee? Denk jetzt bloß nicht wieder: Weil er ein Mann ist! Die richtige Antwort lautet: Weil er es so gewöhnt ist. Weil du ihn so erzogen hast. Versuch erst gar nicht, ihn »umzuerziehen«. Gib ihm eine neue Aufgabe. Verwirre ihn. Wenn dir Kochen Spaß macht, Warten aber nicht, kannst du zum Beispiel sagen: »Schatz, ich verstehe völlig, dass der Zeitpunkt deiner Ankunft ungewiss bleiben muss. Ich werde das künftig einkalkulieren, damit wir beide effizienter planen können. Etwaige Essensreste heb ich gern für dich auf. Mein Tipp: Nimm dir vorsorglich selbst irgendwo was mit – und vergiss dein Bier nicht! –, dann bist du auf der sicheren Seite.« Auch hier gilt: so leicht verständlich wie möglich. Die Wortwahl ist entscheidend: Vokabeln wie »einkalkulieren« und »effizient« signalisieren ihm, dass du ihn ernst nimmst. Halte dich konsequent an deine Ankündigungen – bald wird er ein Ausbund an Pünktlichkeit sein. Weil er dich sehr wohl respektieren will und weil er deine Anerkennung braucht. Wenn du ihn überraschst, wird er dich überraschen. Mit Rosen. Und mit großzügigen Einladungen in dein Lieblingslokal.

Die Gesellschaft zehrt bis heute vom Ideal des autonomen Mannes und der abhängigen Frau. Sie ist, wie der männliche Heroismus, voller falscher Klischees. Dass die ursprünglichen Helden immer nur Krieger und Jäger waren, ist historisch längst widerlegt. Dass Männer aus sogenannten archaischen Völkern die Nahrung erbeuten, während die Frauen apathisch ausharren, bis »er« ein Stück rohes Wild in ihren Kessel schmeißt – ein Mythos (was die Ethnologin Elizabeth Marshall Thomas etwa für das Wüstenvolk der San nachwies). Von der Frühgeschichte bis ins dritte Jahrtausend – nie haben alle Frauen immer brav und geduldig auf irgendetwas gewartet. Immer waren sie aktiv. Und doch ist die Idee einer klaren Rollenverteilung zwischen abhängiger Frau und autonomem Mann nicht totzukriegen; eine verlogene Vorstellung, die aus dem patriarchal durchwirkten bürgerlichen Zeitalter stammt und *euch beide fertigmacht.*

Hilf deinem Mann, sein Heldentum zu modernisieren. So könnt ihr euch beiden nicht nur den euch zustehenden nötigen Respekt zollen, sondern auch zur finalen Abschaffung aller Ungleichverteilungen beitragen. Hilf ihm, Role-Models für ein neues Männlichkeitsmodell zu finden, das nicht Extremismus und Rücksichtslosigkeit, sondern Empathie und Verletzlichkeit belohnt. Zeig ihm den sehr lustigen und wichtigen TED-Talk *Why Gender Equality is Good for Everyone – Men Included* des Männlichkeitsforschers Michael Kimmel und diskutiere mit ihm über die Neuverteilung von Privilegien und Pflichten. Sag ihm, was du unter »Held«, »Stärke« und »Mut« verstehst: die Fähigkeit eines Mannes, sich selbst aus der heroischen Zwangsjacke zu befreien – aus Einsicht in die Tatsache, dass diese Welt keine alten Mythen mehr braucht, sondern moderne, anpassungsfähige Männer, die aus ganzem Herzen Feministen, Klimaschützer und Demokratieverteidiger sind. Diese Welt braucht Helden und Heldinnen, die sich nichts darauf einbilden. Das sollte verständlich genug sein – auch für deinen Typen.

> Die Sechziger habe ich damit verbracht,
> schwanger zu sein.
>
> *Nancy Pelosi (* 1940)*

#16 BABUSCHKA:
SOLL ICH JETZT EIN KIND KRIEGEN?

Das Leben ist eine ziemlich merkwürdige Angelegenheit. Es beginnt damit, dass wir geboren werden – einfach so! Niemand fragt uns vorher um Erlaubnis. Plötzlich sind wir da, bekommen das rosarote Geschlecht verpasst und haben mit denen klarzukommen, die uns gezeugt haben. Zugegeben: Es sind meist liebende Eltern (ihre Liebe hört nicht auf, selbst wenn wir ihre Hemden vollspucken). In den ersten drei Jahren lernen wir rasend schnell. Bald müssen wir nicht mehr nur schreien, sondern können auch klar und deutlich sagen, was wir wollen. Wir kommen in den Kindergarten, und wieder weitet sich unser Horizont. Wir kommen in die Schule. Spätestens in der Pubertät dämmert uns, dass die Welt, wie wir sie haben wollen, und die Welt, wie sie ist, in zwei verschiedenen Galaxien liegen – in der einen machen wir Hausaufgaben und liegen in Ketten, in der anderen feiern wir, führen tiefe Gespräche, verlieben uns und sind frei. Und schon sind wir groß! Und dann? Bleiben noch circa sechzig Jahre. Sechzig Jahre (mit etwas Glück achtzig vielleicht), die wir irgendwie sinnvoll rumkriegen müssen. Dann ist Schluss. Man vergräbt oder verbrennt uns, und unsere Seele segelt davon.

Erwachsensein heißt, keine Zeit verlieren zu wollen. Zum Leben, zum Glücklichsein, zum Sichbeweisen. Du bist kein Kind mehr ... könntest aber selbst eins kriegen. Einen neuen Menschen, der dem Leben Sinn gibt, der nach deinem Tod weiterlebt, dem du Chancen eröffnest, alles besser zu machen als du. Sollst du, ja oder nein? Um es gleich vorwegzunehmen: Ja. Wenn du mich fragst: Ja! Unbedingt. Warum ich das glaube – trotz allem nun Folgenden –, dazu später.

Biologisch betrachtet, steckt in jeder Frau eine potenzielle Mutter. Jede emanzipierte Frau, die über Pille, Abtreibungsrecht und eigenes Einkommen verfügt, trägt die Mutter-Option in sich. Doch *Biologie* ist nicht alles – hinzu kommt die gesellschaftliche *Norm*. Jede Frau ist einzigartig, und doch ähnelt gemäß der Gender-Norm jede mehr einer Babuschka (Matrjoschka), als ihr lieb sein kann. Kennst du diese russischen Holzpuppen, in denen sich weitere kleinere ineinandergeschobene Püppchen verbergen? Nach exakt dem gleichen Prinzip funktioniert die weibliche Identität. Man erkennt sie an ihrer äußeren Hülle – eine »Frau«! Man öffnet die Puppe und findet eine weitere (»die Tochter«). Auch in dieser steckt eine weibliche Figur, und in dieser wieder eine. »Die Erwerbstätige«, »die Logistikerin«, »die Mediatorin«, »die Köchin« ... bis man zur letzten, nicht mehr teilbaren Puppe vordringt. Diese letzte – oder erste – ist stets die »Mutter«. Es ist ihr Gender-Markenkern, über den aber keine Frau je nur selbst verfügt, sondern zu dem auch alle ihren Senf geben dürfen.

Kaum lebst du in einer festen Beziehung und bist jenseits der dreißig, fünfunddreißig, geht es los. Das Spektrum der Einmischung reicht von »Glückwunsch zur Hochzeit – bei XY sind Ergobabys im Angebot!« über »Du siehst vorn rum so verändert aus, bist du schwanger?« bis »Wie sieht's mit der Familienplanung aus?« Du kannst es kaum glauben: Von allen offiziellen und inoffiziellen Rollen der Babuschka-Puppe, die du bist und sein sollst, die alle zusammengenommen dein Ich erst ausmachen, ist deine Umwelt plötzlich nur noch auf eine fixiert: »die Mutter«. Auch noch mit vierzig, fünfzig kann es dir passieren, dass man dir – wie der kinderlosen Feministin Rebecca Solnit – mit der »Mutter aller Fragen« auf die Pelle rückt: »Warum haben Sie eigentlich keine Kinder?«

Kind oder nicht? Jetzt gleich oder irgendwann später? Theoretisch liegt die Antwort allein bei dir – und deinem Partner, deiner Partnerin. Praktisch jedoch verhält es sich ganz anders. Von klein auf wird Super Woman mit dem Slogan »Du kannst, sollst, musst alles haben!« beschallt. Also ist sie fleißig, in der Schule, in der Ausbildung, überall kriegt sie Bestnoten. Sie ist stolz, auf eigenen Beinen zu stehen, stolz auf ihre Erfolge (→ #10). Sie will sich beweisen. Im Job, in der Liebe. Sie ist gut: hart und weich und schnell. Und schnell mutiert sie zur Zentrale der Zuständigkeiten. Mit zwanzig, fünfundzwanzig stört sie das noch nicht groß. Im Gegenteil, sie ist stolz auf ihre Superkräfte. Noch findet sie es normal (→ #2) – ihrer Power völlig angemessen! –, tausend Dinge gleichzeitig zu tun, zu planen, zu bedenken. Egal, wie schwierig die machtstrukturellen, systemischen, pandemischen Umstände sein mögen. Mit zwanzig hält sie sich für vollumfänglich gleichberechtigt. Noch kann sie über Old-School-Feministinnen wie »Mein-Bauch-gehört-mir«-Alice Schwarzer nur den Kopf schütteln … Doch dann rückt die Mutter aller Fragen mehr und mehr in den Vordergrund, und mit ihr das, was ich die Schwiegermutter aller Fragen nenne: »Und wann heiratet ihr?« Denn wenn wir übers Kinderkriegen reden, reden wir (meist auch) übers Heiraten. Wenn praktisch alle heterosexuellen Frauen in deinem Umfeld verheiratet oder verlobt und/oder schwanger sind, beginnst du dich zu fragen, warum nicht auch du. *Du kannst, sollst, musst alles haben!* Power, Grips, Organisationstalent hast du schon. Warum nicht auch einen Ring am Finger? Und ganz bald (oder ein bisschen später) ein Kind?

Wenn Super Woman Ja sagt, möchte sie es aus vollem Herzen tun. Leider nur ist ihr eigenes Ja meist nicht das der Gesellschaft. Die moderne Frau bejaht ein ganzes Planetensystem an Lebensmodellen. Die Gesellschaft bejaht nur einen Bruchteil. Keine Frau kann allein darüber entscheiden, was sie sein und wie sie leben wird. Die ökonomischen Strukturen, das staatliche Betreuungssystem, die Rollenerwartungen entscheiden immer mit. Wem gelingt es am elegantesten, Freiheit und Abhängigkeit in Einklang zu bringen? Wer schafft die Quadratur des Kreises zwischen Dürfen und Sollen, Müssen und

Wollen? Auf die Plätze, fertig, los. *Du kannst alles schaffen!* Wirklich? Um alle Zweifel zu killen, öffnet das System seinen Zauberkasten und wendet einen Trick an: »die Traumhochzeit«. Die moderne Frau sieht sich in glamouröser Robe eine überdimensionale Torte anschneiden. Sie glaubt, mit der Heirat den Jackpot zu knacken. Und für immer das bleiben zu können, was sie am Tag ihrer Hochzeit sein darf: Super Woman Superstar! Produzentin, Regisseurin und Protagonistin ihres eigenen Lebens! Sie glaubt es trotz ihrer Intelligenz und Klugheit. Der gesellschaftliche Hochzeitstrick macht sie leicht und unbeschwert wie einen Heißluftballon, der steigt und steigt und steigt … und kurz darauf zerplatzt wie ein schöner Traum. Ihre eigenen Bedürfnisse sind plötzlich nicht mehr so wichtig – nicht in den Augen des Staates, nicht für ihre Umgebung, wie die Essayistin und unverheiratete Mutter Jia Tolentino bemerkt.

Nehmen wir hier noch mal unsere Babuschka zur Hand. In der »Braut« steckt die »Ehefrau«, in der »Ehefrau« die »Mutter«. Ist das logisch? Nicht zwangsläufig. Auf jeden Fall ist es typisch deutsch. »Die Nazis haben die Mutterrolle total überhöht, aber auch schon viele Jahrhunderte zuvor wurde die deutsche Frau immer mehr als Mutter denn als Frau definiert«, meint die französische Feministin Élisabeth Badinter in einem *ZEIT*-Interview. Im Frankreich des 18. Jahrhunderts übergaben zumindest gut situierte Frauen ihre Kinder Ammen und Lehrern, heute kommen dort so gut wie alle sehr früh in die Krippe. Französische Mütter können Vollzeit arbeiten, sich elegant stylen und Rotwein trinken. Es ist ihnen erlaubt, da der Markenkern der Französin mehr (erotische) Frau als (hocheffiziente) Mutter ist. Die deutsche Super Mom dagegen, die einen Krippenplatz ergattert, bucht das schlechte Gewissen gleich mit. Wo sie geht und steht, überwacht man sie mit Argusaugen. Wie sehr Mütter sich auch gegenseitig überwachen und strafen, sah man 2015. In diesem Jahr lancierte die israelische Soziologin Orna Donath eine Studie zu Frauen, die die Mutterschaft bereuten. In kaum einem Land wurde darüber so heftig debattiert wie in Deutschland. Unter dem Hashtag #Regrettingmotherhood zerfetzten sich zwei mütterliche Lager: die einen, die endlich Klartext über Babuschka reden wollten – und die anderen, die der feindlichen Partei Weinerlichkeit vorwarfen. Wohlgemerkt: Die Frauen in der Studie bereuten die mit der Mutterschaft verbundene *Rolle. Nicht* ihre Kinder, die sie von Herzen liebten. Aber natürlich ist dieser feine Unterschied viiiiiieeeeeeeeel zu subtil für unser nationales Mutterverständnis. Ordnung muss sein. Jeder Hauch einer Differenzierung wird gleich vom Platz gefegt. Es gelten die *Zehn ungeschriebenen Gebote der deutschen Mutter:*

1 Du sollst eine »gute« Mutter sein.
2 Du sollst in Teilzeit gehen, für 50 Prozent bezahlt werden und 100 Prozent schuften.
3 Du sollst für dein eigenes Kind wie auch für die anderen Kita-/Schul-Schratzen Kuchen backen, Gift-Bags befüllen, Fahrdienste übernehmen.
4 Du sollst keinen Schlaf kriegen und auch keinen Rotwein (das hier ist nicht Montmartre, Schätzchen!).
5 Du sollst für familienbedingte Auszeiten finanziell bluten.
6 Du sollst um deinen Wiedereinstieg kämpfen müssen.
7 Du sollst zu müde sein, um dich mit Aktien (zur Absicherung deiner Rente) zu befassen.
8 Du sollst dich schuldig fühlen, wenn du Zeit mit deinen Kindern verbringst.
9 Du sollst dich schuldig fühlen, wenn du arbeitest.
10 Dein Leben soll so schnell an dir vorüberrauschen, dass du nicht zum Rebellieren kommst.

Es sind diese Gebote, die hinter der Mutter aller Fragen (Kind oder nicht?) und ihrer Schwiegermutter (Heiraten oder nicht?) stehen. Sie wirken auf das kollektive Unbewusste wie Opioide auf Schmerzpatienten, lullen ein, lenken von Ungerechtigkeiten ab. »Männer und Frauen sind gleichberechtigt. Der Staat fördert die tatsächliche Durchsetzung der Gleichberechtigung von Frauen und Männern und wirkt auf die Beseitigung bestehender Nachteile hin.« So steht es seit 1957 im Grundgesetz. Von wegen. Wenn du wie über 70 Prozent aller deutschen Frauen erwerbstätig bist und Mutter wirst, beginnt erstmal der Kampf um einen Betreuungsplatz. Du hast kein Recht auf einen würdigen Wiedereinstieg in Teilzeit *oder* Vollzeit. Kein Recht auf eine Entlohnung oder zumindest angemessene Entschädigung aller Kümmer-, Wasch-, Putz-, Etc.-Pflichten, die wie selbstverständlich der Zentrale der Zuständigkeiten obliegen und die du nicht nur während der Elternzeit, sondern auch noch lange danach erfüllst. Kein Recht auf eine Rente, von der du als Alleinerziehende und/oder nach einer Scheidung leben kannst. Für viele ist der Heiratsmarkt lohnender als der Arbeitsmarkt: »Je länger die Unterbrechungen der Erwerbstätigkeit«, so die Soziologin Jutta Allmendinger, »je geringer die Arbeitszeiten und das Einkommen, desto höher die Gefahr von Altersarmut.«

Kinder ändern alles. Auch 2022 gilt hierzulande: Frauen sind emanzipiert, Mütter meist immer noch nicht. *Nicht, weil sie es nicht sein wollen – weil sie es nicht sein sollen.* Das System lockt Super Woman mit der »Traumhochzeit« und macht Super Mom zu seiner Sklavin. »Das System«, ergo: die Ungleichverteilung von Privilegien und Pflichten, die männlichen Machtstrukturen, das starre heroische (→ #15) Männlichkeitsideal. 2021 schlug das Müttergenesungswerk erstmals Alarm: »Die Frauen können nicht mehr!«. Und was änderte sich? Nichts. Die schlimmste Folge der »Re-Traditionalisierung« von Super Mom ist nicht, dass sie zu selten Vorständin und Aufsichtsrätin sein darf. Sondern dass sie an allen Ecken und Enden ausgebeutet wird. Das ist nicht normal. Das ist ein Skandal.

Überlebensstrategie #16: Werde Realistin

(Ungeschriebenes) 11. Gebot der deutschen Mutter: Du sollst erkennen, dass das größte Glück auf Erden verheirateten Super Moms vorbehalten ist. Bullshit. Auf die Scheinheiligkeit dieser verlogenen Gesellschaft kannst du verzichten. Wenn du dich fragst, ob du jetzt ein

Kind kriegen sollst, beachte die Unterschiede zwischen *Optimismus, Pessimismus* und *Realismus*. Von einer dieser Haltungen wird es abhängen, welche Antwort du wählst, welche Position im gesellschaftlichen System du einnehmen und was du unter Glück und Sinn verstehen wirst.

Die *Optimistin* sieht alles in goldenes Sonnenlicht getaucht. Sie glaubt, dass sie leicht erziehbare, hochintelligente Kinder haben wird, dass sich ihr Partner – nicht nur beim nächtlichen Windelwechseln – als nachhaltig kooperativ erweisen wird, dass es für jedes Problem eine Lösung gibt und sie selbst wie eine ewige Braut durchs Leben segeln wird. *Die Pessimistin* blickt auf dieselbe Welt wie die Optimistin – sieht aber etwas völlig anderes. Raubtierkapitalismus, Ungleichheit, Rassismus, Autoritarismus, Erderwärmung, Horrorviren. Sie glaubt, dass der Mensch sich nie zum Besseren wandeln wird und hält das Leben für mehr oder weniger sinnlos. Die Optimistin dagegen kann gar nicht anders, als an einen Sinn zu glauben – weil sie fest davon überzeugt ist, dass sie ihn selbst in der Hand hat. Genau wie ihr Glück. Wenn sie auf die dreißig zusteuert, beginnt das *Ungeschriebene 11. Gebot* in ihren Ohren zu klingeln, und sie weiß, was zu tun ist. Der größte Feind der Optimistin sind verlorene Illusionen – weshalb man sie nie, nie, nie aus ihren Träumen reißen darf. Die Pessimistin wiederum fängt erst gar nicht an zu träumen. Sie fragt sich nicht lange, ob sie »jetzt« ein Kind kriegen soll, sondern ob »überhaupt«. (Bin ich überhaupt fruchtbar? Hat es überhaupt einen Sinn, wenn doch eh alles sinnlos ist?) Entweder sie vertritt eine *antinatalistische Position* und findet, dass man in eine schlechte Welt keine Kinder setzen darf. Oder sie ist besorgt um ihre eigene Zukunft. Sie sieht ja an ihren Freundinnen, wie anstrengend Muttersein ist. Postnatale Depression! Schreikind! Schlafentzug! Sie verschiebt die schwierige Entscheidung (→ #4) und malt sich aus, wie es wäre, wenn sie auf ihre Yogastunden verzichten, mit dunklen Augenringen herumrennen und auf öffentlichen Toiletten Windeln wechseln, stillen und abpumpen müsste. Sofern ein klitzekleiner Restoptimismus in ihr steckt, kann es sein, dass die Pessimistin das Einfrieren ihrer

Eizellen erwägt. Seit die moderne Medizin nicht mehr nur Krankheiten behandelt, sondern auch als Dienstleisterin körperlich-seelischer Optimierung fungiert, erscheint *Social Freezing* (für die, die es sich leisten können) als probates Mittel, erst mal den Druck wegzunehmen und in Ruhe »Karriere« zu machen. Ist das pragmatisch oder egoistisch?

Die *Realistin* ist anders. Weder optimistisch noch pessimistisch. Sie rechnet mit dem Schlimmsten und hofft auf das Beste. Sie will nicht ausschließen, dass das Leben – vom Kosmos aus betrachtet – sinnlos ist. Welchen dieser leuchtenden Sterne da draußen soll es interessieren, in welcher Galaxie wir existieren, ob wir glücklich sind oder unglücklich, Kinder kriegen oder nicht? Trotzdem geht sie davon aus, dass es eine sinnvolle Existenz geben kann – nämlich aus der gemeinsamen Perspektive mit Leuten, mit denen man sein Leben teilt. Fast jeder Mensch macht einen positiven Unterschied für irgendeinen anderen Menschen. Fast jeder kann Sinn und Glück mit Familie, Freunden, sogar Fremden erleben. *Sinn und Glück sind real.* Die Realistin sieht die tausend Nachteile, die sie als Mutter haben wird – genauso wie die unzählbar vielen schönen, intensiven, kostbaren Momente. Sie hat nicht »diese Berlin-Mitte-Naivität«, wie die Journalistin und dreifache Mutter Katrin Wilkens es nennt. *Weil sie überzeugt ist, dass sie alles kann, aber nicht alles muss.* Dass sie zwar *alles haben kann.* Aber eben *nicht alles zum selben Zeitpunkt.*

Alles hat seine Zeit. Sollst du jetzt ein Kind kriegen? Ich rate dir zum Realismus – und sage: Ja. Wenn du mich fragst, liegt der Sinn des Lebens nicht im perfekten Glück (das ohnehin nicht existiert), sondern darin, zu leben, zu lieben, zu lernen und auch in dunkelste Tiefenschichten der Existenz vorzudringen. Glück und Unglück, Sinn und Unsinn sind grundlegende Elemente einer Reise, auf die wir zufällig geschickt wurden, auf der alles möglich ist und von der wir nur wissen, wie sie endet: mit dem Tod. Noch bist du quicklebendig und voller Kraft. Wenn du einen Kinderwunsch hast, zögere nicht zu lange. Vielleicht klappt es auch gar nicht – aber auch dann geht dein Leben weiter. Wenn doch, wird das Kind dein Leben auf eine Weise vertiefen, die du dir nicht einmal ansatzweise vorstellen kannst. Sei nicht naiv. Mach dir klar, dass du es mit einem scheinheiligen System zu tun hast, das sich einerseits nur für die »Mutter« in dir interessiert und dir andererseits suggeriert, mit deiner Gebär- und Sorgekompetenz allein seist du aber auch nichts wert (siehe das 8. und 9. Gebot). Du kannst das System ändern. Vielleicht hast du weder Zeit noch Kraft, *Mütter für Rentengleichheit e. V.* oder *Sklavinnen United gGmbH* zu gründen. Dann kannst du immer noch bei dir selbst anfangen – und anderen ein Vorbild sein. Indem du aufhörst zu glauben, du könntest alles gleichzeitig haben. Und Entscheidungen triffst, die hundertprozentig deine sind.

Prüfe sorgfältig, wer der Mann deines Lebens (→ #9) sein soll (vielleicht ist es ja auch eine Frau?). Die Partnerwahl ist nicht nur entscheidend für deine Zukunft als Mutter – wenn du eine Führungsposition innehast oder anstrebst, wirkt sie sich auch auf den Verlauf deiner Karriere aus. Ich persönlich kenne keine einzige Frau mit Top-Job, die verheiratet oder fest liiert ist und deren Partner sie nicht hundertprozentig unterstützt. Wenn du dir ein Kind wünschst, aber beruflich nicht zurückstecken willst, brauchst du starke Schultern, die die Wäsche machen und ein zusätzliches leistungsstarkes Gehirn, das selbsttätig daran denkt, Pampers mitzubringen (→ #20). »Es geht nicht um Biologie, es geht um Bewusstsein«, hat die Feministin und Aktivistin Gloria Steinem einmal gesagt. Ich glaube, es geht um beides. Noch sind es eben nur Frauen, die Kinder austragen und gebären können. Solange sich an dieser biologischen Tatsache nichts ändert, wird es immer Leute geben, die daraus Kapital schlagen. Solange brauchen wir ein verändertes Bewusstsein. Die Gesellschaft braucht es, dein Partner – und du selbst. Fall nicht auf das *Ungeschriebene 1. Gebot* herein. Es will dich dazu verführen, die perfekteste aller Super Moms zu werden. Damit wirst du vielleicht das Mutterkreuz gewinnen, aber bald auch beim Müttergenesungswerk anklopfen müssen. Oft liegt der Hund in dem begraben, was die Sozialpsychologie *Maternal Gatekeeping* nennt: die Angewohnheit, Sorge-Aktivitäten nicht zu delegieren, sondern fast manisch an sich zu reißen.

Mach dir bewusst, dass es egal ist, ob dein Kind mit zwei verschiedenen Socken, fettigem Haar und schmutzigen Jeans in der Kita aufläuft, weil dein Mann sich darum »gekümmert« hat. Mach es dir bewusst, dass es *völlig egal* ist, was die anderen über dich und deine Familie denken. Gelästert wird sowieso. Und gelogen (am häufigsten über das eigene Geld, den eigenen Sex und die eigenen Kinder). Sofern du dich nicht unsolidarisch und kriminell verhältst, gilt: Je unangepasster du dich als Mutter gibst, desto gelassener und souveräner kannst du sein, desto mehr kannst du dazu beitragen, an den gesellschaftlichen Verhältnissen zu rütteln. Mach dir all das bewusst und treffe deine eigenen Entscheidungen – *bevor du schwanger wirst.* Und dann leg los.

Muttersein ist Work in progress. Jeder Tag mit Kind ist anders, jeder ist verwirrend, aufregend, schrecklich, schön. In jeder Lebensphase gibt es andere wichtige Dinge zu planen. Auf die Babypause folgt meist der Wiedereinstieg. Damit der in deinem Sinne gelingt, brauchst du vielleicht eine professionelle Beratung (Stichwort: Rentenvorsorge!). Behalte auch dies im Hinterkopf. Wenn es so weit ist, gehe zu einer guten Job-Profiling-Agentur, die dir auf die Sprünge hilft. Vielleicht willst du nach der Geburt deines Kindes auch gar nicht mehr arbeiten gehen. Weil du einfach nur Mutter sein willst. Weil du es nicht musst. *Auch gut.* Wenn du es nicht musst, lass dir nichts einreden. Es ist dein gutes Recht, die berufstätige Super Mom aus den Elementen deiner Identität zu entfernen. Die Mutter aller Fragen – und ihre Schwiegermutter – sollte allein dir gehören. Wir alle sollten individuell über sie verfügen können. Auch das gehört zur Emanzipation.

Ich habe keine Kinder (dafür habe ich eine Menge Bücher zur Welt gebracht). Hätte ich je einen Kinderwunsch gehabt, würde ich mir heute das Gleiche raten wie dir: Sei realistisch und sag Ja. Niemand kann alles schaffen, aber alles ist möglich. Deshalb möchte ich hier zum Schluss die Geschichte von Nancy erzählen. Nancy wird 1940 in »Little Italy« in Baltimore geboren. Ihre Vorfahren stammen aus

Neapel und den Abruzzen. Sie hat fünf ältere Brüder, ihr Vater ist ein einflussreicher demokratischer Lokalpolitiker. Nancy besucht die katholische Mädchenschule und soll auf Wunsch der Eltern Nonne werden. Doch dann studiert sie Politikwissenschaften in Washington. Während des Studiums lernt sie Paul kennen, heiratet ihn und bekommt in sechs Jahren fünf Kinder. Ihr Mann verdient als Investor gutes Geld, Nancy bleibt zu Hause. Als die Kids in den Kindergarten kommen, engagiert sie sich ehrenamtlich – und entdeckt ihr Talent als Fundraiserin. Bald organisiert sie die Jahrestagung der Demokraten. Ihre Ergebnisorientiertheit beeindruckt die Parteioberen. Mit 47 löst sie eine todkranke Kongressabgeordnete in ihrem Amt ab. Wir schreiben das Jahr 1983. Ihre jüngste Tochter besucht die High School, Ronald Reagan ist US-Präsident. »Don't agonize, organize«, ist Nancys Prinzip. Sie sucht sich männlichen Verbündete wie den ehemaligen Marinesoldaten, Bergbaurevier-Repräsentanten – und Macho – John Murtha oder den heutigen demokratischen Mehrheitsführer Chuck Schumer. Sie steigt weiter in der Partei auf. Trotz ihres konservativen katholischen Hintergrunds, trotz zahlreicher Attacken von Katholiken in ihrem Umfeld setzt sie sich für das Abtreibungsrecht ein, für Antidiskriminierung und die Gleichstellung von Schwulen, Lesben, Mann und Frau. 2007 wird sie erstmals Sprecherin des Repräsentantenhauses. Nach ihrer Vereidigung lässt sie sich – weil »Mutter« und »Macht« für sie zusammengehören – mit einer ganzen Kinderschar auf dem Podest fotografieren (siehe die Kaiserin Maria Teresia, die jedes Jahr ein Porträt von sich neben ihren sechzehn Kindern anfertigen ließ!). Nancy half Barack Obama, seine Gesundheitsreform durchzubringen. 2020 zerriss sie vor laufender Kamera Donald Trumps Manuskript von seiner Rede zur Lage der Nation. 2022 ist Nancy Pelosi 82 Jahre alt. Sie liebt dunkle Schokolade und Mörder-Stilettos. Sie ist anders als wir. Und doch ist sie eine von uns. Sie ist Vieles. Sie kann alles. Sie hat alles geschafft. Nur nicht alles zur gleichen Zeit.

Denken und sich zu irren ist besser,
als nicht zu denken.

Hypatia (360–415)

#17 EGO-SUPERSPREADER:
WARUM TUT LIEBE WEH?

Ohne Liebe wäre es auf diesem Planeten kaum auszuhalten. Jeder Mensch braucht Liebe, damit er wachsen und gedeihen kann. Ohne liebende Berührungen würden Babys nicht überleben. Ohne Liebe gäbe es überhaupt keine Babys. Es gäbe: nichts. Kein Vertrauen, keine Hoffnung, keine Versöhnung. Liebe ist ein Wunder. Leider verwechseln wir »Wunder« zu oft mit »Maximum«. Gerade in romantischen Beziehungen erwarten wir oft das Höchste – und werden genauso oft bitter enttäuscht. Dann wird das, was eben noch in goldenes Licht getaucht schien, plötzlich aschfahl. Grenzenlose Freude verkehrt sich in grenzenlosen Schmerz. Warum tut Liebe weh? Wie kann das sein, *investieren* wir nicht genug in unsere Liebe? Nun. Sagen wir mal so: Es ist kompliziert …

Liebe an sich ist wunderbar, immateriell. Das Wort »Liebe«, das schön klingt, ist hingegen ziemlich ausgeleiert. Du kannst es mit beliebigen Inhalten füllen, zweckentfremden und so lange darauf herumreiten, bis es nichts mehr bedeutet. Jede Kultur eignet sich den Liebesbegriff anders an. Jede pickt sich die Aspekte heraus, die ihr ideologisch am besten in die Schublade passen. In unserer Gesellschaft geht es nie einfach nur um Liebe, sondern immer auch darum, wem sie wie nützt, was sie für jemanden oder etwas sein soll. Die Liebe zwischen zwei Leuten gilt heute als Privatangelegenheit, für die jeder und jede selbst verantwortlich ist, zugleich jedoch als Premium-Emotion, die du nach außen präsentieren sollst wie einen toll kuratierten Instagram-Account. Damit ja alle wissen, wie glücklich du bist. Liebe soll gleichermaßen echt, groß und einzigartig sein. Wie kommen wir auf diese Idee? Laut der israelischen Soziologin Eva Illouz sind die Wertvorstellungen, die wir mit Liebe assoziieren, »tief mit Fiktion und Fiktionalität verwoben«. Das heißt: *Dass* du dich nach der echten, großen, einzigartigen Liebe sehnst – und *wie* du es tust –, ist nie nur auf deinem eigenen Bedürfnismist gewachsen. Was du begehrst, ist immer auch ein Produkt von Romanen, Filmen, Serien und sozialen Netzwerken. Medien sind die Geschmacksverstärker unserer Kultur. Das Unechte, Lügenhafte, Kitschige, das aus ihnen heraustrieft, beeinflusst massiv, wie du Liebe interpretierst – welche romantischen Träume und Sehnsüchte du in dir nährst. Werfen wir einen Blick zurück in die 1990er-Jahre, das letzte internetfreie Jahrzehnt, das mit *Pretty Woman* begann und mit *Sex and the City (SATC)* endete. In beiden Produktionen ging es um die Suche nach echter, großer, einzigartiger Liebe; mit dem Unterschied, dass die *SATC*-Heldinnen nie ans Ende kamen. Selbst wenn sie Liebe gefunden hatten, wurden sie nicht fündig. Denn schon in der nächsten Folge schien eine noch echtere, größere, einzigartigere Liebe greifbar.

In *Pretty Woman* bekehrt die Prostituierte Viv (Julia Roberts) als tapsige Cinderella einen Finanzhai (Richard Gere) zur Liebe – und er sie zum Statusbewusstsein. Carrie, Samantha und Co. dagegen waren arrivierte *Mega Women* mit gigantischen Ansprüchen, die am liebsten aus der ICH-Perspektive losquatschten. 22 Jahre nach Ende der letzten Staffel muss man feststellen: Die vier sympathischen Serien-Freundinnen waren pseudo-feministische Egoistinnen. Perfekte Protagonistinnen der materialistischen 100-Prozent-Kultur. Sie wechselten nicht nur Affären, sondern auch die Lieben ihres Lebens (→ #9) wie Designer-Taschen. Das alles scheint längst vergangen. Serien-Steinzeit. Und doch choreografieren Fiktionen weiterhin die Träume der modernen Frau. Super Woman will erstens ein gutes Leben und zweitens nicht mit irgendjemandem. Sondern nur mit dem oder der Besten und Singulärsten. Super Woman hat keine Geduld, weder mit sich noch mit anderen, aber die höchsten Ansprüche. Sie tut alles für alle. Sie ist zerrissen zwischen weich und hart. Sie will endlich eine Belohnung. Am liebsten die Top-Liebe. Am liebsten sofort.

Die wunderbare, an sich unbeschreibliche, immaterielle Liebe kämpft ums Überleben. Sie ertrinkt fast in immer neuen Fluten aufregender, kitschiger Stories – nun auch mit freundlicher Unterstützung von Netflix und anderen digitalen Aromastoffen. Kaum kriegst du sie zu fassen, erweist sie sich als glitschiges, stacheliges Etwas, das nicht hält, was du dir von ihm versprochen hast. Du magst verantwortlich für die Gestaltung deiner Liebesbeziehungen sein – Drehbuchautoren, Influencerinnen, Promis sind verantwortlich für *die normative Wirkung der Bilder*, die via HD und Retina-Displays in diese Gestaltung einfließen. Bild schlägt Realität, Skript schluckt Authentizität. Die »geskriptete« Liebesrealität verseucht deine Emotionen so schnell, dass du kaum blinzeln kannst. Seit den 1990ern haben sich die Grenzen zwischen privat und öffentlich, analog und digital, nah und fern spürbar verflüssigt. »Liebe« ist überall, auf Tinder, Amazon Prime und Facebook. Michelle und Barack, Kate und William, Ana und Basti: Die berühmtesten »Liebenden« der Welt kennst du fast so gut wie Oma und Opa.

Wenn du den konkreten Grund für das Schmerzpotenzial der Liebe wissen willst, mach die Augen auf. Halte dir vor Augen, was Liebe alles *nicht* ist: eine Erfolgsserie, eine multimedial verbreitete Marke, ein Exzellenzausweis, ein gewinnorientiertes, optimierungsbedürftiges Großprojekt. All das ist Liebe nicht. Und doch geht Super Woman dieser Nicht-Liebe immer wieder auf den Leim. Zwar sorgt sie sich um die Erderwärmung, aber immer noch tickt sie ziemlich materialistisch und leider auch ziemlich narzisstisch. Ja, Super Woman kauft Fair-Trade-Bananen und nutzt Car-Sharing. Ja, Super Woman gibt sich ethisch und nachhaltig. Doch ihre Ansprüche sind und bleiben hoch, und sie will auf nichts verzichten. Dafür arbeitet sie hart. Sie ist so sehr damit beschäftigt zu kriegen, wovon sie träumt, dass sie den Zusammenhang zwischen Materialismus und Ego-Zentrierung verkennt.

Zu Sigmund Freuds Zeit war Hysterie (→ #7) groß in Mode. In den letzten Jahrzehnten scheint der Narzissmus mehr und mehr zur Norm geworden. »Hysterikerin« ist heute ein Schimpfwort. Von Narzisstinnen hingegen ist erst gar nicht die Rede (passt nicht zum weiblichen Klischee) ... höchstens von erfolgreichen weiblichen *Brands*. Und doch gibt es Narzissmus natürlich auch bei Frauen. Die US-Psychologen Jean M. Twenge und W. Keith Campbell beschreiben den Narzissmus (wie Freud einst den Neurotizismus) als kulturelles Phänomen. Mehr noch, sie nennen ihn eine Epidemie, weil er so ansteckend ist. Milliarden Ego-Superspreader gehen Jahr für Jahr viral. Die berühmtesten unter ihnen verpesten die Wohnungen und Schlafzimmer dieser Welt – das heißt: nicht sie selbst, sondern ihre multimedial geteilten Stories. Nicht alle Promis sind Ego-Superspreader und nicht alle Ego-Superspreader Promis. Aber alle sind irre charismatisch und unwiderstehlich – wie Carries »Mr. Big« aus *SATC* (während ich dies schreibe, dreht man gerade die, nun, sagen wir: politisch korrekte Neuauflage der Serie). Leute wie der fiktionale »Mr. Big« lieben die Bühne, das Zentrum der Aufmerksamkeit. Ihre Lieblingsworte sind »ICH« und »WIR« (was das Gleiche bedeutet). Sie agieren manipulativ und ausbeuterisch. Für ihren »Erfolg« gehen sie über Leichen. Oft sind sie in ihrem Job erfolgreich, sitzen sogar in Vorständen, Aufsichtsräten, den obersten Etagen von Politik und Sport – oder im Knast. Sie wollen immer siegen, nie verlieren und nur mit Leuten verkehren, die sie als ebenso groß und einzigartig ansehen wie sich selbst – die ihr ICH aber bloß nicht bedrohen dürfen. Ihr Beziehungsmuster schwankt zwischen Idealisierung und Entwertung: Wenn du sie bewunderst, bist du für sie genial und megasexy. Sobald du sie jedoch kränkst, *canceln* sie dich. Ego-Superspreader haben zwei gegensätzliche Seiten: die witzige und charmante und die wütende, rachsüchtige, brutale, kriminelle. Als spiegelte die Schwarz-oder-Weiß-Brille, durch die sie dich sehen, ihr eigenes Inneres. Zu menschlichen Emotionen wie Empathie und Vertrauen sind sie unfähig. Dafür versprühen sie großflächig gefakte, »geskriptete« Gefühle wie Pathos und Sentimentalität.

Das narzisstische Spektrum ist groß. Man muss unterscheiden zwischen solchen, die einfach nur irre unangenehm und verletzend sein können, und solchen, die eine klinisch relevante narzisstische Persönlichkeitsstörung aufweisen. Ich habe über viele Jahre mit stationären Patienten des Klinikums für Psychiatrie der Münchener Ludwig-Maximilians-Universität philosophiert, auch mit pathologischen Narzissten. Diese Menschen, mit denen ich jede Woche über Sinn und Unsinn des Lebens sprach, schienen mir oft tapsig und desorientiert wie Welpen. Sie landeten nicht in der Klinik, weil sie sich so genial fanden, sondern weil ihr Selbstbild, ihre Selbstsicherheit zusammengebrochen war. Weil sie plötzlich verlassen worden waren, auf einmal ohne Job, Geld, Status dastanden. Weil statt Grandiosität nur noch Einsamkeit und Depression übrig war.

Die Ego-Superspreader, um die es in diesem Kapitel geht, werden nicht krankgeschrieben, weil ihre Auffälligkeit entweder nicht klinisch relevant ist – oder ihre Pathologie unerkannt bleibt. Diese Leute sind das Epizentrum der narzisstischen Epidemie, die nicht nur Individuen befällt, sondern auch Paare, Familien, Institutionen. Merke: Auch die Ehe ist eine Institution, die narzisstisch verpestet sein kann. Beliebte Heiratsobjekte von EgoSuperspreadern sind a) graue Mäuse, b) gleißende Trophäen und c) idealisierte Gegenstücke. Die Vorteile dieser Varianten liegen auf der Hand: a) gibt keine Widerworte, b) steigert die eigene Attraktivität, c) ist *fast so* intelligent und erfolgreich wie ICH selbst; die perfekte Hälfte des sogenannten Power Couples.

Ein allseits bewundertes und respektiertes Power Couple waren einst zwei wohltätige Milliardäre: Bill und Melinda Gates. Was wirklich zwischen den beiden ablief, werden wir nie erfahren. 2021 schlug die Nachricht ihrer Scheidung ein wie eine Bombe. 27 Jahre lang scheinen Melinda und Bill *alles* zu haben: Geld, Ruhm, Status. Drei bildungstechnisch totaloptimierte Kinder und die weltpolitisch einflussreichste private Stiftung überhaupt. Melinda und Bill: zwei Superhirne mit Superherz! »We're equal«, Wir sind gleich (gestellt), sagt

Melinda, Computerwissenschaftlerin, Philanthropin, Frauenrechtlerin, 2019 in einer Doku über ihren grandiosen Mann. Und plötzlich: die Scheidung. Wie sich herausstellt, hat Bill Melinda nicht nur mehrfach betrogen, sondern flog auch mit dem Milliardär und Mädchenhändler Jeffrey Epstein – der später wegen sexuellen Mißbrauchs von Minderjährigen verurteilt wurde und sich erhängte – in dessen Privatjet »Lolita Express«. Ein Tweet geht um die Welt, in dem Melinda und Bill das Ende von »allem« verkünden. Trotz der vielen »Arbeit an unserer Beziehung«: »Wir glauben nicht mehr, dass wir gemeinsam als Paar wachsen können.« Aha! Arbeit ineffektiv, Wachstum mies – da muss die Liebe ja baden gehen. Die Bill-und-Melinda-Lovestory ist das perfekte Skript für die narzisstische Liebeskultur, deren Markenkern das Höchste und Einzigartige ist und die keine Mühe scheut, sich mittels sensationeller Bilder als authentisches Gesamtpaket zu inszenieren. Die Bill-und-Melinda-Story toppt alles, auch nachdem sie geflopt ist. Sie ist real und irreal zugleich. Auch die beste tragische Netflix-Romanze kann es nicht mit ihr aufnehmen. Die Welt ist und bleibt geschockt: Bill und Melinda lassen sich scheiden! Doch der eigentliche Skandal ist nicht die Scheidung. Skandalös ist vielmehr, dass eine kleinere oder größere Prise Gates auch unsere eigenen romantischen Gefühle versalzt. Von *Pretty Woman* zu *SATC*, von Melinda und Bill zu Meghan und Harry: Die medialen Folien vom Suchen und Finden der echten, großen, einzigartigen Liebe verzerren unsere Intimbeziehungen zu wettbewerbskonformen Exzellenzprojekten. Auch wenn du nicht gut findest, was die Medienstars treiben – sie schaffen es doch immer wieder, dir auf die Pelle zu rücken. Durch ihre Dauerpräsenz scheinen sie dir irgendwie nah (näher als Oma und Opa!). Laut der Soziologin Doris Mathilde Lucke sieht man auch unter Durchschnittspaaren »nun häufiger Doppel-Egos«, was mit der »oft ökonomisch motivierten« »Optimierung des gesamten Lebens« einhergehe. Wie Luck gegenüber der *FAZ* erklärte, agieren solche Paare als »Unternehmen«, die vorhandenen Liebesressourcen effizient zu nutzen – und perfekt zu inszenieren.

Es gibt Partner, die gleichberechtigt leben und einander unterstützen, weil sie sich lieben. Und es gibt Partner, die ihre Liebe managen, weil sie Teil ihrer Karriere ist. Oft verwechseln sie die echte, große, singuläre Marke ihrer »Liebe« als Bestandteil ihres Personal Brandings mit dieser Liebe selbst.

Verstehst du jetzt besser, wann und warum Liebe wehtut? Sie tut weh, wenn sie vorgibt zu sein, was sie *nicht* ist und niemals sein kann: das, was uns die narzisstische Kultur verklickern will. Ein 5-Sterne-Ding, das man einfach haben muss. Ego-Superspreader-Love ist *Nicht-Liebe. Nicht Liebe tut weh – Nicht-Liebe tut weh*. Nicht-Liebe gründet auf falschen, unrealistischen Erwartungen. Liebe dagegen ist etwas völlig anderes. Keine Materie, kein Material, kein käufliches Objekt. Liebe ist eine Fähigkeit, die befreit … und erstaunlich unkompliziert ist.

Überlebensstrategie #17: Bring dein Herz zum Klingen

Wo du unter dem Einfluss der Nicht-Liebe stehst, fühlst du dich erst stark wie Hulk im Lottokönigingewand. Gigantisch, magisch, aufregend bis zum Abwinken – und dann ist da plötzlich ein großes Weh. Hat sich dein Traumprinz in eine hässliche Kröte verwandelt? Hier habe ich etwas für dich. Angenommen, der Prinz – jetzt die Kröte – an deiner Seite heißt Theo. Geh folgende Liste durch:

– Theo geht für die Nachbarin einkaufen.
– Theo liebt mich.
– Theo bringt meine Mutter zum Lachen.
– Theo hat meinen Hund krankenhausreif geschlagen.
– Theo hat sehr viele Freunde.
– Theo spendet jedes Jahr 1000 Euro an die Kindernothilfe.

Schließ die Augen und öffne sie wieder. *Weit*. Jetzt siehst du, wofür du gerade noch blind sein wolltest. Genau: Dein »Mr. Big« und die Sache mit dem Hund passen nicht zusammen. Nimm diese beiden Sätze:

– Rauchen ist tödlich.
– Ich rauche gern.

Auch bei diesen Aussagen hast du es mit einem deutlichen Widerspruch zu tun. Es handelt sich um eine massive logische Inkonsistenz, eine sogenannte *kognitive Dissonanz*. Was tust du, um sie aufzulösen? Du beginnst zu *rationalisieren*: »Schon klar, Nikotin kann Lungenkrebs etc. verursachen, ABER sonst lebe ich total gesund. Ich ernähre mich makrobiotisch und mache sehr, sehr, *sehr* viel Sport. Und ich rauche sowieso nur, wenn ich trinke. Und übrigens: Auch wenn ich nicht rauchen würde, könnte ich an Lungenkrebs sterben.« Und um deiner Argumentation noch mehr Schwung zu verleihen, fügst du (mit hochgezogenen Augenbrauen) einen weisen Sinnspruch hinzu: »No risk, no fun!« Was Theo betrifft, könntest du rationalisieren: »Theo hat es ja nicht so gemeint. Er wollte dem Hund ja nichts Böses. Theo hatte einfach nur einen sehr schlechten Tag, da sind die Sicherungen bei ihm durchgebrannt. Außerdem hatte er eine schwierige Kindheit.« Mit dieser Methode mag es dir schlagartig besser gehen – bis zum nächsten Mal. Theo bringt das Tier höchstpersönlich zur Veterinärin, fällt vor dir auf die Knie, umklammert deine Unterschenkel, du verzeihst ihm – zwei Wochen später tritt er im Streit deine Tür ein. Oder dein Herz. Weil sich herausstellt, dass er dich schon wieder betrogen hat.

Warum tut Liebe weh? Eine möglicher Grund ist also: weil du mit einem Ego-Superspreader liiert bist ... oder warst. In beiden Fällen kriegst du *ihn* nicht mehr aus dem Kopf. Du musst ständig über ihn nachdenken, reden, deine Freundinnen mit dem Thema Theo nerven. Nicht, weil du diese Kröte immer noch so prinzengleich findest, sondern weil sein Verhalten aus deiner Sicht keinen Sinn macht. Es ist absurd, widersprüchlich, paradox. Für Ego-Superspreader ist »Liebe« ein Spiel, dessen Gewinner immer schon feststeht. Wenn du trotz aller Schmerzen mit Theo zusammenbleiben willst – als »Co-Narzisstin«, wie Psychologen Partner von ICH-Besessenen nennen –, deine Entscheidung. Kann sein, dass Theo mit zunehmendem Alter, nun, sagen wir, »milder« wird. Laut einschlägiger Studien schwächen sich die narzisstischen Persönlichkeitsanteile etwa ab der Lebensmitte ab. Doch was, wenn nicht?

Vielleicht hast du dir mit Theo etwas zusammen aufgebaut, vielleicht gibt er dir immer noch etwas, worauf du nicht verzichten möchtest. Gewisse *Benefits*, die erklären, warum du weiter in diese Nicht-Liebe *investieren* willst. Beachte die Wortwahl. Wenn du so denkst, könnte es sein, dass materialistische Aspekte in deiner Beziehung nicht unwichtig sind. Was absolut legitim ist – solange du es nicht übertreibst, solange du nicht vor lauter Weh auch noch um einen Therapieplatz kämpfen musst. Um bei den ökonomischen Metaphern zu bleiben: Der größte Fehler, den du beim Investieren machen kannst, ist nicht, auf schlechte Aktien zu setzen. Der größte Fehler ist, *noch mehr* in schlechte Aktien zu investieren …

Was kannst du tun, um nie wieder einem Ego-Superspreader zu verfallen? Ich könnte sagen: Hör auf, von der echten, großen, einzigartigen Liebe zu träumen! Streame keine Romanzen mehr, hör auf, deine Situation mit den echten, großen, einzigartigen Lieben deiner Freunde zu vergleichen! (Übrigens: was beweist, dass sie es sind?) Doch wenn ich das täte, könnte ich auch gleich sagen: Hör auf, Schokoeis zu essen (wenn du auf Schokoeis stehst), oder: Denk *nicht* an eine Kröte! Ich möchte deine Willenskraft nicht strapazieren – die brauchst du noch an ganz anderer Stelle. Wie, du fühlst dich nicht gemeint, romantische Serien interessieren dich so wenig wie Schokoeis, du liest keine Klatschzeitungen, hast nicht mal einen Instagram-Account? Täusch dich nicht. Selbst wenn du nur mit deinem alten Klapphandy kommunizierst: Sobald du auf die Straße trittst, riskierst du eine Infektion. Denn fast jeder Mensch, mit dem du es da draußen zu tun hast, ist multimedial verstrahlt und gibt die künstlich aromatisierte Liebe durch das, was und wie er über Intimbeziehungen denkt, an dich weiter.

Wähle die pragmatische Lösung. Sobald dir ein umwerfend charismatischer Mensch begegnet, mach den »Mr. Big«-Test: Behandelt er dich wie seine Prinzessin, seine Mitarbeiter aber wie den letzten Dreck?

Liebt er Statussymbole? Und das Wort ICH? Stellt er höchste Ansprüche? Erwartet er eine Vorzugsbehandlung? Wie nah sind ihm seine besten Freunde wirklich? Fühlt er sich auf Partys wohler als bei dir daheim? Was weißt du über seine früheren Beziehungen – waren sie hochdramatisch oder endeten wenigstens so? Je öfter du mit Ja antwortest, desto mehr liegt es auf der Hand, dass du das Weite suchen solltest

Warum tut Liebe weh? Zweite mögliche Antwort: Dein Herz klemmt. Zu viel Ambition hat dein Innerstes verstellt. Du bist, ohne es zu wollen, zur dauerrotierenden Liebes-Managerin geworden. Weil du dachtest, deine Partnerschaft, deine gesamte Familie müsste so »exzellent« daherkommen wie du selbst. Wozu? Als äußerer Beweis für dein Glück? Bist du glücklich? Mach dir klar: *Liebe hat nichts mit Ratings und Rankings zu tun. Liebe ist nicht nur ein Gefühl, sondern auch eine Fähigkeit, die man lernen und einüben kann wie ein Musikinstrument.* Erich Fromm sprach daher von der »Kunst des Liebens«. Einer Kunst, die mit Selbstliebe beginnt. Was nicht das Geringste mit Selbstverliebtheit zu tun hat. »Wenn ein Mensch fähig ist, produktiv zu lieben, dann liebt er auch sich selbst. Wenn er nur andere lieben kann, dann kann er überhaupt nicht lieben«, schreibt Erich Fromm.

Frag dich: Wann habe ich mir zuletzt etwas gegönnt, das nicht zugleich auch für jemanden oder etwas nützlich war? Wann war ich etwa zuletzt *richtig* faul (→ # 19)? Falls du einen Mangel an Selbstliebe bei dir witterst, stärke dein Selbstvertrauen. Das eine braucht das andere. Die schönste Definition von Vertrauen stammt von der Philosophin Annette Baier: »akzeptierte Verletzlichkeit«. Als moderne Frau bist du es natürlich gewohnt, dich auf dich selbst zu verlassen – deine Schnelligkeit und dein 360-Grad-Kompetenzen-Portfolio. Aber dass du dich auf dich selbst verlassen kannst, heißt noch lange nicht, dass du dir selbst *vertraust*. Wenn du dich auf deinen Wecker verlässt, und er einmal nicht um 05:30 Uhr klingelt, ärgerst du dich; aber du fühlst dich nicht verletzt. Verletzt fühlst du dich, wenn du es gewagt hast zu vertrauen: der Kröte an deiner Seite zum Beispiel. Du kannst dich darauf verlassen, dass diese Kröte dir weiterhin untreu ist – weshalb du ihr nicht mehr vertrauen kannst. Du versuchst es, aber es gelingt dir nicht.

Eher immunisierst du dich vor neuem Weh (etwa durch Rationalisieren). Vertrauen hieße, alle Sicherheitsmaßnahmen, mit denen dein Herz umzäunt ist, abzubauen. Wenn du vertraust, lässt du die Kontrolle los. *Wenn du dir selbst vertraust, akzeptierst du, dass du verletzlich bist* – weil du weißt, dass Verletzlichkeit eben das ist, was dich zu einem *wirklich* echten, großen, einzigartigen Menschen macht. Einer Frau, die nicht nur die Liebe anderer verdient, sondern auch ihre eigene. Vertrau darauf, dass du niemals das sein wirst, was du nach außen präsentierst. Du bist anders als die Bilder deiner selbst. Immateriell. Einzigartig. Fehlerhaft.

Wenn deine ambitionierte Dauerrotation aufgrund äußerer Hindernisse ins Stocken gerät, wenn du ungeduldig bist und dich ärgerst, weil du nicht vorankommst, betrachte dich von der Warte einer unparteiischen Beobachterin, die natürlich deinen Ärger spürt, aber viel weniger als du selbst. Sie ist nicht involviert in dein Tagesgeschäft. Aus ihrer Perspektive ist dein Ärger und der Grund deines Ärgers relativ unerheblich. Wenn du dich mit ihren Augen siehst, erkennst du plötzlich, wie sehr du um dich selbst gekreist bist – oder vielmehr, wie sehr du um das kreistest, was du ständig von dir selbst verlangst und erwartest und womit du nicht nur dich selbst, sondern auch dein Umfeld nervst und quälst. Auch das ist eine Ego-Nummer. Betrachte dich also von außen und frag dich: »Wie ist es wohl gerade für andere, mit mir zusammen zu sein? Für meinen Partner, meine Partnerin, meine Kinder, Eltern, Freunde, Kolleginnen?« Vertrau dir selbst in deiner ganzen fehlerhaften Verletzlichkeit. Weder bist du hart wie Kruppstahl noch weich wie Schafswolle. Akzeptiere deine eigene Unvollkommenheit und Verletzlichkeit und lerne, dir zu vertrauen, statt dich immer nur auf dich zu verlassen. Das sicherste Anzeichen für Selbstvertrauen ist Selbstironie. Merke: Es ist zielführender und kräfteschonender, über dich selbst zu lachen, statt dich aufzureiben und zu ärgern. Wenn du über dich selbst lachen kannst, blickst du liebevoll auf deine Mängel. Du realisierst, dass es noch sehr viel Größeres gibt als deine jetzige Situation. Und schon öffnet sich dein Herz in alle Richtungen, und seine Saiten beginnen vielstimmig zu klingen.

Hör auf, dich an der komplizierten, schmerzenden Nicht-Liebe abzuarbeiten. Liebe ist keine Arbeit, sondern – wie das Leben – Kunst. Es geht darum, zu schöpfen, zu gestalten und zu teilen. Frage dich also auch: »Mit wem kann ich meine Selbstliebe jetzt teilen?« *Das* ist ein Investment, das sich lohnt. Teile deine Selbstliebe mit den Deinen *so* wie mit jedem Menschen, der dir über den Weg läuft. Du musst diese anderen Leute nicht verstehen. Vielleicht sind sie langsamer und weniger kontrolliert als du. Vielleicht sind sie etwas egoistisch. Oder hängen Verschwörungsideen an. Oder Markus Söder. Oder es handelt sich um Transgender, Menschen mit Migrationsgeschichte und/oder Persons of Color. Leute, die du möglicherweise nicht verstehst und nie verstehen wirst, weil es in ihrem Innern ganz anders aussieht als in deinem. Wie die Soziologin Sherry Turkle sagte: »Empathie heißt nicht: ›Ich weiß, wie du fühlst‹, sondern vielmehr: ›Ich weiß nicht, wie du fühlst.‹« Ich glaube, Ähnliches gilt für die Liebe. Fang bei dir selbst an, auch wenn du dich selbst nicht ganz verstehst: Liebe dich und teile deine Selbstliebe. Trotzdem. Trotz allem. Mach immer den ersten Schritt. Schenke dir und anderen Vertrauen, Respekt und Freundlichkeit. Ich garantiere dir: Dein Herz wird klingen wie ein Philharmonieorchester.

Ein Wort ist tot, wenn es gesagt wird, sagen einige.
Ich sage, es beginnt gerade zu leben an diesem Tag.

Emily Dickinson (1813–1886)

#18 KAMPF DER SPRECHBLASEN: BIN ICH ZU INTROVERTIERT?

Sobald du auf die Straße trittst, umfängt dich der Lärm dieser Welt. Hupen, Sirenen, Schreien, Lachen. Sobald du dein elektronisches Gerät aktivierst, tönt, quatscht, singt es los. Als Covid übers Land zog, wurde es lauter als je zuvor. Alle begannen plötzlich wie wild zu telefonieren. Seither sind Video-Calls unser täglich Brot. Täglich schießen neue Podcasts aus der Mediathek. Webradios, Audio-Livestreams und virtuelle Panels boomen. Überall wird getalkt, gecallt und gechattet, als gäbe es kein Morgen. Der Erfolg von Apps wie Clubhouse beweist: Das Internet befindet sich in der oralen Phase! Das Internet und damit die reale Welt, deren Teil es ist. Reden ist quasi über Nacht zum kommunikativen Goldstandard geworden. Eigentlich prima. Wenn jetzt alle sich zu Wort melden können, scheint Redemacht plötzlich kein männliches Privileg mehr zu sein … Liegt darin nicht die große Chance? Hier ein Podcast über Working Moms, dort einer für Managerinnen, hier einer von und mit Persons of Color, Rentnerinnen, Gründerinnen, ETF-Anlegerinnen. Wenn jede Frau auf der Welt endlich ihren eigenen Sender hätte, könnten wir die Taubheit der Männer (→ # 3) final besiegen! Dann müssten alle uns zuhören, alle unsere Worte ernst nehmen, unsere Wut verstehen. Uns recht geben. Wäre das nicht ein *Riesenschritt* für Feminismus und Gleichberechtigung?

Theoretisch. Praktisch bleiben recht haben und recht kriegen zwei verschiedene Dinge. *Recht kriegen in erster Linie die Lauten.* Was siegt, ist das Schrille, nicht das Durchdachte. Du willst mehr Geschlechtergerechtigkeit? Los, schnapp dir ein Mikro, mach den Mund auf – aber bloß nicht *zu weit*, das könnte obszön wirken, du bist immer noch eine »Frau«! Quassel drauflos, am besten direkt in die Kamera. Die Welt lechzt nach deiner Performance. Du zögerst, dich Aktivistin, Influencerin, Keynote Speakerin zu nennen? Dann brauchst du ein Rhetoriktraining, Schnucki. Nur wenn du aus dem Stegreif losquatschen kannst, bist du was. Was denn? Tja. Eine von denen, die mit der Herde laufen – oder vielmehr: quäken? Alle reden von Diversity und Mindfulness, doch kaum jemand traut sich, *wirklich* divers und mindful zu sein. Kein Wunder. *Die Welt gehört den Extravertierten.* Jenen, die ständig unterwegs sind, kein Event auslassen, nie allein sind und nie rot werden. Was ist mit den Introvertierten? Wer von Natur aus wenig gesprächig und gesellig ist, wird misstrauisch beäugt. Kaum bist du ein wenig in dich gekehrt, tätschelt man dir die Wange und verpasst dir eine Therapie. Damit du auch ja nicht untergehst.

Bist du introvertiert? Ich bin es. In meinem Job geht es ums Denken, Lesen und Schreiben. Ich kann nicht nur, ich muss viel allein sein. Wenn ich nicht mindestens zwei Stunden am Tag zu mir kommen darf, drehe ich durch. Ich bin Philosophin geworden auch deshalb, weil ich Alleinsein liebe. In Gruppen fühle ich mich oft unwohl. Stille ist für mich die schönste Musik. Erstaunlicherweise liebe ich nicht nur die Isolation des Bücherschreibens, ich halte auch sehr gern Vorträge und moderiere gern. Auch das gehört zu meinem Beruf. Ich habe gelernt zu reden, weil ich weiß, dass Extraversion auch wichtig ist. Weil weibliche Redemacht wichtig ist. Wenn ich allerdings – wie neulich – in einem Frauen-Newsletter lese: »Wir haben Redebedarf!«, erfassen mich nervöse Zuckungen. Denn leider vermehrt sich mit den immer neuen Talks und Diskussionen auch das hohle Geschwätz. Ich möchte keinesfalls zur Hohlheit beitragen. Und selbst entscheiden, wann, wie, wo und zu welchem Zweck ich laut werde.

Als Introvertierte lebst du oft in deiner »Innenwelt«, wie der Tiefenpsychologe C. G. Jung es nannte. Für die »Außenwelt« bist du damit eine wandelnde Provokation. Man findet dich schnell mal wunderlich. Weil du bei jedem Lob deiner Chefin rot wirst. Oder weil du zwar überhaupt nicht schüchtern bist, aber einfach keine Lust auf Partys mit mehr als drei Leuten hast. Oder weil du viel Zeit mit dir allein brauchst, um runterzukommen. All das sind typische Anzeichen von Introversion. »Innerlichkeit« ist weder cool noch sexy – so lautet ein häufiges Vorurteil. Oder: Mut und Introversion schließen einander aus. Viele glauben, Introvertierte könnten sich nicht durchsetzen, weder zu Hause noch im Meeting noch in der Politik. Introvertierte können keine *Role-Models* sein. Wirklich nicht? Wirf einen Blick zurück in die 1950er-Jahre. Im US-Staat Alabama steigt eine kleine afroamerikanische Frau in einen großen Bus. Sie setzt sich in den vorderen, damals Weißen vorbehaltenen Bereich. Als der Busfahrer sie auffordert, den Platz zu räumen, sagt sie schlicht: »Nein.« Die Frau heißt Rosa Parks, und ihr »Nein« macht Geschichte (ganz ohne Influencer-Marketing!). Unterstützt von Martin Luther King, trägt Rosa entscheidend nicht nur zur Aufhebung der Rassentrennung in Bussen bei; sie wird auch zum Symbol der schwarzen Bürgerrechtsbewegung. Rosas Mut kommt nicht aus dem Nichts – er kommt aus ihrem Innersten. Sie will friedlich, aber wirksam gegen die Gesetze von Diskriminierung und Rassentrennung aufbegehren. Rosas »Nein« zeigt den Unterschied zwischen Gesetz und Ethik, Legalität und Moralität. Ihr Regelverstoß ist moralisch richtig, weil die Regeln moralisch falsch sind. Jahre zuvor hat Rosa eine Begegnung mit demselben Busfahrer. Schon 1943 wirft er sie aus dem Bus, weil sie es gewagt hat, vorn einzusteigen. Der hintere Bereich ist überfüllt, also warum soll sie nicht die vordere Tür benützen dürfen? Weil sie schwarz ist. Der Busfahrer schubst sie gen Ausgang. »Ich kann selber gehen«, sagt Rosa ruhig. Bevor sie das tut, wirft sie ihre Handtasche zu Boden und setzt sich, um sie wieder aufzuheben, demonstrativ auf einen Platz im verbotenen »weißen« Trakt. Großes Kino.

»Nein.« Was für ein Wort. Dabei war Rosa eben keine Rampensau. Im Gegenteil, sie war als zurückhaltende, eher schüchterne Person bekannt. Woher dann ihre Stimme, ihr Mut, ihre Macht? Aus ihr selbst heraus. Rosa Parks hatte Autorität, sie war eine Respektsperson, nicht obwohl, sondern weil sie introvertiert war. Weil ihr spontaner Entschluss zum Protest still und langsam in ihr reifen konnte. Rosa zeigte Haltung.

Du kannst auch sagen: Sie hatte *Charakter.* Der Begriff steht für ethische Unbestechlichkeit im Denken und Handeln. Meist schreibt man Charakter Kaisern, Königen und anderen toten weißen Männern zu. »Man muss nicht nur untersuchen, was einer sagt, sondern auch was er damit sagt und was für Gründe ihn dazu bewegen«, schreibt der tote weiße – und weise – Mann Cicero. Das Ideal des römischen Staatsmanns und Redners war ein integrer, kultivierter Meister der Überredung, der eloquent einen ethischen Auftrag transportierte, ein Bildungsprogramm in Konkurrenz zur Philosophie. Schon vor Cicero verankert Aristoteles die »Überzeugungsmittel« in der rhetorischen Dreiheit *Ethos, Pathos* und *Logos* (→ #3). Dass eine Rede gelingt, ist nach Aristoteles erstens auf den Charakter zurückzuführen; zweitens auf die Fähigkeit, die Emotionen der Hörer zu erregen, sie in eine bestimmte Stimmung zu versetzen; und drittens auf die (rhetorische) Rationalität des Gesagten selbst. Die drei Aspekte hängen zusammen. Auch für Adolph Freiherr von Knigge, den Vater aller Benimmfibeln, ist Charakter, nicht Gequatsche entscheidend, wenn es um die Außenwirkung guter Umgangsformen geht. Knigge lobt Integrität und »innere Würde« und warnt vor zu viel Herumgerenne und Zerstreuung, um nicht fremd »im eignen Herzen« zu werden: »Wer nur solche Zirkel sucht, in welchen er geschmeichelt wird, verliert so sehr den Geschmack an der Stimme der Wahrheit, dass er diese Stimme zuletzt nicht einmal mehr aus sich selber hören mag ...«, erklärt er in seiner erstmals 1788 erschienenen Abhandlung *Über den Umgang mit Menschen.*

Die 1920er markieren eine Zäsur. In den USA wird zeitgleich mit der Werbeindustrie der *Personality*-Kult geboren. Es ist die Ära der ersten Hollywoodstars, die auch für Hautcremes und Zigarettenmarken Reklame machen. Plötzlich dreht sich alles um Glamour und Charisma. Anhand der neuen Selbsthilfeliteratur sollen auch Hausfrauen lernen, an ihrer »faszinierenden« Außenwirkung zu arbeiten. Lieber ein bisschen zu »flirty« als zu sehr in sich gekehrt. Die Introvertierten, die mit der neuen Mode nicht mithalten können, verdächtigt man des »Minderwertigkeitskomplexes« und verschreibt ihnen angstlösende Pillen. Daran hat sich wenig geändert. Bis heute haftet der Introversion ein Stigma an. Die Welt ist voller umwerfender »Persönlichkeiten«. Wo sind die beeindruckenden Charaktere? Der Markt lockt uns mit immer neuen Quasselangeboten. Es ist schwer, Feministin zu sein, wenn man ständig abgelenkt wird. Kannst du deinen Feminismus nicht irgendwie nebenher erledigen, fragt dich die Gesellschaft, so quasi in Teilzeit? Du kannst deine Botschaften ja zwischen Bügeln und Einkaufen reinschieben. Wenn du gerade einen Slot frei hast, leg los. Sag einfach die schon tausendmal geteilten Wahrheiten nach oder poste sie. So wirst du zum Testimonial des »guten« Feminismus:

– »Laurie Penny hat ja so recht, und Sophie Passmann finde ich auch super.«
– »Schlimm, das mit der Rentenlücke.«
– »Ungleichbehandlung ist ein strukturelles Problem.«
– »Wir müssen die Männer ins Boot holen.«

Statements wie diese enthalten viel *Pathos* und einigen *Logos*, aber kaum *Ethos*. So betreibt man feministisches *Virtue Signaling*, das heißt, man prahlt effektvoll mit weiblicher Tugendhaftigkeit – handelt jedoch nicht entsprechend. Was hat das mit Ethik zu tun? Wo bleibt der Mut, den Sprung vom Sagen zum Tun zu wagen? Mut kann man nicht mal eben proklamieren. Man muss ihn im intensiven Dialog mit sich selbst entwickeln. Seit das Laute alles überlagert, gibt es kaum mehr Raum für eine solche Entwicklung. Es gibt – mit einem Wort des Soziologen Erving Goffman – keine »Hinterbühnen« mehr.

Statt des Muts regiert die Tugendprotzerei, statt der Selbstreflexion die Selbstüberwachung. Du überwachst dich, indem du deine Worte und Meinungen zielgruppengerecht kurz und knallig rüberbringst, weil du gelernt hast, dass *alles* »Vorderbühne« ist. Doch irgendwann stehst du vor der Frage, wer oder was du sein willst: Schauspielerin der großen Worte – oder Macherin, Bewegerin, Inspiratorin? Der Sexappeal des Lauten, Forschen, Frechen ist trügerisch und keine Garantie, dass man durchsetzen kann, was einem wirklich am Herzen liegt. Der Kampf der Sprechblasen tobt wie wild. Ungeteilte Aufmerksamkeit inmitten geteilter Unaufmerksamkeit ist ein rares Gut. Bleibt dir, bleibt uns also nichts übrig, als lauter – *noch viel lauter* – zu werden, damit man uns (er)hört?

»Uns wird eingeredet, dass Menschen von Bedeutung eine forsche Art haben«, so eine andere Introvertierte, die Autorin und Ex-Anwältin Susan Cain. Laut Cain hat das gute Image der Extraversion auch viel mit dem westlichen Ich-Kult (→ # 17) zu tun. Als Gegenpol nennt Cain die traditionell introvertierte Kultur Asiens. Hier denkt und handelt man im und für das Kollektiv. Wer sich als Teil eines großen Ganzen fühlt, schätzt Zurückhaltung, Ehrlichkeit und Altruismus mehr als Präsentationsgeschick. In Japan oder Korea signalisiert Introversion Weisheit und Höflichkeit. Wer zu viel und zu laut redet, gilt schnell als verdächtig. Im gesamten asiatischen Raum wirken die alten chinesischen Weisheitslehren des Laotse (*Laozi*) – »Diejenigen, die wissen, sprechen nicht; diejenigen, die sprechen, wissen nicht« – und des Konfuzius (*Kongfuzi*) fort. Der konfuzianische Weise (*junzi*) ist eine Art Eremit, der inmitten des Lauten die Stille sucht; der sich mit seinen (wenigen) Freunden auch ohne Worte versteht, weil er schweigendes seelisches Einverständnis mehr schätzt als jedes Geplapper. Von *dieser* »Soft Power« Asiens sollte der Westen lernen, meint Cain.

Du musst nicht nach Asien reisen, um die sanfte Macht zu erleben. Ich glaube, Introversion ist in jeder von uns angelegt. Unser 360-Grad-Kompetenzen-Portfolio umfasst neben aller Zuständigkeiten auch die Qualitäten Introspektion und ethische Umsicht. In ihrem tiefsten

Inneren weiß Super Woman: Glück und Erfolg sind nicht immer laut, und sie sollten es auch nicht immer sein. Glück ist, wenn du du selbst sein darfst – in all deiner einzigartigen Vielheit und Widersprüchlichkeit – und trotzdem dazulernen, dich dennoch weiterentwickeln kannst. Hin zu einem glücklichen, erfolgreichen Leben, das für dich und für alle gut ist. Wenn du introvertiert bist, versuch nicht auf Teufel komm raus ins Gegenteil umzuschlagen. Es gibt subtilere Wege, um zu kriegen, was du willst. Was *wir* wirklich wollen und brauchen. Weniger Hohlheit, mehr Menschlichkeit. Wir brauchen mehr weibliche Stimmen überall dort, wo sich Norm und Ethik, Politik und Gewissen widersprechen und Gleichgültigkeit fehl am Platz ist. Sanfte Stimmen mit Verstand. Stimmen mit Charakter, die sanft und überlegt sprechen. Wir alle sollten uns mehr trauen, Vorurteilen, Rechthaberei und Brutalität die Weisheit unserer Seele entgegenzusetzen.

Überlebensstrategie #18: Dreh am Lautstärkeregler

Es besteht Hoffnung, dass das männliche Privileg der Denk- und Redemacht doch noch eingemottet wird. Manch stimmgewaltige, redemächtige Pionierin unter achtzig hat es in letzter Zeit zu höchsten Ehren gebracht. Kamala Harris, die erste Vizepräsidentin der Vereinigten Staaten, in diesem Amt die erste Person indisch-afroamerikanischer Herkunft. Amanda Gorman, 24-jährige schwarze Lyrikerin, deren Worte anlässlich Bidens und Harris' Amtseinführung alle erstaunten. Mai Thi Nguyen-Kim, Chemikerin, die für ihre moderne Wissenschaftsvermittlung international hoch angesehen ist. Und dann ist da noch Annalena Baerbock … Gut möglich, dass mindestens eine von ihnen introvertiert ist – wie etwa ein Drittel der Bevölkerung. Auch Introvertierte können in der »Außenwelt« punkten, wenn sie lernen, sich ein kleines, aber entscheidendes Quantum Extraversion anzueignen. Sie sollten es tun – denn noch sind weibliche Stimmen der Aufklärung wie Mai Thi rar.

»Bin ich zu introvertiert?« ist eigentlich die falsche Frage. Die richtige wäre: *Bin ich mutig genug?* Machen wir uns nichts vor. Das Podcast-und-Audio-App-Blabla wird nicht plötzlich versiegen. Das Laute wird weiter dominieren. Lass dich davon nicht irritieren. Andere mögen sich durch geselliges Miteinander genährt fühlen – deine Seelennahrung ist ein stilles Zimmer. Na und? Dass du introvertiert bist, heißt noch lange nicht, dass du nicht beziehungsfähig bist, und erst recht nicht, dass du keine Autorität hast. Da du eine sehr intensive Beziehung zu dir selbst pflegst, nimmst du dein Umfeld einfach bewusster wahr, um nicht zu sagen, *gewissenhafter*. Die Qualität ist entscheidend, nicht die Quantität: Das gilt für Freundschaften und berufliche Kontakte genauso wie für Worte und Argumente.

Um inmitten des Lauten neue Kraft zu schöpfen, denk an Rosa Parks' Geschichte. Oder halte dich an Hannah Arendt, für die das »Gespräch mit sich selbst« weder mit Einsamkeit noch mit Verschrobenheit zu tun hatte, sondern die Voraussetzung war, um überhaupt eine würdevolle, sich selbst achtende Person zu sein. Grüble nicht: »Was habe ich heute gemacht?« (Oder noch schlimmer: »Was habe ich heute geschafft?«) Überlege lieber: »*Was habe ich heute gedacht?*« Wenn du zulässt, dass dein Hirn zerschossen wird von zu vielen Außenreizen, wenn du dich betäuben lässt von der allgegenwärtigen Wörterflut, geht auch dein Mut flöten. Jeder Mensch, auch der extravertierteste, braucht den stummen Dialog mit sich selbst, um ein Gewissen auszubilden. Kein »schlechtes Gewissen« natürlich. Es geht hier um Charakter. Du brauchst ein Gewissen, um dich zu sensibilisieren für die Unterschiede zwischen dem, was Norm, Gesetz, Regel, Ordnung vorschreiben – und dem, was ethisch geboten ist. Nur weil die Konvention besagt, du sollst die »gute« Frau spielen, heißt das nicht, dass das auch gut *ist*. Eine »gute« Frau ist brav. Sie lässt sich ablenken, belässt es beim Teilzeit-Feminismus (→ #1) und belügt sich selbst. Sie betreibt Tugendprahlerei und vermarktet ihre Stimme (#sisterhood), statt mit dieser Stimme *zu handeln*. Merke: Was die scheinheilige Gesellschaft »gut« findet, ist immer das Brave, Angepasste. Hätte sich Rosa Parks damals angepasst, hätte sie nicht die

Unterstützung eines anderen sanften Rebellen bekommen: Martin Luther King. Dann hätte es mit der Aufhebung der Rassentrennung in Bussen noch länger gedauert.

Dein Gewissen kann dir gute Gründe zum Einspruch gegen geltende Normen geben – dein Charakter dich zum Tun ermutigen. Dazu brauchst du eine Stimme, die im entscheidenden Moment nicht versagt. Was sagst du? Ich kann dich kaum hören. Du bist *viel* zu schüchtern, um laut auszusprechen, was du ändern willst – in deinem Leben, in dieser Welt? Schritt eins: Schreib auf, was du sagen und tun willst. Die Inhalte, die du im stummen Dialog mit dir selbst entwickelst, sind die Basis für den Dialog mit anderen. Schritt zwei: Gewöhne dir eine würdevolle Körperhaltung an, um deinen Charakter nach außen sichtbar zu machen – und dich selbst daran zu erinnern, dass du einen hast! Körper, Seele und Geist sind eins. Schlag Überlebensstrategie #12 nach. Übe dich im *Power Posing*. Wenn dir das nicht behagt, stell dir vor, aus deinen Schulterblättern wüchsen riesige Engelsflügel, die mit jeder Bewegung, jedem Wort, gravitätisch mitschwingen. Mit dieser Technik der Sopranistin und Stimmtrainerin Nicola Tiggeler fühlst du dich automatisch raumgreifender, mächtiger, würdevoller. Gern verrate ich dir meinen eigenen Geheimtrick. Ich praktiziere ihn überall, wo ich mich unsicher fühle. Stell dir vor, du seist Elvis Presley. Nicht der junge knackige Hüftschwinger, sondern der – sorry, Elvis – aufgedunsene, mit giftigen Substanzen vollgepumpte. Schau dir Elvis' Livekonzert »Aloha from Hawaii« von 1973 an. Es zeigt einen Mann, der wie ein Schlafwandler langsam und schwer über die Bühne schwebt. Das ist die Einstellung, die du brauchst, wenn du dich (noch) zu schüchtern fühlst. Wenn du kurz vor einem öffentlichen Auftritt zu sterben glaubst, kannst du auch Viktor Frankls Paradoxe Intention anwenden (→ #13). Wünsch dir, so knallrot zu werden wie die reifste aller sizilianischen Tomaten – schon wirst du dich entspannen … Sieh den ganzen Weg hin zu dem, was dir noch Angst macht, als kreativen Akt an. Es geht um Gestaltung, nicht ums Müssen. Schritt drei: Schule deine Stimme. Nicht um dich zu verstellen, sondern um dein Inneres hörbar zu machen. Lerne aus dem Bauch zu atmen und deine authentische Tonlage zu finden. So eignest du dir eine »Forschheit« an, die dir nicht nur im Job und in der Öffentlichkeit, sondern auch gegenüber Familie und Freunden zur nötigen (extravertierten) Souveränität verhilft. Schritt vier: *Bewahr dir deine Introversion.* Schneide dir ein paar Scheiben Extraversion ab, gerade so viel wie nötig, und verschaffe denen, die zu viel davon haben, im Gegenzug Zutritt zu deiner Innenwelt. Das Laute braucht das Leise, damit es sich nicht totbrüllt. Das Leise braucht das Laute, um gehört zu werden.

Ich akzeptiere nicht mehr, was ich nicht ändern kann,
... ich ändere, was ich nicht akzeptieren kann.

Angela Davis (1944)*

#19 SINN IM GETRIEBE:
WARUM KANN ICH NIE NICHTS TUN?

Im dritten Kapitel ist dir ein Gürteltier begegnet. Nun möchte ich dich mit einem anderen sympathischen Biest vertraut machen: dem Faultier. Das Faultier lebt in den Kronen tropischer Wälder und heißt so, weil es sich irre langsam bewegt (maximal zehn Meter pro Minute). Diese Kreatur ist somit das Gegenteil der modernen Frau, die, wie jedes Kind weiß, unfähig ist, auch nur eine einzige Handlung in Zeitlupe zu vollziehen. Die Zentrale der Zuständigkeiten pulst und pumpt auch dann, wenn sie sich zwischendurch hinsetzt und ins Leere blickt. Eine sitzendende Frau ist keine ruhende Frau, sie nutzt die Verschnaufpause vielmehr, um die Orga für die nächsten Stunden, Tage, Wochen, Monate durchzugehen. Woran muss sie ihren Mann, ihr Kind, ihre Mutter, Freundin schnell noch erinnern? Wann könnte der günstigste Moment sein, um die Erinnerung rüberzubringen, ohne irgendwen zu überfordern? Bis zum nächsten Termin hat sie noch genau 8 Sekunden. 8 Sekunden, um ganz in Ruhe darüber nachzudenken, was sie zwischendurch für sich tun könnte: Sauerteigbrot backen? Zimtwecken?

Du kennst das. Es ist dein und unser aller Effizienztrieb, der auch noch das kleinste »Zeitfenster« zum Marmeladeneinkochen nutzen will. Die Effizienz verbietet jeglichen Stillstand, denn der passt genauso wenig ins System wie der Tod. Wenn jemand stirbt, sind drei Tage Trauer okay. Doch dann ist bitte wieder Schluss. Wer auf der faulen Haut liegt, hält den Betrieb auf. So, du schaffst es heute nicht zum Meeting und kannst die Hemden nicht abholen? Hm. Was ist los mit dir, bist du krank? Wie lange denn? Wer nicht mittut, gilt als passiv und unsolidarisch. Als unlautere Provokation für alle, die da weiter rastlos vor sich hin ameisen. Auch wenn du ein Attest vorweisen kannst – schon nach kurzer Zeit wirkst du irgendwie anrüchig, stinkst du anscheinend zu Himmel. Wenn es etwas gibt, was wir nicht auf uns sitzen lassen können, dürfen, wollen, dann die Faulheit. Ein fermentierter Zustand, der (nach den germanischen Ursprüngen des Wortes »faul«) von »Gärung« und »Verwesung« zeugt.

Niemand will Faultier sein. *Alle* gehorchen der Effizienz. Sie, die Herrscherin über (Stink-)Faul und Fleißig, stammt aus dem Geschlecht des Zweckrationalismus. Ihr Freund ist die »Wertschöpfung«, ihr Feind die Untätigkeit. Leider ist die Effizienz sehr kurzsichtig. Sie schnuppert, rümpft die Nase und schmeißt alle augenscheinlich Untätigen in einen Topf. Vor lauter Ungeduld erkennt sie nicht, dass es nicht nur nutzlose Formen von Faulheit gibt … sondern auch überaus nützliche, ja notwendige. Liebe Leserin, was tust du da nebenbei? Brote schmieren, Präsi erstellen, Reise buchen? Entspann dich. Wir befinden uns in Kapitel #19. Den Großteil des Buchs hast du in Rekordzeit geschafft. Wende dich nun also einmal ab von der Effizienz. Setz deine philosophische Brille auf. Es könnte eine Weile dauern, bis sich deine Augen an die neue Perspektive gewöhnen und du erkennst, dass die gängigen Unterscheidungen zwischen Tun und Nicht-Tun, Fleiß und Faulheit zutiefst fragwürdig sind. Dann wird dir schlagartig klar werden, was jetzt wirklich (nicht) zu tun ist. Und dann – dann könnte ein Wunder geschehen!

Aber langsam. Hier eine erste Definition: *Faulheit = jegliche Inaktivität, die keine monetarisierbaren Effekte zeitigt.* Das In-den-Seilen-Hängen etwa. Oder: das Den-ganzen-Tag-Chips-fressend-vor-der-Glotze-chillen. Oder auch: die Muße, das Paradies intellektueller

Entspannung! Einst galt Muße als Privileg der Elite. Sokrates nannte sie »Schwester der Freiheit«. Nicht nur für ihn war sie integraler Bestandteil des sinnvollen, glücklichen, gelungenen Lebens. In der griechisch-römischen Antike hieß müßig sein Zeit zu haben für Philosophie, Theater und Kunst – und durch diese Art der Faulheit intellektuell wie moralisch zu reifen; abseits jeder Maloche. Wie Aristoteles lapidar feststellte: »Arbeit und Tugend schließen einander aus.« »Arbeit«, das war im Altgriechischen *ponos*: Pein und Leid; die lateinische Entsprechung *labor* stand für Armut und Krankheit. Vom römischen *tripalium*, einem »Dreiphal«, der zum Bändigen von Pferden wie zur Folter diente, stammt das spätere, heute noch gebräuchliche französische *travail* ab. Erst mit dem Christentum begann sich Arbeit zur religiösen Tugend zu wandeln (*ora et labora*, bete und arbeite). Plötzlich war für die Muße nur mehr sonntags Zeit, alle weitergehende Untätigkeit wurde als »Trägheit« (*acedia*) zur Todsünde degradiert. Und im 16. Jahrhundert schuf Calvin den »Typ der ›selbstgefälligen Heiligen‹«, »die wir in den stahlharten Kaufleuten … wiederfinden«, wie der Soziologe Max Weber schrieb. Das Ergebnis war die berühmte *protestantische Ethik*. Ihr Hauptziel laut Weber: »der Erwerb von Geld und immer mehr Geld, unter strengster Vermeidung allen unbefangenen Genießens«.

So ist das bis heute. Nur dass man statt von Fleiß und Pflichtbewusstsein jetzt von Motivation spricht (klingt dynamischer!). Nur dass man jetzt ein Heer top ausgebildeter Super Moms hat, die das Bruttosozialprodukt durch zusätzliches hochproduktiv-unentgeltliches »Ameisen« in immer neue Höhe treiben. Und Karrieremagazine mit sexy Namen wie *Vogue Business* oder *She Works!*, die dafür sorgen, dass wir weiter im Wettbewerbsmodus laufen – »Wer ist die Erfolgreichste, Attraktivste, Beliebteste im ganzen Land?« –, statt gemeinsam die Verhältnisse zu ändern. Unter der aktionistischen Oberfläche gärt eine gigantische Leere. Und Müdigkeit. Das ganz große Gähnen. Da braut sich was zusammen. Wie lange bis zur Explosion? Noch schwingt die Effizienz das Zepter. Alle verlassen sich auf die Zentrale der Zuständigkeiten. Alle finden es normal, dass die Frau funktioniert, alles erledigt und *immer* lächelt (dafür darf sie seit 1958 ohne Einwilligung des Ehemanns den Führerschein machen). Total normal, dass sie ihre eigenen Gefühle und Bedürfnisse ausblendet, um sich um die der anderen zu kümmern. Dass ihr innerer Refrain lautet: »Lali Lala, an mir hängt alles!/ Ich muss stark sein/ Hart und weich, Lali!/ Lieb und kompetitiv, Lala!« 1977 machte der Psychoanalytiker Wolfgang Schmidbauer erstmals auf die »hilflosen Helfer« in sozialen Berufen aufmerksam. Er schrieb von Krankenpflegerinnen, die ihre eigene Bedürftigkeit hinter einer »scheinbar omnipotenten, unangreifbaren Fassade« verbergen, die allen helfen, nur sich selbst nicht, deren Funktionieren von einem »kritischen, bösartigen Über-Ich« kontrolliert wird (den Schuldgefühlen, dem unbedingten Leistungswillen!). Schmidbauer sah Überschneidungen des »Helfer-Syndroms« mit »Grundmerkmale(n) der patriarchalischen Gesellschaften, die auf Ausbeutung der emotionalen Stützfunktion der Frau für die Arbeit des Mannes ausgerichtet sind«. *Von der effizienz- und motivationsgetriebenen mentalen Last (→ #2) zum Helfer-Syndrom ist es nicht weit.* Und umgekehrt. Hey, ist das noch keinem aufgefallen?

Hier eine zweite Definition: *Faulheit = jegliche Inaktivität ohne Barcode, die jedes Timing vermissen lässt.* Es fallen darunter a) das apathische Herumhängen der erst auf Kurzarbeit Herabgesetzten, dann Wegrationalisierten, dann womöglich chronisch arbeitslos Gewordenen, b) pathologische Formen der Trägheit: das Nicht-mehr-Können der »hilflosen Helfer«, c) die Muße (siehe oben). Es sollte klar sein, welcher Variante der Vorzug zu geben ist. Die Effizienz aber verweigert die philosophische Brille, da sie zu kurzsichtig ist, um zu erkennen, dass zwischen den Spielarten der Faulheit ein Abgrund klafft, so breit wie der Grand Canyon, in den Geena Davis und Susan Sarandon in *Thelma & Louise* rasten. Wenn dich b) erwischt, blickst du ins Nichts. *System Check Failed.* Du bist kaputt, außer Betrieb. Worst Case: Krankenstand! Warum wählst du, warum wählen wir nicht c)? Weil wir Angst vor a) haben. Weil wir Frauen sind. Unfähig zur Verlangsamung. Zur Effizienzverweigerung. *Zur Revolution.* Wirklich?

Ich sage: Nein. Und wage eine dritte Definition: *Faulheit = jene tuende Untätigkeit, jene nützliche Nutzlosigkeit, die der Muße entspringt.* Ich glaube, auf dieses tuende »Nicht-Tun« können, nein, dürfen wir nicht verzichten. Nicht, wenn wir Menschen bleiben wollen. Stell dir vor, niemand dürfte mehr höchst ineffizient Löcher in die Luft starren, ohne an tausend Dinge gleichzeitig zu denken. Ohne Menschen, die umständlich grübeln und tüfteln, gäbe es keine Innovation mehr. Ohne »stinkfaule« Individuen, die zu sensibel, zu feinsinnig sind für das stumpfe Rotieren – die manche boshaft »Hartzer« oder »Kranke« labeln – keine Kunst. Ohne Leute, die mit einem anderen Verständnis von Leben und Tod, schnell und langsam sozialisiert wurden, keine kulturelle Vielfalt. Ohne Freiräume für Introversion (⟶ #18), Neugier, Selbstdenken und Gerechtigkeitssinn, gäbe es niemanden, der uns dazu »motiviert«, zu besseren Menschen zu werden. Es gäbe nur – dies dafür in Hülle und Fülle – Stumpfsinn. Konformismus. Rechthaberei. Machtstreben. Und das soll effizient sein?

Schon vor langer Zeit warnte der US-Pädagoge und Reformer Abraham Flexner vor der Verengung des Nützlichkeitsbegriffs. Nicht nur, dass die Wissenschaft sonst ihre Innovationsmotoren verlöre: erstens das Experiment, die Spekulation; zweitens die selbstzweckhafte Neugier, die allein auf eine Sache selbst fixiert ist und die zwar in nützliche Anwendungen münden kann, aber eben nicht muss. Als Flexner über *Die Nützlichkeit unnützen Wissens* schrieb, 1939, zu Beginn des Zweiten Weltkriegs, stand für ihn noch viel mehr auf dem Spiel. Er fürchtete das Ende geistiger Freiheit zugunsten politischer, ökonomischer und rassischer Ideologien: »Der wahre Feind des Menschengeschlechts ist nicht der ungebundene, furchtlose Denker, liege er in der Sache nun richtig oder falsch. Der wahre Feind ist der Mensch, der den menschlichen Geist formen und ihm die Flügel stutzen will …«

Fassen wir zusammen: Wenn du dich der Muße hingibst, bist du mindestens so fleißig wie deine hocheffizienten Geschlechtsgenossinnen. Du bist im *besten* Sinne faul, denn dein Job – die tuende Untätigkeit, die nützliche Nutzlosigkeit – ist ethisch viel relevanter. Er besteht darin zu verhindern, dass diese hochzivilisierte, angeblich so fortschrittliche Gesellschaft ihre barbarische Fratze zeigt. Du sorgst dafür, dass die Menschlichkeit nicht ausstirbt. Dass weiterhin Sinn im Getriebe steckt. Dass neben dem brummenden Motor der Wirtschaft selbst komponierte Melodien erklingen. Dass Dogma und Ideologie nicht an die Stelle von Freiheit und Glück treten. Jedes Erwachen – auch und erst recht das feministische – beginnt mit der Muße. Sie ist es, die es uns erlaubt, zu uns zu kommen und zu erkennen, was wirklich zählt, wofür es sich zu lieben und zu kämpfen lohnt.

Überlebensstrategie #19: Schalte von Zeitraffer auf Zeitlupe

Rastlosigkeit, Ergebnisorientierung und Fortschrittszwang bilden die Dreifaltigkeit der Effizienz. Die Effizienz ist Wesenskern aller leistungswilligen Menschen, ganz besonders jedoch der Zentrale der Zuständigkeiten, die mit ihrem mentalen Overload und ihrer Helfer-Syndrom-Anfälligkeit eine Überproduktion bewirkt, auf die sich alle verlassen und von der alle profitieren. Der Effizienz verdanken wir nicht nur Wohlstand und Wachstum. Sondern eben auch: Kolonialismus, Umweltzerstörung, Gig Economy, Finanzbetrug. Zu viel Effizienz macht uns äußerlich reich, aber innerlich arm wie Kirchenmäuse. Übersteigerte Effizienz lässt dich verrohen. Sie ist eine *Sucht*, die dich deine wichtigsten Besitztümer vernachlässigen lässt: dein Hirn und dein Herz. Durch die philosophische Brille siehst du die dunklen Flecken auf ihrem weißen Hemd besonders gut. Und erkennst, worin ihr *wahrer* Nutzen liegen sollte: zu jeder Zeit einen Teil der durch sie erwirtschafteten Gewinne in die Muße, die nützliche Art der Faulheit zu stecken. Jetzt hast du die Wahl (→ #4): Entweder du feilst weiter hoch motiviert an deinen To-do-Listen. Oder du machst auf Faultier, schaltest in Slow Motion, kommst zu dir und startest eine Revolution. Ganz sanft und langsam.

Wie nötig du die Faulheit hast, kannst du leicht herausfinden. Frage dich: »Wie viele Fortbildungen habe ich in den letzten 24 Monaten besucht, um auf den Gebieten XY noch effizienter werden und mich davon abzulenken, dass ich eigentlich nur noch eins will: schlafen, träumen, nutzlos sein?« Und – das kannst du dich gleich im Anschluss fragen – wie oft hast du in letzter Zeit gedacht: »So. Jetzt ist Schluss. Ab morgen kümmere ich mich *nur noch* um *mich*!«? Je mehr Schulungen, je mehr Selbstrettungsversuche, desto größer dein Realitätsverlust. Was wirklich ist, ist nie das, was eintreten wird, wenn alles optimiert ist und du endlich zufrieden bist. Die Wirklichkeit ist *jetzt*. Der Moment, in dem es kein Zuviel gibt, in dem du hingebungsvoll lachst, liest oder eine Wiese betrachtest. Wie geht Muße? Gähn herzhaft und schlaf dich mal ordentlich aus! Ohne Schlaf geht gar nichts. Schlafend rekonfigurierst du dein System. Wenn du wieder frisch bist, lade dir eine App herunter, mit der man Pflanzen und Tiere bestimmen kann. Widme dich Flora und Fauna. Lerne zu sehen, zu fühlen, zu schmecken. Übe dich darin, in dir selbst zu wohnen und vor Lebendigkeit zu vibrieren. Deine Übungstools können Wolken, Katzenohren oder ein Hundefell sein. Oder du versenkst dich in ein Buch oder ein Kunstwerk. In diesem Augenblick bringst du kein einziges bepreisbares Produkt hervor. Wohl aber schöne Gedanken, unersetzliche Seelenregungen, ein stilles Lächeln. Von Inaktivität kann also keine Rede sein – eher von einem »tuenden Nicht-Tun«, »Tun, ohne zu tun« oder »Nichts tun, so dass nichts ungetan bleibt«, wie es die chinesischen Taoisten feierten: *Wu wei* folgt keinem Kosten-Nutzen-Kalkül und keiner Fortschrittsideologie. Es ist nicht lösungsorientiert und dient nur jenem Zweck, der sich spontan, in diesem Augenblick, aus ihm ergibt. *Wu wei:* Die Dinge beobachten und (erst einmal) so lassen, wie sie sind; nichts mit Gewalt erzwingen; nicht den Lauf der Natur stören, sondern mit ihr in Resonanz treten; das Nützliche im Unnützen finden. In diesem Sinne lobte der taoistische Meister Zhuangzi einen – konventionell betrachtet – unbrauchbaren, da knorrigen, tief verwurzelten Baum mit übelriechenden Blättern. »Das ist wirklich ein Baum, aus dem sich nichts machen lässt. Dadurch hat er seine Größe erreicht.«

Es gibt eine noch unentdeckte Verwandtschaft zwischen den naturverbundenen »Nicht-Prinzipien« des *Wu wei* einerseits und den Muße-Freuden griechisch-römischer Herkunft andererseits. In der westlichen wie in der fernöstlichen Variante geht es um die Nützlichkeit des Nutzlosen, die Kostbarkeit des Kostenlosen – einmal als Ermöglichungsbedingung natürlichen Wachstums, einmal als Basis eines sinnvollen, genussreichen Lebens. Beides sind Daseinsweisen, die »groß« werden, weil sie Zeit haben dürfen, sich langsam zu entfalten. Sie sind die ethische Voraussetzung nicht nur für Sinn und Glück, sondern auch von einer Zivilisiertheit, die den Namen verdient.

In jedem Moment, in dem du eine Malve, einen Lerchensporn, eine Drossel, einen Biber studierst, versäumst du etwas, schiebst du etwas auf. Du musst es tun. Du kannst dich nicht vierteilen. Aufschieben – oder vornehmer: *Prokrastinieren* – hat sehr zu Unrecht einen schlechten Ruf. Prokrastination mag die Feindin der Produktivität sein, dafür ist sie die Freundin der Kreativität. Protestantische Ethik ist nicht alles. Gäbe es auf dem Planeten Erde nur noch Automaten, die mit zweckrationalistisch verkleinerter Denkkapazität vor sich hin werkeln, wäre alle Kreativität bald futsch. Und mit ihr alle Menschlichkeit. Gewöhne dich also ans Aufschieben. *Lass dich nie, niemals wieder aus der Kontemplation eines Gänseblümchens reißen!* Was für die *Macht* gilt, gilt auch für die *Zeit*: Niemand gibt sie dir. Du musst sie dir nehmen. Schieß nicht gleich hektisch los. Ersetze den Befehl »Ich muss!« mit der Frage »Was macht mich lebendig? Warte ab, wie sich die Umstände entwickeln. Vielleicht ergibt sich eine neue Gelegenheit, eine neue Idee, die du unmöglich voraussehen konntest. Warte ein bisschen, bis du bereit bist für den nächsten Termin … und lass auch die anderen ein bisschen warten. Bedenke: Je effizienter, optimaler, perfekter du alles organisierst und planst, desto mehr verkrampfst und versteinerst du. Du verpasst die Magie des Lebens. Plane nicht mehr alles durch, antizipiere nicht mehr, wie viele Melonen du übernächsten Dienstag für circa sechs bis acht Personen benötigen wirst. Lass Lücken. *Lass zu, dass die Muße dich immer genau dann stört, wenn du sie am wenigsten brauchen kannst.* Frage dich:

»Was würde Frida Kahlo/Picasso/Tracey Emin/ Andy Warhol jetzt tun?« So befreist du dich aus deinen starren selbst gesetzten Strukturen und bleibst offen für Improvisation. Nimm dir ein Beispiel an Künstlern, Performerinnen, Schauspielern, Schriftstellerinnen. Ihre eindrucksvollsten Werke sind nicht die technisch perfekten, sondern die, die spontan entstanden, die verblüffen, nachdenklich machen, zum Staunen oder Lachen bringen. Die Menschlichkeit verströmen.

Wie, du glaubst, das schaffst du nicht? Was meinst du damit? Du musst ja gar nichts »schaffen«. Die Vorstellung vom Schaffen-Müssen ist eine fixe Idee, die dich von deinen wahren Bestimmungen ablenkt. Der Perspektivwechsel mag dir immer noch zu radikal erscheinen. Führe daher stets die philosophische Brille mit dir. Mach sie zu deinem Accessoire, wie deinen Lippenstift oder dein Desinfektionsspray. Wenn du fürchtest, dich mit dieser Sehhilfe lächerlich zu machen, halte dir vor Augen, dass du nicht die Einzige bist. Milliarden Frauen auf dieser Welt wollen das Effizienzspiel drehen und trauen sich nicht, die philosophische Brille aufzusetzen. Du könntest einen neuen (Anti-)Trend setzen – vielleicht gemeinsam mit einer Co-Revolutionärin.

Denk an den Reformer Abraham Flexner, der dafür plädierte, das Wort »Nutzen« ganz aus unserem Vokabular zu streichen. 1930 gründete Flexner das unabhängige *Institute for Advanced Study* in Princeton, wo er später auch Wissenschaftler wie Kurt Gödel und Albert Einstein förderte, die vor den Nazis ins Exil flüchten mussten. Unterstützt von einflussreichen Philanthropen schuf er einen Ort ohne dumpfe Routinen, aber voller Möglichkeiten und Gelegenheiten, um »tuend« nichts zu tun. Was Flexner konnte, kannst du Revolutionärin auch. Nimm nach und nach, ganz ohne Hektik, Kontakt zu Stifterinnen und Mäzenen auf, denen die Zukunft von Wissen und Bildung, von Kreativität und Humanität am Herzen liegt. Gründet euer eigenes kleines, feines *Institut der Faulheit*. Tretet an Mikrofone (➝ #18), outet euch als *Menschen*, nennt eure Argumente fürs »Nicht-Tun«. Ladet alle ein, es euch gleichzutun, bis die nutzlose Nützlichkeit auch die Wirtschaft und die Politik übermannt und 53 Minuten Mittagsschlaf für alle zum neuen Must werden. Bis die tuende Untätigkeit als das akzeptiert wird, was sie längst ist: eine Notwendigkeit zur Rettung des weiblichen Geschlechts und aller irdischen Lebewesen. Wer sagt, dass es keine Wunder gibt?

Ich freue mich, wenn du mir schreibst: info@philosophyworks.de. Die nutzlosesten Ideen, Nicht-Projekte und Anti-Ziele honoriere ich mit je einem Riesenfaultier.

Nicht nur die wilden Tiere, auch die wilden
Frauen sind vom Aussterben bedroht.

Clarissa Pinkola Estés (* 1945)

#20 FÜR EINEN ANDEREN FEMINISMUS: WAS WOLLEN, SOLLEN, MÜSSEN WIR WIRKLICH?

Montagmorgen. Und schon wieder bist du vor dem Wecker wach (wie war das noch mit der Faulheit?). Dein System fährt hoch. Gleich geht es los. In alle Richtungen gleichzeitig. Moment. Heute ist alles anders. Warte ein bisschen, bevor du mit Trillionen Gedanken im Kopf hochenergisch aus dem Bett springst. Drücke auf Stopp. Warte ein wenig … dann betätige die Umschalttaste.

Wir wissen nicht, woher wir kommen. Wir wissen nicht, wohin wir gehen. Und was passiert zwischen dem Moment unserer Geburt und dem Zeitpunkt unseres Todes? Das Leben. Dein Leben. Unser Leben. Jedes Leben ist Veränderung. Sofern wir über Hirn und Herz verfügen und keine Not leiden, gibt es eine Chance, die Dinge anders zu machen. Jeden Tag. Hinfallen, aufstehen, weitergehen? Das ist längst nicht alles. Die Frage ist immer auch, wohin wir uns bewegen … und ob überhaupt. Die Zentrale der Zuständigkeiten steckt in einer Sackgasse. Super Woman scheint in alle Richtungen gleichzeitig zu rennen. In Wahrheit rennt sie gegen die Wand, gegen sich selbst an. Sie weiß, dass es Zeit ist, umzukehren – Widerstand zu leisten gegen Konventionen und Ideologien, die sie in den Wahnsinn treiben. Dass

Frauen unter Dauerbeobachtung stehen, dass man sie trotz gegenteiliger Behauptungen auf die dienende Position festnagelt, dass sie ein schlechtes Gewissen haben müssen, wenn sie Mütter, berufstätige Mütter, alleinerziehende Mütter oder gar keine Mütter sind – all das ist ein riesiger gesellschaftlicher Skandal.

Zeit, Widerstand zu leisten. Gegen eine *Self-Empowerment*-Ideologie, die uns wachhält und rotieren lässt, bis wir umfallen; gegen einen neoliberalen Leistungszwang, der eine perfide Allianz mit der weiblichen Selbstaufopferung vergangener Jahrhunderte eingeht; gegen ein Frauenbild, das so verlogen ist wie das gleißend blonde, dauerlächelnde, Marmelade einkochende Rollenideal in der Hollywoodkomödie der 1950er- und 60er-Jahre. Zeit, aufzubegehren und zu kämpfen – gegen den Dauermodus der Schnappatmung und für ein Leben, das uns Raum und Zeit gibt, um zu realisieren: Wir sind nicht allein. Wir sind ein Wir. Trotz und in unserer ganzen Vielheit und Verschiedenheit. Keine von uns ist identisch mit dem Label »Frau«, einer bestimmten weiblichen »Norm« oder »Natur«. Wir alle sind sehr viel mehr: liebes- und gestaltungsfähige Lebewesen mit unendlich vielen verschiedenen Fantasien, Wünschen und Träumen. Und Wut!

Zeit, Widerstand zu leisten. Das ist unser, das ist dein Moment. Jetzt kannst du gegen eine »Norm-alität« rebellieren, die dich in ein längst überwunden geglaubtes Korsett aus Pflichten zwängt. Du brauchst keine Peitsche, keine Granaten, nicht mal eine kugelsichere Weste. Alles, was du dafür brauchst, hast du in dir. Die kühle Rationalität der routiniert durchgetakteten Wochenplanung hat es dich nur vergessen lassen. Was deinen, meinen, unser aller gewaltlosen Widerstand tragen wird, sind unsere tiefsten, intimsten Emotionen. Unser Sehnen nach Liebe und Verbundenheit. Unsere Furcht vor Neid, Hass, Brutalität.

Es gibt »Frauen« wie Sand am Meer. Jede von uns ist anders, lebt, liebt, leidet anders. *Wer leidet am meisten, welcher Widerstand ist berechtigter, meiner oder deiner?* Falsche Frage. Eine bessere wäre: *Wie kann Widerstand, der auf Gewalt verzichtet, mächtig werden?*

Macht ist ein feministischer Schlüsselbegriff – genau wie Freiheit. Welche Macht, welche Freiheit wollen und brauchen wir wirklich? Das vermeintlich frei gewählte *Self Empowerment* ist nur die klebrige Marketingvariante der – traditionell am heroischen Männlichkeitsideal orientierten – Macht *über* andere. Es ist eine Macht, die Ungleichheit schafft, wo Solidarität sein sollte. »ICH zuerst« ist nicht besser als *America First*. Willst du das, wollen wir das? Ich glaube nicht. Was wir wollen, ist Macht, frei zu sein, unser Leben so zu gestalten und zu verändern, dass es für alle gut wird. Frei und mächtig werden können wir nur miteinander, nicht gegeneinander. Unser Leben ereignet sich in Beziehungen, und hier gibt es keinen machtfreien Raum. In manchen Bereichen sind wir mächtig, in anderen ohnmächtig. Wir alle sind stark und verletzlich zugleich. Eine Emanzipation, die Super Women am laufenden Band produziert, widerspricht sich selbst. Sie ist alles andere als »fortschrittlich«. Ein Heer von dauerackernden Frauen, deren höchste »Macht«-Insignie darin besteht, sich Freiheit dadurch erkaufen zu müssen, dass sie ihre (Care-)Pflichten notgedrungen an unterbezahlte Geschlechtsgenossinnen abwälzen – wo ist da der Fortschritt? Wenn Macht heißen soll: Macht für alle!, dann müssen wir auch unsere Freiheit neu denken und leben. Freisein kann dann nicht mehr »autonom« sein bedeuten, sondern ist in den Worten der Schriftstellerin Siri Hustvedt: »Freisein, um jemanden zu umarmen« – das sollte dann unsere Priorität werden. Der tiefere Sinn von Freiheit ist Zugehörigkeit. Ohne Zugehörigkeit keine Freiheit.

Hier sind sieben Zukunftskompetenzen für deinen und unser aller Widerstand. Sieben Fähigkeiten für den gewaltlosen Kampf gegen »Selbstermächtigung« wie gegen Selbstaufopferung, gegen die Borniertheit von Normen und die allseitige Verblödung durch Stereotype. Für ein sinnvolles, gelungenes, spannendes Leben in Verbundenheit.

Überlebensstrategie #20: Verbinde Ich und Wir

Liebe

Was soll der Sinn des Lebens sein, wenn nicht Liebe? Sie hilft dir durch die Stromschnellen des Alltags und trägt dich durch schlimmste Krisen. Sie ist immer da, wenn du sie brauchst. Denn *du bist* Liebe – wenn du mit dem Lieben bei dir selbst anfängst. Wende dich anderen vorurteilslos zu, hör dir ihre Geschichte an und erzähl ihnen deine. Lehren wir uns gegenseitig, wieder richtig zu staunen; in und mit unserer ganzen Stärke und Verletzlichkeit. *Freiheit heißt Zugehörigkeit.* Mensch, Tier, Natur: Alle sind miteinander vernetzt und auf vielfältigste Weise aufeinander angewiesen. Hab also keine Angst zu lieben. *Wenn Frauen zu sehr lieben*, hieß ein berühmter Ratgeber aus den 1980er-Jahren. Blödsinn. Du kannst nie genug lieben. Öffne dich der Welt, kapsle dich nicht ab. Nimm Blickkontakt auf, sieh dein Gegenüber an, bis du es wirklich siehst, nicht weil du es (völlig) verstehen und durchschauen willst, sondern weil du einfach neugierig bist … Wer großflächig Liebe versprüht, ist nicht naiv und erst recht keine dumme Nuss. Herz schließt Hirn nicht aus. Alle Beziehungen sind Machtbeziehungen, in keiner regiert die reine Liebe. Jeder Mensch hat andere Ziele, und jeder will Macht und Freiheit, um das, wovon er träumt, umzusetzen. Schalte dein Hirn nicht aus, akzeptiere die grundsätzliche Konflikthaftigkeit des Zwischenmenschlichen. Konflikte sind gesund. Das Salz in jeder sozialen Suppe. Liebe und Streit gehören zusammen – genau wie Hirn und Herz. Erst der offene, mit Liebe ausgetragene Streit bringt uns weiter, weil er abweichendes Verhalten und damit Widerstand ermöglicht. Kritisiere und sprich deutlich aus, was dir nicht passt. Mit Liebe. Eine gesunde Konfliktkultur gehört zu jeder stabilen Partnerschaft, jeder funktionierenden Demokratie, jedem gut geführten Kindergarten. Zu jedem Frauennetzwerk, das mehr sein will als eine Wohlfühlveranstaltung. Wo alles in Harmoniesauce ertrinkt, verdrängt die Anpassung an die Verhältnisse den Widerstand. *Nicht Konflikte musst du meiden, sondern Hass.* Nur Hass kann Liebe zerstören. Hassgetränkte Gewalt

Leichtigkeit

Greif montags um neun in den Pool aller Super Women und fische eine großzügige Portion heraus. Was siehst du? Vier bis fünf Frauen, die die Seele baumeln lassen. Ansonsten: Frauen im Stechschritt, rennende, hechelnde Frauen, dauergrinsende Frauen mit Sorgenfalten, Frauen im Mental-Load-Modus. Verkrampfungen, so weit das Auge reicht ... Wo ist die Leichtigkeit? »Die ganze Welt ist eine Bühne«, lautet eine Zeile aus dem Shakespeare-Drama *Wie es euch gefällt*. Häng das Zitat gut sichtbar in dein Schlafzimmer, dein Office, in die Küche oder sonst wohin, am besten neben das Schild *Zeit = Lebenszeit*. Jeder Tag, der dich dazu bringt, dich an die Verhältnisse anzupassen, ist ein verlorener Tag. Jeder Tag, den du im Bewusstsein beginnst, dass die Welt verrückt ist, dass das System spinnt und nicht du, dass der beste Weg zu Macht und Freiheit für dich und uns alle darin besteht, die komödiantische Seite der Sache zu entdecken, ist ein guter Tag. Der Beginn und die Fortsetzung des gewaltlosen Widerstands. Wenn du tausend Rollen täglich spielst, tu es mit Lust am Spiel. Anstrengung lohnt nur bis zu einem gewissen Punkt. Bedenke: Alles ist paradox. Was wie ein Nachteil für dich aussieht, kann sich schon bald als Vorteil erweisen. Du brauchst keine Angst vor dem Scheitern zu haben, *weil du gar nicht scheitern kannst*. Wenn du in der Sackgasse steckst, kehr um. Nimm die ausgestreckte Hand, die dir helfen will. Du bist nicht allein. Es geht immer weiter, bis zu deinem Tod geht es weiter. Das Leben hört nicht auf, nur weil du mal nicht mehr weiterweißt. Aus dunkel wird hell, aus hell bunt. Im schwärzesten Schwarz steckt ein Funken Licht. In jeder Situation liegt ein Potenzial, das du nutzen kannst. Und sei es, indem du einfach wartest, bis sich die Lage verändert hat. Geh leichter, unbeschwerter durchs Leben. Was hast du zu verlieren? Doch nur den Hinkelstein deiner Schwerkraft. Renne nicht durchs Leben. Schwebe ein wenig. Spiele, tanze. Fange die Bewegung um dich herum auf, finde deine Stabilität in ihr, schwinge mit ihr mit – *Aplomb*, sagt man im Balletttanz. Mein früherer Ballettlehrer hat es »wider die Schwerkraft« genannt. *Aplomb:* Das ist die aufrecht-geschmeidige, dreiste Attitüde, mit der du am elegantesten widerstehst.

Selbstdenken

Das ist ein Appell an uns alle: Wir sollten *viel* mehr selbst denken, statt der Herde zu folgen. Plötzlich ist *woke* der letzte Schrei. Plötzlich bezeugen alle ihre Betroffenheit angesichts rassistischer Missstände, alle fühlen mit schwarzen, nichtbinären und Transgender-Aktivist*innen? Alle sind Feministinnen, und wer es nicht ist, ist eine »schlechte« Frau? Da kann was nicht stimmen. Das riecht stark nach Ideologie ... Zu gewaltlosem Widerstand gehört der scharfe, kritische Blick auf die Verbreitung jeglichen Bullshits – und die Selbstkritik. Ideologisch sind immer nur die anderen? Von wegen. Wir dürfen unserem Widerstand nicht unser Hirn opfern. Wer andere ideologisch nennt, ist es wahrscheinlich selbst auch. Ideologie täuscht die, denen sie übergestülpt wird, wie die, die sie verbreiten. Je verführerischer die Ideologie, desto größer die Versuchung des Machtmissbrauchs. Ideologie verführt durch »Führerinnen« und »Führer«. Sie vermischt politische Ziele mit persönlichen Interessen, tut aber so, als wäre sie ein wohlwollendes, ethisch astreines Wertesystem. Ideologie erkennst du daran, dass sie *nie mehrdeutig »gut«,* offen, vielseitig daher kommt ... sondern *immer eindeutig »gut«,* geschlossen, dogmatisch. Sie produziert ein selbstgefälliges Entweder-Oder-Weltbild, Schwarz gegen Weiß. Und sie schafft ein Klima emotionaler Übereinstimmung, ein Pseudo-»Wir« auf Basis der Illusion, zur Gruppe der »Guten« zu gehören. Wir dürfen uns nichts vormachen. Keine von uns ist »besser« als die anderen. Keine liebt und leidet mehr, aber jede liebt und leidet anders. Ohne einen Perspektivwechsel weg vom Bauchnabel der eigenen Person oder Gruppe geht gar nichts. Nur aus dem Blickwinkel einer kleinsten gemeinsamen Wirklichkeit, die auch die teilen, die außerhalb unseres »Wir« stehen, können wir sicher sein, Leidenschaft und Ideologie nicht zu verwechseln. Nur so verhalten wir uns auch wirklich liebend und solidarisch.

Wut

Versteck deine Wut nicht. Nie mehr! Lass es nicht zu, dass die Pflichterfüllung deine Wut schluckt, dass du zu erschöpft bist, um Feuer zu speien. Diese Wut ist richtig, ja sogar geboten. Solange die Gesellschaft von Gleichheit und Gerechtigkeit faselt, um sich anschließend auf dem Sofa einzurollen und darauf zu warten, dass du sie bedienst, läuft etwas schief. Die reflektierte Variante der Wut ist die Empörung: Der französische Diplomat und KZ-Überlebende Stéphane Hessel nannte sie das wichtigste Erbe der Résistance. 2010 appellierte er an die Jungen, friedlich gegen Finanzkapitalismus, Unterdrückung von Minderheiten und Umweltzerstörung zu protestieren. Er warnte vor der Gleichgültigkeit: »›Ohne mich‹ ist das Schlimmste, was man sich und der Welt antun kann.« Das gilt auch für deinen, für unseren Widerstand gegen die Verhältnisse. Wenn du zu viel Energie für die Pflichterfüllung aufwendest, hast du keine Kapazitäten mehr für Wut und Empörung. Dann wirkst du gleichgültig und angepasst, *obwohl du es gar nicht bist*. Du hast nicht nur alles Recht der Welt, dich zu empören, wütend zu sein, Wut ist sogar eines deiner wichtigsten ethischen Gebote.

Mut

Es geht um den Mut, den Mund aufzumachen und aus der Herde auszuscheren. Die Herde folgt dem Gesetz der Zahl. Sie ist fest davon überzeugt, Mehrheit sei schlauer als einzelne, selbstdenkende, *aus Freiheit heraus* verbundene Hirne und Herzen. Die Herde glaubt, die Masse könne nicht irren. Wenn alle über Feminismus reden, alle Muffins backen, alle »Karriere« machen, alle 1,5 Kinder kriegen, wenn man das so macht, muss es richtig sein … Muss man das selbst so machen, weil man sonst rausfliegt?! Super Einstellung. Sie führt direkt in die Diktatur der Schafe. Ja, von der Herde abzuweichen ist schwer. Deshalb ist dein, unser aller Mut so wichtig. Sei wild, wilder, am wildesten. Übe dich im strategischen Nonkonformismus. Begehre auf. Bleib unberechenbar. Nimm die Gegenposition ein. Wenn alle laut sind und du leise sein willst, sei leise. Wenn alle schweigen und du tausend Gründe hast, das Schweigen zu brechen, mach den Mund auf. Wenn alle arbeiten und Kinder kriegen, du aber ganz ohne Kind zu Hause bleiben willst, tu es. Wenn alle Mütter in Teilzeitjobs sind, du aber als Revolutionärin in einem Weltkonzern durchstarten oder dich nur für den guten Zweck engagieren willst, tu es. Lass deine Zweifel an der Masse zu. Sag *Nein*, wann immer dein Inneres Nein schreit – und *Ja* zu dem, was wirklich zählt. Mit Mut kannst du nur gewinnen: ein Leben, das deins ist, weil es jenseits der Herde stattfindet. Mit Mut ebnest du den Weg für *echte* Beziehungen, *echte* Verbundenheit aus Freiheit heraus.

Hoffnung

»Wir müssen begreifen, dass Gewalt von Hoffnung nichts wissen will. Die Hoffnung ist ihr vorzuziehen – die Hoffnung auf Gewaltlosigkeit«, schrieb Stéphane Hessel. Er glaubte, dass der geduldige Dialog nach Art eines Nelson Mandela oder Martin Luther King mit Vertretern des Hasses den Lauf der Dinge ändern könne; dass sich fortgesetzter Widerstand gegen die Verletzung unabdingbarer Rechte und gegen die Zerstörung unserer natürlichen Lebensgrundlagen lohne. Doch was, wenn er irrte? Wenn in Zukunft Hass und Krieg dominieren? Dies wird dann der Fall sein, wenn wir keinen Grund zu widerstehen finden – weil wir uns entweder gar nicht betroffen fühlen oder nur in den eigenen Angelegenheiten; weil wir zum Perspektivwechsel zu träge sind. Wenn wir erkennen, dass alle und alles voneinander abhängig ist, weil alle und alles miteinander verbunden sind, können wir hoffen, dass eine bessere Welt möglich ist. Du, ich, wir alle sollten nie aufhören, auf ein Ende der Grabenkämpfe zwischen Erste- und Dritte-Welt-Feminismus, weißem und intersektionalem, liberalem und konservativem, Alice Schwarzer- und Slutwalk-Feminismus zu hoffen. Es sollte darum gehen, einander in liebevollem Streit zu begegnen, nicht in ideologisch gefärbtem Hass. Merke: Jedes noch so leidenschaftliche Engagement verpufft, wenn seine politische Bedeutung nicht anerkannt wird. Auch dein und unser aller gewaltloser Widerstand kann auf Rechte, Normen, Institutionen nicht verzichten – und sei es, um sie friedlich und voller Hoffnung anzugreifen und zu erweitern.

Verwandlungsfähigkeit

Wohin führt dein gewaltloser Widerstand? Schwer zu sagen. Hoffentlich zu mehr Macht und Freiheit … für dich, für alle? Oder für wen? Wohin er auch führen mag, er darf nie an ein Ende kommen. Zwar brauchen wir klare Ziele. Doch alles auf dieser Welt ist Wandel, deshalb muss sich auch dein und unser Widerstand permanent verändern. Wenn wir zu starre Ziele verfolgen, erstarrt auch unsere Flexibilität. Wir werden zu Konformistinnen einer Sache, der wir in vorauseilendem Gehorsam folgen, ohne sie und uns selbst je infrage zu stellen. Genau das sollten wir aber tun. Solange wir uns auf der Lebensreise befinden, brauchen wir viel mehr (Selbst-)Zweifel, Neugier und Hoffnung, als wir glauben.

Wenn die Frauen aus einem männlichen
Bauch geboren würden, wie sähe dann
das Schicksal der Frauen aus?

Élisabeth Badinter (1944)*

#XY: FÜR DEN MODERNEN MANN: WAS KANNST DU TUN?

Und nun zu dir, lieber Leser. Jawohl, ich meine dich. Zeig dich. Ich weiß, dass du hier bist, die ganze Zeit mitgelesen, mitgedacht hast. Gott sei Dank! Du wolltest wissen, was in diesem Frauenbuch steht? Jetzt weißt du es. Ach, übrigens, das ist gar kein »Frauenbuch« – jedenfalls nicht im Sinne eines schriftlichen Kaffeekränzchens. Es geht schließlich um systemische Schieflagen, die uns alle angehen. Ich möchte uns alle ermuntern, sie endlich abzuschaffen. Uns alle, das heißt auch dich. Du bist wichtig. Ohne dich geht es nicht.

Du bist ein moderner Mann. Du liebst Frauen und bist überhaupt »Minderheiten«-freundlich. Du votierst für Geschlechtergerechtigkeit und Chancengleichheit. Trotzdem ist dir immer noch nicht ganz klar, welche Rolle du dabei spielen sollst. Und willst. Und musst. Seit Jahren trompetet man in deine Ohren, dass die Zukunft weiblich sei, bunt, *divers*. Alte weiße Männer sind toxisch. Männliche Gewalt und männliche Dominanz gehen gar nicht mehr. In Meetings rumgröhlen und mit vorgewölbtem Unterbauch Ansagen machen: so was von OUT. Dass du auf testosterongeladene Gewohnheiten verzichten sollst, von aggressiven Ampelstarts bis zum Vollrausch, kannst du locker akzeptieren. Du hast gelernt, dass du dich mit der Keule schwingenden Wikingernummer lächerlich machst, aber fürs Windelwechseln Bonuspunkte kriegst. Du siehst ein, dass du dich auf deinen Privilegien nicht mehr ausruhen kannst. Aber dich deshalb gegenüber jeder einzelnen Frau gleich und immer schon schuldig bekennen? Obwohl du keine je missbraucht oder sonst wie schlecht behandelt hast? Das leuchtet dir nicht ein. Und doch scheint der Zeitgeist genau das von dir zu verlangen. Die Angst, der nächstbesten Frau unwillentlich auf die Füße zu treten, treibt dir Schweißperlen ins Gesicht. *Was, wenn du es längst getan hast?*

Du bist nicht allein. Die männliche Verunsicherung ist weit verbreitet. Wohin mit Wutausbrüchen, überschüssiger Muskelkraft und plumper Anmache? Spätestens seit #MeToo hat alles, was das Etikett Feminismus trägt, eine moralische Macht, die das, was früher »normal« war, als unmoralisch enttarnt. Die wirtschaftliche und politische Macht sind nach wie vor in Männerhand. Dagegen kann die moralische Macht nichts ausrichten. Und doch sabotiert sie nach und nach die Voreinstellung »Mann«. Jenen normativen *default mode*, den deine Ahnen erdachten und der bis heute auf der gesellschaftlichen Festplatte gespeichert ist (→ #15) – egal, welches *Diversity*-Programm gerade läuft.

Es ist die vermeintlich objektive Voreinstellung der männlichen Norm, die für die scheinbar neutrale, tatsächlich aber streng hierarchische binäre Einteilung in »Mann« und »Frau«, Privilegien und Pflichten, Freiheit und Abhängigkeit verantwortlich ist. Denk mal scharf nach, welche Konsequenzen das hat – und für wen. Nimm ein beliebiges Lebewesen mit Hirn und Brüsten. Schau es dir genau an. Warum ist dieses Wesen typischerweise nicht einfach Frau, sondern Super Woman? Warum kann diese Frau nie richtig faul sein, weshalb steht sie dauernd unter Strom? Weil sie in jeder Minute zum Sprung ansetzt, um die hierarchischen Abstände zu überwinden. Sie sprintet zwischen hart und weich, Rebellion und Anpassung hin und her. Sie versucht, beides zu sein: sorgend und privilegiert. Der Energieaufwand ist beträchtlich. Irgendwann entlädt sich der Akku. Irgendwann bricht das Versorgungsnetz zusammen …

Das kannst, willst du natürlich nicht mit ansehen. Da muss sich etwas ändern. *Du* musst etwas ändern. Mehr abgeben, mehr teilen. Ja, ich weiß. Auf Privilegien zu verzichten ist brutal. Du musst dich fühlen wie ein Säugling, dem plötzlich die Mutterbrust verweigert wird. Du sollst Macht, Geld, Einfluss, *Zeit* abgeben und darfst noch nicht mal schreien! Ich verstehe dich sehr gut. Aber dieser Verzicht ist nur zu deinem Besten. Weil er zu unser aller Besten ist. Denn je mehr wir alle frei sein können, ohne Verbundenheit und Zugehörigkeit aufgeben zu müssen, desto glücklicher sind wir alle.

Du stehst vor folgender Aufgabe: Lernen, ein »guter« Mann zu sein und trotzdem irgendwie »echt« zu bleiben (→ #15). Beginnen wir mit deinem Körper. Dem Zuhause, der Kathedrale, dem Panzer des Mannes. Du bist so selbstverständlich mit deiner Hülle verwachsen, dass sie kein Thema für dich ist. Mach dir aber klar, dass du immer mehr »bist« als nur dein Körper. Du bist auch der Raum, in dem sich dieser Körper bewegt und den er mit seiner XY-chromosomalen Power ganz automatisch erobert und in Beschlag nimmt. Dein Reich sind die Freiräume, Herrschaftsräume, Wirtschaftsräume dieser Welt. Niemand will von dir wissen, wie alt du bist und wie viel du wiegst. Nie würde man dich fragen, welche Klamotten du trägst, was sich in deiner Handtasche befindet und ob deine Nase echt ist. Du hast keine Menstruationsbeschwerden, die dich außer Gefecht setzen, und musst bei Sportveranstaltungen nicht im Bikinihöschen vorturnen. Wenn du eine Frau wärst, wäre das Gegenteil der Fall. Dein Körper stünde im Mittelpunkt des gesellschaftlichen Interesses. »Ist sie attraktiv? Blond oder braun? Hat sie zugenommen, ist sie schwanger, hat sie Kinder?« Die Gesellschaft befindet sich im Wandel. Und doch wird das Lebewesen »Frau« immer noch reflexartig mit einem femininen, verführerischen, fruchtbaren und das heißt *potenziell mütterlichen Körper* gleichgesetzt. Egal, ob die betreffende Person 5, 20 oder 79 ist. Ihr Körper ist der Generalmaßstab der Beurteilung und Verurteilung. Vergegenwärtige dir diese krasse Ausgangslage. Jede einzelne Frau ist oder war nicht nur biologisch *potenzielle* Mutter, sondern auch – und das ist das Fatale – qua gesellschaftlicher Norm.

Wo sie geht und steht, wo sie spricht und schweigt, steckt sie wie eh und je in einem eng gewebten Korsett aus Biologie und Normen. Egal, ob sie Nonne oder Prostituierte ist, als Athletin oder *Plus Size* auftritt. Es ist immer noch weniger ihr Können als ihr Äußeres, das unter permanenter Beobachtung steht. Ihre Figur, Frisur und Kleidung provozieren immer noch die alten unbewussten Ressentiments (»So, sie ist also Journalistin/Politikerin/Aufsichtsrätin? Aber sie trägt doch Tattoos! Die Frau hält sich nicht an die Regeln. *Mann* muss sie ein bisschen triezen. Sie flach legen! Hahahaha.«) Eine »Frau« hat keinen Freiraum, Herrschaftsraum, Wirtschaftsraum, den sie ganz automatisch einnimmt. Sie muss erst dafür sorgen, dass man ihr Raum *gibt* – mit einem raffinierten Methodenmix aus weich und hart. Ein »Mann« dagegen ist quasi schon als Baby ein Mann, ein Körper von Gewicht, dem aller Raum *gehört*.

Die hierarchisch getrennten gesellschaftlichen Positionen – Mann als Ober, Frau als Unter – sind kaum zu trennen von der unterschiedlichen Wahrnehmung femininer und maskuliner Körper. Solange keine Männer, sondern nur Frauen schwanger werden und gebären können, gilt die Frau als abhängiges, »schwaches Geschlecht«. Das gesellschaftliche Gender-Einmaleins besagt: *Frau = schwach = passiv = unterlegen.* Zumindest bisher war das so. Denn das System befindet sich im Wandel. Die Gesellschaft verändert sich; zumindest bemüht sie sich sehr. Vielleicht hast du persönlich ja überhaupt kein Problem mit »starken« Frauen. Du sagst Sätze wie: »Frauen sind so kompetent wie Männer (wenn nicht gar kompetenter), sie haben's einfach drauf. Männer sollten Frauen überall fördern und unterstützen. Jede Frau soll die Chance haben, so zu leben, wie es ihren Träumen und Eignungen entspricht.« Vielleicht gibst du solche und ähnliche Formulierungen sogar regelmäßig von dir. Trotzdem ist es nur natürlich, dass du dich ärgerst, wenn dir eine Frau den Job wegschnappt. Eine Position, die du dachtest sicher zu haben – einfach deshalb, weil du gewohnt warst, sie sicher zu haben. Wenn überall da, wo du glaubtest, es sei dein Terrain, plötzlich eine Frau operiert, ist es kein Wunder, dass du die Sache mit der Chancengleichheit insgeheim verfluchst.

Bei aller Liebe … du fürchtest, dass die Gleichung *Mann = stark = aktiv = privilegiert* plötzlich nicht mehr gilt. Was, wenn die Schwachen erstarken und die Starken schwach werden?

Veränderungsprozesse sind kein Wellnessurlaub. Eine Gesellschaft ist kein Ponyhof. Konflikte und Streit sind selbstverständlich. Es gibt keinen machtfreien Raum (→ #9). Solange es Menschen und zwischenmenschliche Beziehungen gibt, wird Macht ein Thema sein. Aber welche Macht wollen wir, als Einzelne und als Gesellschaft? Wie können Durchsetzungskraft und Gestaltungsvermögen, ökonomische und moralische Macht zusammenwirken? Die Widersprüche zwischen stark und schwach, weich und hart, mächtig und ohnmächtig, mental, seelisch, physisch zu integrieren, darf nicht »Frauensache« sein. Die Zentrale der Zuständigkeiten hat einen zweiten Hauptsitz verdient (mindestens!). Stark und schwach, weich und hart, mächtig und ohnmächtig sollten keine Gegensätze repräsentieren, sondern komplementäre Eigenschaften, die *auf beiden Seiten möglich und erwünscht sein sollten*. Auf *allen* Seiten. In diesem – und nur in diesem – Sinne sollte es überhaupt keine »Frauen« oder »Männer« mehr geben. Sondern nur noch einzigartige *Menschen*, die einander trotz und wegen ihrer Vorzüge und Mängel als das anerkennen und wertschätzen, was sie sind. Nur so kann ein WIR entstehen, das individuellen Unterschieden, unterschiedlichen Fähigkeiten und Möglichkeiten Rechnung trägt.

Noch ist es nicht so weit. Noch steckt uns das rückwärtsgewandte System in stereotype Schubladen und verpasst uns Stempel – die abhängige weibliche »Natur« mit Brüsten, Babys, Putzkitteln auf der einen, die freie männliche »Kultur« mit Waffen, Geld und Einfluss auf der anderen Seite: »hier *die* Frauen als Gefangene ihrer Natur, dort *die* Männer unter dem Druck, ihre Kultur zu verändern. Eine widersprüchliche Botschaft, wenn es denn eine ist: Sie verunsichert die einen und erbittert die anderen«, so die Philosophin Élisabeth Badinter. Lieber Leser, du bist am Zug. *Wir können alles – aber du kannst jetzt ein System sprengen, das sowieso keine Zukunft hat.* Du hast die Macht, dich selbst abzuschaffen, um dich neu zu erfinden. Und die Lebewesen mit Hirn und Brüsten in ihrem Wollen zu unterstützen. Damit sie weniger, viel weniger sollen und müssen müssen. *Merke:* Helfen macht glücklich. Dich, mich, uns alle.

Überlebensstrategie #XY: Sei kein Held – transformiere dich

Du bist ein moderner Mann. Du kennst die tiefere Bedeutung von Multitasking. Du hast Pflichten und Zuständigkeiten, die du sehr ernst nimmst und die dich aufreiben. Auch du bist Vieles und fühlst dich für Vieles verantwortlich. Vielleicht hast du einen stressigen Bürojob und schleppst den Großteil der Kohle an, von dem dein Partner/deine Partnerin, deine Zwillinge, deine Eltern, deine Cousine dritten Grades profitieren. Vielleicht arbeitest du auch im Supermarkt oder malochst als Fernfahrer. Ich sage nicht, dass *alle* Männer privilegiert sind und *alle* Frauen Opfer. Trotzdem hatte James Brown recht, als er sang: »It's a Man's, Man's, Man's World!«. Wir leben nun mal in einem von Männern gebauten System.

Was wäre, wenn du nicht wüsstest, dass du ein Mann bist? Vor gut fünfzig Jahren ersann der Philosoph John Rawls ein interessantes Gedankenexperiment: Angenommen, jeder und jede wäre von einem »Schleier des Nichtwissens« verhüllt. Niemand würde sein oder ihr Geschlecht kennen, seine ethnische oder soziale Herkunft, seine Talente und Vorlieben. Wenn die Menschen nun die Grundsätze ihrer Gesellschaft beschließen wollten – was würden sie wählen? Wie würden sie die Güter verteilen? Rawls selbst ging davon aus, dass die Parteien dieses »Urzustands« ihre Optionen zwar mit Eigeninteresse, aber auch risikoscheu prüfen würden. Er glaubte, dass man sich schließlich auf zwei Gerechtigkeitsgrundsätze einigen würde: *erstens* gleiche Grundrechte auf Freiheit und Teilhabe; *zweitens* Chancengleichheit und die Bedingung, dass soziale und wirtschaftliche Ungleichheiten »den am wenigsten Begünstigten die bestmöglichen Aussichten bringen«. Zu den »am wenigsten Begünstigten« unserer Gesellschaft zählen natürlich alleinerziehende Mütter. Viele schuften ein Leben lang und sind zur Belohnung arm, wenn sie in Rente gehen. Und es gibt viele andere, Frauen und Menschen anderer Hautfarbe, anderer Herkunft, anderen Glaubens, die partout kein Stück vom Kuchen kriegen. Höchstens ein paar Krümel. Der »Schleier des Nichtwissens« ist ein Gedankenexperiment, das du anwenden solltest, wann immer man dich verführen will, aus der Voreinstellung »Mann« heraus Missstände zu ignorieren. Die kleinen, und die ganz großen.

Was wäre, wenn du eine Frau wärst? Dann würdest du jeden Mann zu gern mal fragen:

1) Wie haben deine Eltern dich erzogen?
2) Haben sie dich anders behandelt als deine Schwester und wenn ja, was hatte und hat das für Folgen?
3) Wie erziehst/erzogst du deine Kinder?
4) Was, wenn du schwanger werden, gebären und stillen könntest?
5) Hast du dich je mit dem Thema »Empfängnisverhütung für Männer« befasst?
6) Wie wirkt sich die Tatsache, dass du bei »Frau« standardmäßig »Sex« im Kopf hast, auf dein und unser aller Leben aus?
7) Wurdest du je ohne dein Einverständnis angefasst?
8) Was tust du, wenn dein Kumpel/Kollege sexistische Sprüche loslässt?
9) Hat man dich je als Sexisten bezeichnet (obwohl du selbst dich nie so nennen würdest)?
10) Was tust du, wenn du Zeuge von sexueller Belästigung wirst?
11) Hast du jemals spontan das Wort »Feminismus« in den Mund genommen … und positiv darüber gesprochen?
12) Was verstehst du eigentlich unter Feminismus?
13) Hast du dich a) im Freundeskreis, b) in deiner Firma und/oder c) daheim einmal oder mehrfach für mehr Gleichberechtigung ausgesprochen?
14) Wenn ja, sind deinen Worten Taten gefolgt? Welche?

15) Wie oft am Tag denkst du daran, dass du nachher/morgen/nächste Woche noch zur Reinigung, den Urlaub buchen, mit dem Installateur verhandeln, das Geburtstagsgeschenk für dein Patenkind besorgen und deine Mutter anrufen musst?

16) Wie viel von dem, was du eigentlich erledigen wolltest, hast du dann doch wieder vergessen?

17) Wer hat dir die Erledigungen abgenommen?

18) Hast du mit deiner Partnerin in innigem Einverständnis über eure künftige Rollenverteilung philosophiert, bevor die Kinder kamen, bevor die Eltern alt wurden?

19) Und was geschah, als es so weit war?

20) Ist »Privileg« vielleicht nur ein anderes Wort für »Bequemlichkeit«?

21) Wie viel von dem Raum, der dir gehört, bist du bereit abzugeben?

22) Kennst du die Begriffe Mansplaining, Manspreading und Manslamming?

23) Wenn nicht, könntest du sie bitte gleich googeln? Ich meine: *jetzt sofort!?*

24) Hast du ein Problem mit Frauen, die mehr verdienen und/oder kompetenter sind als du?

25) Was tust du, wenn du es mit einer klugen Frau zu tun hast – ignorierst oder zitierst du sie?

26) Wie schwer fällt es dir, gegenüber einer Frau Schwäche zu zeigen und dich zu entschuldigen?

27) Wärst du lieber eine Frau und wenn nein, warum nicht?

Nimm dir die Fragen zur Brust, auf die du noch keine Antwort hast oder auf die du nur Antworten findest, die dich selbst nicht überzeugen. Reflektiere. Handle. Transformiere dich. Nutze deine Macht. Deine Durchsetzungskraft und dein Gestaltungsvermögen betreffen auch den Umgang mit dir selbst. Gehen wir nach diesem kurzen Warm-up nun direkt über zum Sparring.

Kann man eine Frau je verstehen? Der beste Weg, sie zu unterstützen, ist, sie so zu verstehen und zu sehen, wie sie sich selbst sieht.

Oder vielmehr: Wie sie sich sieht, während sie unter permanenter Beobachtung des Systems steht. Du weißt bereits, welch entscheidender Faktor ihr *Körper* darstellt. Widmen wir uns nun ihrem hart arbeitenden *Gehirn*. Bedenke: Wenn du mit einer Frau in einem Raum sitzt, bist du nie wirklich mit ihr allein. Stets ist sie umgeben von zahlreichen, auf und ab wogenden Denkblasen unterschiedlichsten Formats und Inhalts. Sobald du versuchst, sie abzulenken und so wenigstens ein paar dieser Blasen zum Platzen zu bringen, werden sie durch andere ersetzt. Das Phänomen »Mental Load« (→ #2) kannst du dir auch anhand eines Eisbergs vorstellen. Du siehst: Hundertprozentiges Engagement im Job, ein gemütlich ausgestattetes Heim, einen prall mit gesunden Lebensmitteln gefüllten Kühlschrank, eine blitzblank gescheuerte Toilette. Was du siehst, ist nur die Spitze des Eisbergs. Der große Rest – das Vorausdenken, Planen, Organisieren, Abwägen, Kontrollieren, Kümmern – ist unter der Meeresoberfläche verborgen.

Wenn du gleichberechtigt agieren willst, versetze dich ins Gehirn und in den Körper einer Frau. Und schon siehst du, was zu tun ist! Ganz konkret. *Konkret ist überhaupt das Stichwort.* Wenn du im Brustton der Überzeugung zu einer Frau sagst: »Wir teilen alles fifty-fifty!«, wird nicht viel passieren. Du wirst wieder mindestens die Hälfte von dem, was du erledigen wolltest, vergessen. Verhalte dich grundsätzlich proaktiv. Komm ihr zuvor. *Frage sie, bevor sie dich bitten muss*: »Was kann ich tun, was soll ich erledigen, wie kann ich dich unterstützen?« Genauso verfahre im beruflichen Umfeld. Wenn du eine leitende Funktion innehast, reicht es nicht, der Chancengleichheit mit »offenem Mindset« oder gendergerechter Sprachregelung auf die Sprünge zu helfen. Auch hier geht es darum, was du in welcher Situation jetzt und immer wieder *konkret* tun kannst.

Ich weiß, dass du das alles längst weißt. Natürlich ist dir völlig klar, wie viel noch zu tun ist. Und dass es nicht reicht, nur darüber zu reden, wie viel noch zu tun ist. Übrigens: Kennst du die einzige wirklich hundertprozentig alltagstaugliche Definition von »Feminist«? Ein Feminist redet nicht – er holt den Wischmopp raus und legt los. So. Das wichtigste Wort zum Schluss: DANKE.

KOMMENTIERTE QUELLEN

Alle wörtlichen Zitate sind den unten genannten Quellen entnommen.

Einzelne Passagen des Buchs erschienen bereits in der Zeitschrift HOHE LUFT und wurden für das Buch grundlegend überarbeitet und ergänzt:
Ein Teil von #8 erschien in Ausgabe 3/2021, »Radikale Transformation«, S. 32–34.
Ein Teil von #10 erschien in Ausgabe 3/2020, »Casino der Träume«, S. 65–69.
Ein Teil von #14 erschien in Ausgabe 2/2021, »Das Mohrenkopf-Problem«, S. 42–44.
Ein Teil von #18 erschien in Ausgabe 4/2021, »Die neue Mündlichkeit«, S. 24–27.
Ein Teil von #19 erschien in Ausgabe 5/2021, »Lob der Faulheit«, S. 40–43.
Ein Teil von #20 erschien in Ausgabe 6/2021, »Nein!«, S. 42–45.

Adichie, Chimamanda Ngozi: We Should All Be Feminists. London, Fourth Estate, 2014. Persönliche Utopie eines globalen Feminismus.
Allmendinger, Jutta: Es geht nur gemeinsam! Wie wir endlich Geschlechtergerechtigkeit erreichen. Berlin, Ullstein, 2021. Eine Streitschrift mit aktuellen Zahlen zum Gender Pay Gap, Gender Position Gap und Gender Pension Gap.
Arendt, Hannah: Elemente und Ursprünge totaler Herrschaft. Antisemitismus, Imperialismus, totale Herrschaft. München, Piper, 1991. Ein politisch-philosophisches Standardwerk, das

Einsamkeit und Isolation als Bedingung für jeden Totalitarismus sieht.

Arndt, Susan: Sexismus. Geschichte einer Unterdrückung. München, C. H. Beck, 2020. Zur Geschichte des Sexismus als Denk- und Herrschaftssystem.

Badinter, Élisabeth: Die Wiederentdeckung der Gleichheit. Schwache Frauen, gefährliche Männer und andere feministische Irrtümer. München, Ullstein, 2004. Philosophisches Plädoyer für einen feministischen Kurswechsel.

Badinter, Élisabeth: Es gibt nicht die Mutter und nicht das Kind … also auch nicht die Mutterliebe. Interview von Annick Eimer. https://www.zeit.de/zeit-wissen/2016/06/frauenbild-frankreich-elisabeth-badinter-feminismus-mutter/komplettansicht (Zugriff: Januar 2022). Die Philosophin über die Unterschiede des Mutterbilds in Frankreich und Deutschland.

Baier, Annette: »Trust and Antitrust«, *Ethics*, 96 (2), 1986, S. 231–260. Essay, in dem die neuseeländische Philosophin ihr Konzept von Vertrauen als »akzeptierter Verletzlichkeit« erläutert.

Baron-Cohen, Simon: The Essential Difference. London, Penguin, 2003. Ein Psychologe und Autismus-Forscher über die wahren Unterschiede männlicher und weiblicher Gehirne.

Beard, Mary: Frauen und Macht. Ein Manifest. Frankfurt a. M., Fischer, 2018. Historische Untersuchung über die Wurzeln männlicher Rede- und Argumentationsmacht in Politik, Kultur und Gesellschaft.

Beauvoir, Simone de: Das andere Geschlecht. Sitte und Sexismus der Frau. 14. Aufl., Reinbek, Rowohlt, 2014. Die Bibel des modernen Feminismus.

Bernard, Philippe/Sarah J. Gervais u.a.: »Integrating … Hypothesis«, *Psychological Science*, vol. 23, (5), S. 469-471. (Erstveröffentlichung 3. April 2012). Belgische Studie zur »sexuellen Objektifizierung« von Frauen.

Bredekamp, Horst: Der Bildakt. Frankfurter Adorno-Vorlesungen 2007. Berlin, Wagenbach, 2015. Ein Kunsthistoriker über die Rolle von Bildern in der westlichen Kultur.

Bücker, Susanne: Einsamkeit – erkennen, evaluieren und entschlossen entgegentreten. Deutscher Bundestag, Ausschuss für Familie, Senioren, Frauen und Jugend. https://www.bundestag.de/resource/ blob/833538/3db278c99cb6df3362456fefbb6d84aa/19-13-135 dneu-data.pdf (Zugriff: Januar 2022). Stellungnahme einer Psychologin zum gesellschaftlichen Phänomen Einsamkeit in Deutschland.

Butler, Judith: Die Macht der Gewaltlosigkeit. Berlin, Suhrkamp, 2020. Philosophisches Plädoyer für eine ganzheitliche Emanzipation auch im Sinne des gewaltlosen Widerstands.

Buxton, Rebecca und Lisa Whiting (Hg.): Philosophinnen. Von Hypatia bis Angela Davis. Hamburg, Mairisch Verlag, 2021. Zwanzig Porträts von Denkerinnen von der Antike bis zur Gegenwart in ihrem jeweiligen kulturellen und zeitgeschichtlichen Kontext.

Cain, Susan: Still. Die Kraft der Introvertierten. München, Goldmann, 2013. Anregungen für eine Gesellschaft, die bereit ist, Introversion (neu) zu verstehen und wertzuschätzen.

Chang, Ruth: Wie man schwierige Entscheidungen fällt. TEDSalon NY2014 (englisch mit deutschen Untertiteln) https://www.ted. com/talks/ruth_chang_how_to_make_hard_choices/transcript? language=de (Zugriff: November 2021). Eine Philosophin gibt Orientierungshilfe bei Schwerstentscheidungen jenseits der üblichen Pro-und Kontra-Bilanz.

Chemaly, Soraya: Speak Out! Die Kraft weiblicher Wut. Berlin, Suhrkamp, 2020. Eine US-Aktivistin macht Mut und Lust zur Wut.

Cicero, De oratore: Über den Redner. Lateinisch/ Deutsch. Stuttgart, Reclam, 2010. Dieser Lehrdialog gilt als wichtigste Darstellung der Rhetorik der Antike.

Clark, Heather: Red Comet. The Short Life and Blazing Art of

Sylvia Plath. London, Jonathan Cape, 2020. Mehrfach ausgezeichnete Biografie, die ein differenziertes Bild der Dichterin und Schriftstellerin zeichnet.

Cooper, Sarah: How to be Successful Without Hurting Men's Feelings. London, Square Peg, 2018. Satirischer Ratgeber für Karrierefrauen von der berühmtesten Donald-Trump-Imitatorin unserer Tage.

Cote, Rachel Vorona: Too Much. How Victorian Constraints Still Bind Women Today. New York, Grand Central Publishing, 2020. Scharfe Betrachtungen über das Fortwirken viktorianischer Frauenbilder im Hier und Heute.

Cuddy, Amy: Ohne Worte alles sagen. Mit Körpersprache überzeugen. München, Goldmann, 2019. Anleitung zum Power Posing einer Sozialpsychologin.

Debus, Katharina: Und die Mädchen? Modernisierungen von Weiblichkeitsanforderungen. Geschlechterreflektierte Arbeit mit Jungen an der Schule. Texte zu Pädagogik und Fortbildung rund um Jungen, Geschlecht und Bildung, 2012. https://www.academia.edu/35961723/Und_die_M%C3%A4dchen_Modernisierungen_von_Weiblichkeitsanforderungen (Zugriff: November 2021). Die Politologin ist Schöpferin des Begriffs »Allzuständigkeit«.

Dohm, Hedwig: Die Antifeministen. Ein Buch der Verteidigung. https://www.digitale-sammlungen.de/de/view/bsb11127059?page=5 (Zugriff: November 2021). Thesen und Argumente einer frühen Feministin, die sich »nicht gegen Personen, sondern gegen Ideen« einer bestimmten kulturellen Prägung wendet.

Dürrholz, Johanna: Eine Scheidung für alle. https://www.faz.net/aktuell/stil/leib-seele/warum-uns-die-scheidung-von-bill-und-melinda-gates-trifft-17330944.html (Zugriff: Januar 2022). Analyse der Gates-Scheidung mit Statements der Soziologin Doris Mathilde Lucke.

Emma: The Mental Load. A Feminist Comic. New York, Seven Stories Press, 2017. Comic einer Bloggerin und Computertechnikerin über das Phänomen »Mental Load«.

Emma: The Emotional Load. And Other Invisible Stuff. New York, Seven Stories Press, 2020. Über die exzessive Zuständigkeit der modernen Frau fürs Lieben und Sorgen.

Flaßpöhler, Svenja: Die potente Frau. Für eine neue Weiblichkeit. Berlin, Ullstein, 2018. Eine philosophische Betrachtung der weiblichen Selbstermächtigung.

Flexner, Abraham: The Usefulness of Useless Knowledge. Princeton, Princeton University Press, 2017. Ein Must-read für Effizienzgeplagte.

Frankl, Viktor E.: Trotzdem Ja zum Leben sagen. Ein Psychologe erlebt das Konzentrationslager. München, Penguin, 2021. Plädoyer für Sinn- und Werteorientierung des Begründers der Logotherapie.

Fraser, Nancy: Fortunes of Feminism. From State-Managed Capitalism to Neoliberal Crisis. London, Verso, 2020. Eine Kritik an der Falschheit des Marketing-Feminismus und des »progressiven Neoliberalismus« – und ein Aufruf für ein Revival authentischer feministischer Ziele.

Fraser, Nancy: The Old Is Dying and the New Cannot Be Born. From Progressive Neoliberalism to Trump and Beyond. London, Verso, 2019. Über Emanzipation und die Notwendigkeit einer neuen Gesellschaftsordnung angesichts der politischen, ökologischen, wirtschaftlichen und sozialen Krisen der heutigen Welt.

Friedan, Betty: The Feminine Mystique. (Dt. Der Weiblichkeitswahn.) London, Penguin, 2010. Die provokante Initialzündung der zweiten Welle der Frauenbewegung.

Gerhard, Ute: Frauenbewegung und Feminismus. Eine Geschichte seit 1789. München, C. H. Beck, 2009. Historischer Überblick über die verschiedenen Anliegen und Strömungen des Feminismus.

Goffman, Erving: Wir alle spielen Theater. Die Selbstdarstellung im Alltag. München, Piper, 2016. Ein Klassiker der Soziologie über unser aller Alltags-Performances.

Gouges, Olympe de: Erklärung der Rechte der Frau und Bürgerin. https://www.europa.clio-online.de/quelle/id/q63-28390 (Zugriff: November 2021). Die berühmte Antwort der französischen Frauenrechtlerin auf die »Erklärung der Menschen- und Bürgerrechte« von 1789.

Gümüşay, Kübra: Sprache und Sein. München, Hanser Berlin, 2020. Betrachtungen über Vorurteile und die Frage, wie Sprache und Kategorien unser Leben prägen.

Gumbrecht, Hans Ulrich: Lob des Sports. Berlin, Suhrkamp, 2016. Philosophische Betrachtungen eines Sportfans über (männlichen) Körperkult und die Faszination des Wettkampfs.

Han, Byung-Chul: Palliativgesellschaft. Schmerz heute. Berlin, Matthes und Seitz, 2020. Ein Pop-Philosoph und Sloterdijk-Epigone über die »Daueranästhetisierung« unserer Gesellschaft.

Harrington, Mary: »Reactionary Feminism«. https://www.firstthings.com/article/2021/06/reactionary-feminism (Zugriff: November 2021). Plädoyer für ein neues Emanzipationsverständnis einer konservativen Feministin.

Harrison, Bridget: Cosmetic doctors, desperate clients and a fix for ›zoom face‹. Financial Times, 27. Mai 2020. Bestandsaufnahme der plastischen Chirurgie in Großbritannien unter Corona-Bedingungen.

Hertz, Noreena: Das Zeitalter der Einsamkeit. Über die Kraft der Verbindung in einer zerfaserten Welt. Hamburg, Harper Collins, 2021. Ursachenforschung einer Ökonomin zu Anonymität und Einsamkeit in der neoliberalen Gesellschaft.

Hessel, Stéphane: Empört Euch! Berlin, Ullstein, 2011. Aufrüttelnder Aufruf eines engagierten, lebenserfahrenen Diplomaten zum gewaltlosen Widerstand gegen Ungerechtigkeit.

Hollick, Frederick: The Diseases of Woman, Their Causes and Cure Familiarly Explained. With Practical Hints for Their Prevention and for the Preservation of Female Health. New York, Burgess, Stringer & Co., 1847 / Google Books: https://books.google.de/books/about/The_Diseases_of_Woman_Their_Causes_and_C.

html?id=mmwEAAAAYAAJ&redir_esc=y (Zugriff: Januar 2022). Ein amerikanischer Arzt des 19. Jahrhunderts »erklärt« die weibliche Hysterie.

Hustvedt, Siri: Women – And Misogyny. https://www.hr2.de/podcasts/freiheit_deluxe/siri-hustvedt--women-and-misogyny-english-original-version,podcast-episode-88648.html (Zugriff: November, 2021). Jagoda Marinić spricht mit der amerikanische Schriftstellerin und Essayistin über Frauenfeindlichkeit und die Zusammenhänge zwischen Freiheit und Zugehörigkeit.

Illouz, Eva: Gefühle in Zeiten des Kapitalismus. Frankfurt a. M., Suhrkamp, 2007. Soziologische Analyse der wechselseitigen Durchdringung von Ökonomie und Emotionen in Chats, Filmen und Lifestyle-Magazinen.

Illouz, Eva und Dana Kaplan: Was ist sexuelles Kapital? Berlin, Suhrkamp, 2021. Bestandsaufnahme zweier Soziologen über die Zusammenhänge von Sexualität, Kapitalismus und Neo-liberalismus.

Jankovska, Bianca: Das Millennial-Manifest. Reinbek, Rowohlt, 2018. Erlebnisbericht über enttäuschte Hoffnungen und prekäre Existenzen der Generation Y.

Jardine, Anja: Madame Speaker bleibt noch. https://www.nzz.ch/international/madame-speaker-nancy-pelosi-bleibt-an-der-macht-ld.1608065 (Zugriff: Januar 2022). Aussagekräftiges Porträt von Nancy Pelosi.

Jullien, François: Vortrag vor Managern über Wirksamkeit und Effizienz in China und im Westen. Berlin, Merve, 2006. Philosophische Untersuchung des westlichen Effizienzwahns – und seiner taoistischen und konfuzianistischen Alternativen aus dem alten China.

Jung, Gustav Carl: Psychologische Typen. In: Gesammelte Werke, 18 Bände, Band 6. Zürich, Rascher, 1958–1981. Der berühmte Tiefenpsychologe über Introversion und Extraversion.

Kaminsky, Anna: Frauen in der DDR. Berlin, Ch. Links Verlag, 2017. Studie zu Anspruch und Wirklichkeit von Gleichberechtigung im SED-Staat.

Kaplan, Jonathan: Angeklagt. Paramount Pictures, 1988. Erschreckend aktueller Film über die (Un-)Glaubwürdigkeit einer vergewaltigten Frau mit Jodie Foster in der Hauptrolle.

Karl, Michaela: Die Geschichte der Frauenbewegung. Stuttgart, Reclam, 2011. Historischer Überblick über Frauenrechte, Feminismus und Gender in Deutschland, Westeuropa und den USA.

Kast, Verena: Neid und Eifersucht. Die Herausforderung durch unangenehme Gefühle. München, dtv, 1998. Tiefenpsychologische Betrachtungen über Neid, Eifersucht und Beziehungs-(un)fähigkeit.

Kebekus, Carolin: Carolin Kebekus und die Skinny Bitches. 1 Live Köln Comedy-Nacht XXL 2017. https://www.youtube.com/watch?v=ylvxPlsZ9vg (Zugriff: November 2021). Bitterböser Kommentar über den Zwang zum Jung-, Gesund- und Fitsein.

Kewes, Tanja: Mächtig weiblich. Warum 2019 das Jahr der Frauen war. https://www.handelsblatt.com/politik/deutschland/menschen-und-themen-des-jahres-maechtig-weiblich-warum-2019-das-jahr-der-frauen-war/25318216.html?ticket=ST-740435-ugy AE0lNNSvx00XhghtK-ap5 (Zugriff: Januar 2022). Euphorischer Bericht über den Siegeszug von Frauen in die Chefetagen von Wirtschaft und Politik.

Kimmel, Michael: Why Gender Equality is Good For Everyone – Men Included, TEDWomen 2015. https://www.ted.com/talks/michael_kimmel_why_gender_equality_is_good_for_everyone_men_included/transcript (Zugriff: November 2021). Ein Männlichkeitsforscher und Feminist über männliche Privilegien und die Vorteile der Gleichberechtigung.

Kleen, Heike: Geständnisse einer Teilzeitfeministin. Mein Verstand ist willig, aber der Alltag macht mich schwach. Hamburg, Rowohlt, 2021. Eine Journalistin reflektiert die Widersprüche zwischen eigenem Wollen und den Systemimperativen.

Kühne, Fränzi: Was Männer nie gefragt werden. Ich frage trotzdem mal. Frankfurt a. M., Fischer, 2021. Eine Unternehmerin und

Aufsichtsrätin konfrontiert Karrieremänner mit geschlechts-
spezifischen Stereotypen und Rollenklischees.

Lorde, Audre: Sister Outsider. München, Hanser, 2021. Essays
einer nonkonformistischen Denkerin, die den »intersektionalen«
Feminismus vorwegnahm.

Manne, Kate: Down Girl. Die Logik der Misogynie. Berlin, Suhrkamp, 2020. Philosophische Untersuchung zur Unterscheidung
von Sexismus und Frauenfeindlichkeit, männlichen Privilegien
und weiblichen Pflichten.

Marinić, Jagoda: Sheroes. Neue Held*innen braucht das Land.
Frankfurt a. M., Fischer, 2019. Plädoyer für neue weibliche
Vor- und Rollenbilder nach #MeToo.

McRobbie, Angela: Top Girls. Feminismus und der Aufstieg des
neoliberalen Geschlechterregimes. Wiesbaden, Springer, 2016.
Studie über Darstellung und Auswüchse des Feminismus in
Konsum- und Populärkultur.

Murray, Pauli: »An American Credo«. *Common Ground* 5 (2), 1945,
22-24. Historischer Text einer jungen schwarzen US-Anwältin
und Bürgerrechtsaktivistin.

Möhn, Julia, Wiebke Harms und Liske Jaaks: Team F. Feminismus
einfach leben. 12 Impulse für den Alltag. München, Knaur, 2021.
Nützliche Tipps für den weiblichen Alltag zwischen Job und
»Privatleben«.

Nagel, Thomas: Der Blick von nirgendwo. Frankfurt a. M., Suhrkamp, 2012. Berühmter philosophischer Klassiker über die Frage
der Verbindung von subjektiver und objektiver Perspektive auf
die Welt.

Nolen-Hoeksema, Susan: Women Who Think Too Much. How to
break free of overthinking and reclaim your life. London, Piatkus,
2004. Nach wie vor aktueller Ratgeber über die Zusammenhänge von Grübelzwängen und weiblichen Rollenkonventionen.

Penny, Laurie: Fleischmarkt. Weibliche Körper im Kapitalismus.
Hamburg, Edition Nautilus, 2012. Streitschrift über die Frau
als allzeit verfügbares (Körper-)Objekt.

Plath, Sylvia: Die Glasglocke. Frankfurt a. M., Suhrkamp, 1997. Ergreifender, stark autobiografisch gefärbter Roman von seltener Intensität über eine verletzliche junge Frau.

Pollitt, Katha: Reasonable Creatures. Essays on Women and Feminism. New York, Vintage Books, 1995. Lesenswerte kritische Texte einer Dichterin und Essayistin über die Ehe, männliche Gewalt und Familienwerte.

Rawls, John: Eine Theorie der Gerechtigkeit. Frankfurt a. M., Suhrkamp, 1975. Standardwerk der Moralphilosophie, in der der US-Philosoph vom fiktiven gesellschaftlichen Urzustand eines »Schleiers des Nichtwissens« zum Zwecke fairer gemeinsamer Entscheidungen ausgeht.

Reinhard, Rebekka: Kleine Philosophie der Macht. Nur für Frauen. München, Ludwig, 2015. Ratgeber für machtwillige Frauen, die über sich selbst lachen können.

Reinhard, Rebekka: Schön! Schön sein, schön scheinen, schön leben. München, Ludwig, 2013. Eine Orientierungshilfe im Dschungel des Schönheits- und Jugendwahns.

Reinhard, Rebekka: Wach denken. Für einen zeitgemäßen Vernunftgebrauch. Hamburg, Edition Körber, 2020. Ein Appell gegen das binäre Denken verblödeter Vernunft – und für mehr Mut zu Gegenwärtigkeit, Leichtigkeit und Liebe.

Riesman, David: Die einsame Masse. Eine Untersuchung der Wandlungen des amerikanischen Charakters. Hamburg, Rowohlt, 1958. Soziologischer Klassiker über den feedbackhungrigen, »außengelenkten« Persönlichkeitstypus der Moderne.

Rippon, Gina· Fighting the »neurotrash industry«. Interview von Julia Llewelyn Smith. https://www.telegraph.co.uk/news/science/8207106/Professor-Gina-Rippon-Fighting-the-neurotrash-industry.html (Zugriff: Januar 2022). Die Neurobiologin warnt vor einer Stereotypen befördernden Interpretation bestimmter neurowissenschaftlicher Forschungsergebnisse.

Röckemann, Tanja: Kopulieren auf Freiheit-komm-raus. Eine Kritik der »sexuellen Revolution der 68er. konkret 5/2018.

https://www.konkret-magazin.de/hefte/2018/6-5-2018 (Zugriff: Januar 2022). Kritischer Text über Wahrheit und Lüge der sexuellen Revolution mit Zitaten der Schriftstellerin und Zeitzeugin Gisela Elsner.

Sanyal, Mithu M.: Vergewaltigung. Aspekte eines Verbrechens. Hamburg, Edition Nautilus, 2016. Eine Kultur- und Begriffsgeschichte von Vergewaltigung und sexualisierter Gewalt.

Schmidbauer, Wolfgang: Hilflose Helfer. Über die seelische Problematik der helfenden Berufe. Reinbek, Rowohlt, 1992. Der Klassiker über die Zusammenhänge von Helfer-Syndrom und (Selbst-)Ausbeutung.

Schutzbach, Franziska. Die Erschöpfung der Frauen. Wider die weibliche Verfügbarkeit. München, Droemer, 2021. Scharfer, informativer, wenn auch leicht ideologischer Rundgang durch das Spektrum weiblicher »Allzuständigkeit«.

Schwarzer, Alice: Der »kleine Unterschied« und seine großen Folgen. Frauen über sich. Beginn einer Befreiung. Frankfurt a. M., Fischer, 1998. Der provokante Klassiker der Emma-Gründerin und berühmtesten deutschen Feministin.

Solnit, Rebecca: Die Mutter aller Fragen. München, btb, 2020. Essays über Mutterschaft und weibliche Identität von der Erfinderin des Begriffs »Mansplaining«.

Staab, Philipp: Digitaler Kapitalismus. Markt und Herrschaft in der Ökonomie der Unknappheit. Berlin, Suhrkamp, 2019. Ein Soziologe über die Gefahren des digitalen Kapitalismus und das Novum »proprietärer Märkte« im virtuellen Raum.

Steinem, Gloria: Was heißt schon emanzipiert. Meine Suche nach einem neuen Feminismus. Hamburg, Hoffmann und Campe, 1993. Die mutige Vorkämpferin der 2. Welle der Frauenbewegung und selbst ernannte »radikale Feministin« über weibliche Biologie und Rollenbilder.

Stokowski, Margarete: Die letzten Tage des Patriarchats. Hamburg, Rowohlt, 2020. Essayauswahl der Spiegel-Kolumnistin.

Theweleit, Klaus: Männerphantasien. Berlin, Matthes & Seitz, 2019.

Informativer Klassiker über männliche Selbst- und Fremdbilder und die Geschlechterbeziehungen im Wandel der Jahrhunderte.

Tiggeler, Nicola: Mit Stimme zum Erfolg. Anklang finden, überzeugen und begeistern. München, C. H. Beck, 2019. Nützlicher und seriöser Leitfaden für den Umgang mit der eigenen Stimme.

Tolentino, Jia: Trick Mirror. Über das inszenierte Ich. Frankfurt a. M., Fischer, 2021. Essays über Narzissmus, Identitätsverwirrung und »authentische Selbstinszenierung« im Internetzeitalter.

Turkle, Sherry: »Why was … dinner?« Interview von Rana Foroohar. *Financial Times*, 27./ 28. März 2021. Spannendes »Lunch with the FT«-Interview, in dem die Soziologin über Beziehungen, Einsamkeit und Empathie im digitalen Zeitalter Auskunft gibt.

Twenge, Jean M. und Keith W. Campbell: The Narcissism Epidemic. Living in the Age of Entitlement. New York, Atria, 2010. Hochaktuelle psychologische Studien über Narzissmus, Egozentrik und Anspruchsdenken als gesellschaftliche Massenphänomene.

Urwin, Jack: Boys Don't Cry. Identität, Gefühl und Männlichkeit. Hamburg, Edition Nautilus, 2017. Persönliche Betrachtung über die »toxische Männlichkeit«.

Vašek, Thomas: Work-Life-Bullshit. Warum die Trennung von Arbeit und Leben in die Irre führt. München, Riemann, 2013. Eine Neubewertung der Arbeit (nicht nur für Workaholics).

Vašek, Thomas: Land der Lenker. Die Deutschen und ihr Auto. Darmstadt, Wbg Theiss, 2019. Eine philosophisch-historische Untersuchung, die den Zusammenhängen von Automobilismus und Heroismus auf den Grund geht.

Vinterberg, Thomas: *Die Jagd*. Nordisk Film, 2012. Drama uber einen Erzieher, der des sexuellen Missbrauchs eines Mädchens angeklagt wird, und eine Kritik männlicher Rollenbilder mit Mads Mikkelsen in der Hauptrolle.

Weber, Max: Die protestantische Ethik und der Geist des Kapitalismus. München, C. H. Beck, 2013. Klassiker! Einer der Väter der Soziologie über die Wurzeln des modernen Kapitalismus.

Wilkens, Katrin: Mutter schafft! Es ist nicht das Kind, das nervt, es ist der Job, der fehlt. Frankfurt a. M., Westend, 2019. Lebensnaher Ratgeber mit vielen Praxisbeispielen für arbeitende Mütter.

Winterscheidt, Joko und Klaas Heufer-Umlauf: Joko & Klaas gegen Pro Sieben. Männerwelten. https://www.prosieben.de/tv/joko-klaas-gegen-prosieben/video/32-maennerwelten-joko-klaas-15-minuten-clip (Zugriff: November 2021). Ein schockierender Bericht über sexuelle Belästigung und sexualisierte Gewalt gegen Frauen.

Wittgenstein, Ludwig: Tractatus logico-philosophicus. Frankfurt a. M., Suhrkamp, 1999. Das erste legendäre Hauptwerk des Begründers der sprachanalytischen Philosophie.

Wörner, Natalla/Maria Furtwängler/Janina Kugel/Nora Bossong/Jutta Allmendinger u. a., #ichwill. https://www.facebook.com/watch/?v=1747126128795909 (Zugriff: Januar 2022). Kampagne für eine gesetzliche Frauenquote in Spitzenpositionen von Wirtschaft, Wissenschaft und Kultur.

DANKSAGUNG

Für Bereitstellung der Bedingungen der Möglichkeit meiner Arbeit; für Unterstützung, Förderung, Inspiration und/oder Ehrlichkeit danke ich meinen Eltern, Michael Meller, Regina Seitz, Sophie Boysen und Familie von Pauer. Außerdem bedanke ich mich von Herzen bei Celeste Barber, Mary Beard, Dirk Beenken, Mara Bertling, Claire Bretécher, Martina Bruder, Gabriele Castegnaro, Guy Castegnaro, Sarah Cooper, Tom Erben, Angelika Fehle-Franco, Andreas Föller, Nancy Fraser, Bernd Hackstette, Nina Hagen, Heiner Hänsel, Mary Harrington, Clemens Heucke, Laura Heudorfer, Natascha Hoffner, Billie Holiday, Radina Kirova, Franz Kafka, Andrea Kunstmann, Monique Lévi-Strauss, Katarzyna Mol-Wolf, Marilyn Monroe, Eleonora Quintarelli, Carla und Alexander Rondeck, Josephine Sandvoss, Daniela und Michael Sandvoss, Stephanie Schorp, Schwesta Ewa, Sung-Hee Seewald, Kirsten Steffen, Virginie Viard, Katrin Wilkens, Richard Wimmer und allen wirklich guten Schminkvideos. Mein größter Dank gilt Thomas Vašek.